한국기독교사회복지실천학회

기독교사회복지

CHRISTIAN SOCIAL WELFARE

창간호

인간과복지

MOOK 『기독교사회복지』가 나오기까지

'한국기독교사회복지실천학회'는 1981년 설립된 '한국기독교사회복지학회'와 2002년 설립된 '한국교회사회사업학회'가 통합되어 출범한 학회로, 위 두 학회의 역사와 정신을 계승하고 있습니다.

본 『기독교사회복지』 역시, 양 학회의 저널이었던 『기독교사회복지』와 『기독교사회복지연구』(1983년 창간, 통권 16호) 그리고 『교회사회사업』(2003년 창간, 통권 28호)과 『교회와 사회복지』(2015년 29호 온라인 발행)의 취지를 계승하는 "통합본"으로서 의의를 가지고 있습니다.

이제, 새롭게 출발하는 MOOK 『기독교사회복지』를 통해 우리 민족과 열방의 기독교사회복지 연구, 실천, 공동체가 보다 발전할 수 있도록 기도와 성원을 부탁드립니다.

차례

창간호 발간 기념 메시지

회원들의 이야기

"한국기독교사회복지실천학회 최초 발간물이 우리 사회 곳곳에 그리스도의 사랑이 필요한 곳마다 하나님의 돌보시고 도우시는 사랑과 은혜를 잘 전파하는 기쁜 소식이 되기를 기원합니다."

김동수 부이사장 - 前 미국 노퍽주립대학교 교수

기독교사회복지 창간호 발행을 축하합니다.
학회지가 발전하여 우리나라 기독교사회복지 발전에 크게 기여하길 희망합니다. 학회지가 연구하며 현장에서 실천하는 전문서적으로 계속 출간되길 우리가 노력합시다.

송정부 교수 - 상지대학교 사회복지학과 명예교수

축하드립니다. 아무쪼록 함께 하는 마음으로 좋은 반응을 얻는 무크지가 되도록 기도합니다.

박영희 교수 - KC대학교 사회복지학부

무크지 발간을 축하드리며, 수고하신 모든 분들께 감사드립니다. 샬롬!

조홍식 교수 - 한국보건사회연구원 원장

한국의 기독교사회복지실천에 관한 다양한 정보를 담은 무크지의 창간을 축하합니다. 이 무크지가 기독교의 진리를 바탕으로 사회복지를 연구하고 실천하는 모든 이들에게 서로 소통하며 한 마음을 품게 하는 매체로 성장하고 사랑받기를 기원합니다.

유수현 교수 - 前 숭실대학교 교수, 現 경산복지재단 회장

무크지 기독교사회복지 창간호의 출간을 축하드리며 함께 기뻐합니다. 더불어 진정한 디아코니아의 정신과 가치를 함께 발전시켜 가며 실천의 열매를 맺을 수 있는 텃밭이 되어지는 학회가 되는데 중요한 역할을 감당하는 출판이 되기를 소원합니다.

이승열 목사 - 한국기독교사회봉사회 사무총장

무크지 창간을 진심으로 축하합니다^^ 교회와 사회를 잇는 교량역할을 수행해 내기 바라며 널리 세상을 이롭게 하는 기독교사회복지 전문지로 발전해 나가기를 기원합니다.

임원선 교수 - 신한대학교 사회복지학과

고대하고 염원하던 학회 무크지가 학회 임원진들과 연구출판위원들의 노고를 통해 아름답게 열매맺어 세상에 나오게 됨을 축하드립니다. 첫 무크지를 시작으로 앞으로 한국교회와 사회복지실천 현장에 새로운 방향과 길을 제시하며 아름다운 섬김으로 성장하는 한국기독교사회복지실천학회가 될 수 있기를 기대하며 응원합니다.

조병성 목사 - 한국밀알선교단 단장

감사의 글

이부덕(한국기독교사회복지실천학회 명예이사장)

"태초에 말씀이 계시니라. 이 말씀이 하나님과 함께 계셨으니, 이 말씀은 곧 하나님이시라." (요한복음 1:1)

이 말씀 속에 인류의 구세주 예수 그리스도가 죄로 얼룩진 세상의 어두움을 밝히는 진리의 빛으로 오신 것을 우리 그리스도인들은 확실히 알고 있습니다.

21세기를 맞고 있는 세인들에게 생명의 도를 밝히는 그리스도인들의 사명이 인류가 겪고 있는 고통과 번뇌와 절망을 특히 사회복지실천학문의 맥락에서 조명하고 살아 약동하는 말씀의 진의를 명확히 밝히는 글들의 모음과 나눔에서도 구체화 할 수 있다고 봅니다. 그 효력으로 독자들로 하여금 선악의 분별력과 Agape 사랑의 실천력을 영성의 도움으로 강화되는 변화가 많은 독자들의 간증으로 임하기를 고대합니다.

말씀으로 창조된 하늘나라가 이 지상에서도 한반도의 진정한 평화구축과 지구촌에 균형이룬 복지의 증진으로 승화되는 기적을 본 학회 창간호를 시작으로 계속 이어지길 염원합니다. 집필에 수고한 저자들과 이를 도와 뒷받침한 모두에게 하나님의 은총이 충만하시길 축원합니다. 감사합니다.

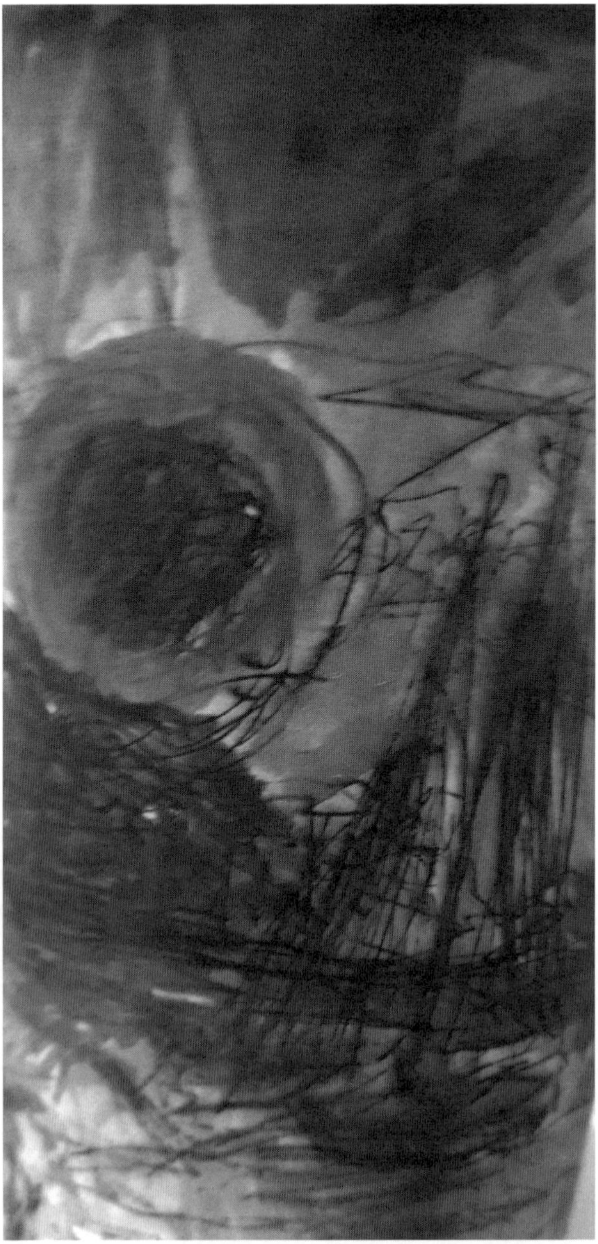

Paint of Light on Ship KACSW

가난한 이 땅의 이웃을 위한 하나님 나라 건설의 대변자로서의 무크지

박종삼(한국기독교사회복지실천학회 이사장)

이 땅에 '한국기독교사회복지실천학회'를 창설하신 하나님께서 하늘나라의 사회복지 청지기들을 통해 하나님의 큰 뜻을 한국 교회와 세상에 선포하시고자 '무크지'를 우리 학회로 하여금 창간하게 하시는 큰 축복에 우리 회원 모두가 하나님께 감사를 드린다.

우리 학회의 전문 기독교사회복지 학술 연구는; 첫째, 가난한 이웃을 향한 하나님의 '복음' 선포의 대변자가 되어야 하며(기독교사회복지의 사회복음적 정체성과 비전), 둘째, 가난한 이웃들이 하나님을 향해 도우심을 청하는 민중의 소리의 대변자(기독교사회복지의 사회선교적 정체성), 셋째, 하나님의 뜻을 이 땅에서 실천시키며 하나님의 나라를 실현시킬 한국 교회의 기독교(교회)사회복지의 사명과 실천의 정체성, 그리고 넷째, 기독교사회복지의 선포와 실천을 위해 하나님께서 특별한 '기름부음'을 해 주신 전문 기독교사회복지 청지기들(기독교사회복지사, 학자 등)의 특별 사역(special ministries)과 관련된 연구(기독교사회복지실천학회적 정체성)가 핵심을 이루어야 한다고 생각한다.

우리 실천학회는 '전문 학회의 정체성'에 따라서, 학문적·실천적 정체성을 과학적·객관적 사실에 따라 연구가 진행되어야 한다. 그러나 우리 학회의 특성은 '기독교사회복지' 라는 정체성과 함께 '기독교적 세계관, 가치관' 을 기반으로 과학적 사실(진실)이 재해석되어야 한다. 여기에서 신학적 접근에서 사회과학적(인문과학, 자연과학을 포함) 접근이 연구에서 수반되어야 한다. 기독교사회복지 연구는 이렇듯 어려운 '다학문적 정체성'(multidisciplinary)의 난제를 내포하고 있다. 기독교사회복지의 실천은 '하나님의 말씀과 교회' 그리고 '사회속의 민중과 사회제도(공공, 시장, 민간)' 가 필수적인 요인이 됨으로 '종교와 과학' 의 '융합'(fusion)에 대한 창의적 통찰을 필요로 한다.

지금까지 교회와 신학은 '사회선교' 에 대한 많은 신학적 이론을 제기해 왔다. 왜 기독교사회복지 학문이 교회의 사회봉사에 '사회선교신학적 개입' 을 지금에 와서 필요로 하는가의 질문을 신학계에서 우리에게 던지고 있다. 그러나 신학자들의 기독교사회복지에 대한 해석이 오늘날 한국교회가 한국사회를 향한 사회선교에서, 비효율적일 뿐만 아니라, 부정적인 결과를 초래하여, 이 땅에서 하나님 나라 건설에 대한 사회의 신뢰가 추락한 것이 사실이다. 지금까지의 신학이 지나치게 하나님 중심의 측면, 교회 중심의 측면에서만 이해되고, '가난한 백성중심, 사회중심' 의 측면이 소홀이 되어, 혹자는 민중 중심의 신학으로 재해석되어야 한다는 주장도 나타나게 되었다. 하나님의 인간 구원의 기본 뜻은 '평신도신학'(기독교사회복지 청지기들 포함)에서 접근되어야 한다고 본다. 우리의 무크지가 새로운 기독교사회복지실천신학과 실천의 지식적·수단적 '통로'(channel)가 되어, 신학자, 목회자, 기독교 지도자, 기독교사회복지사들에게 기독교사회복지의 새로운 사회선교적 통찰과 수평선을 제공해주기를 바란다.

지난 세기, 세계교회가 복음전파(전도)와 전파된 복음의 실천(사회봉

사) 사이의 문제를 중심으로 분쟁과 분열을 거듭하고 있을 때 '세계교회협의회'(WCC)가 이런 문제들에 대한 논의에서, 1935년의 Stockholm 대회에서 "교리는 분열을 조장하고, 봉사는 일치를 가능케 한다."(Doctrine divides, Service unites.)라는 신학적 결의에 주목할 필요가 있다. 또한 1968년 Upsala 에큐메니칼 대회에서 결의한, 교회 중심에서, 타인을 위한 교회, 세상을 위한 교회, 회중 중심적(평신도 중심적) 구조를 추구하는 신학계에서의 '역사적 결의'에도 주목하며, 그것이 한국교회에 던지는 근대적 기독교 사회복지적 의미를 무크지가 전달해야 할 것이다.

즉 "하나님 - 교회 – 사회"의 패러다임(paradigm)에서 "하나님 - 사회 – 교회"의 사회선교 모델로 구조적 변화를 일으켜야 한다는 주장이 한국교회에서 어떻게 실천될 수 있는가의 연구과제가 된다. 기존의 사회선교 이론에 대한 우리 학회의 재평가는 중요한 연구의 영역이 되어야 한다.

무크지는 '가난한 백성을 위한 하나님의 복음선포'와 동시에, "하나님(교회)을 향한 가난한 백성들의 도움의 울부짖음"도 담아낼 수 있어야 한다. 기독교사회복지의 신학적, 철학적 기반이 되는 하나님의 "공의와 인애"(미가서 6:8, 예레미야 9:23)가 기독교사회복지 무크지에 실려서, 한국교회와 가난한 백성들에게 '빛과 소금'의 역할을 감당하는 하나님 나라의 귀한 도구가 되도록 우리 모두가 힘써야 할 것이다.

'무크지'가 우리 학회의 학술지만이 되기보다는 한국교회 지도자들의 기독교사회선교의 '길잡이'가 되도록 노력해야 할 것이다.

우리의 '무크지'가 하나님 나라의 '무크지'가 될 수 있도록 연구논문들의 '스크립트'(script)가 가난한 이웃을 향한 하나님의 'script'에 근접하는 '브랜드(brand)'로 교계에 부각시켜야 하고, 기독교적 'packaging'을 통해 교계와 교회지도자들에게 다가 올 수 있도록, 우리 실천학회 회원들의 'marketing'이 창의적이고 쇄신적이 되기를 바란다. 가난한 이웃을 향한 하나님의 계시가 우리의 연구를 통해 전해졌다면, 그 연구의 귀한 결과(social message)가 '무크지'에만 갇혀있지 않도록, 무크지의 내용을 교회 및 사회와 소통하게 하는 일도 우리 학회의 '보급의 사역'(Ministry of Dissemination)으로 승화시켜야 할 것이다. '무크지 발전'에 하나님의 축복이 함께 하시길 기원한다.

무크지 창간호에 부치는 글

이준우(한국기독교사회복지실천학회 학회장)

한국기독교사회복지실천학회에서 무크지 창간호를 발행하게 되어 감격스럽고 기쁩니다. 1981년에 창설된 우리 학회의 뿌리가 되는 한국기독교사회복지학회에서 〈기독교사회복지〉라는 학술지가 1983년 발간되었으니 꼭 38년 만에 새로운 옷을 입고 학술지가 탄생한 것입니다. 통합하기 이전까지 그간 한국기독교사회복지학회와 한국교회사업학회가 각기 학회 학술지를 발간해왔지만 2016년 양대 학회가 하나가 되면서 숙원사업으로 준비해왔던 학술지가 마침내 발간된 것입니다.

특히 이번 우리 학회에서 발간하는 무크지 형태의 학술서적은 기존 여러 학회들이 내고 있는 정형화된 학술지의 틀을 과감하게 뛰어넘어 전통적인 학술지의 장점인 심도 있는 연구 논문의 성격을 담보하면서 아울러 학술세계 및 실천현장의 다양한 정보와 소리들을 묶어낼 수 있는 잡지(매거진)의 특성을 포함하여 완전히 새로운 모습의 학술지로 세상에 나오게 되었습니다. 즉, 자유로운 형태의 학술적 성과들을 정밀하게 심사 분석하되 자율과 융합, 소통과 활발한 토론 등이 '콜라보레이션' 되는 파격적인 학술지를 지향하고 있습니다. 내용과 형태 모두 말입니다. 사실 이는 우리 학회의 창립 정신과도 맞닿아 있습니다. 학회를 설립하셨던 김덕준 교수님과 이후 통합 학회를 현실화시키셨던 이부덕 교수님, 박종삼 교수님 그리고 학회의 원로 이사님들이 융합적인 사고와 자유로운 학문적 소통을 중시해 오셨습니다. 그래서 우리 학회에서는 연구자든, 실천가든, 교육자든, 목회자든, 평신도든 누구나 연구하고 준비해서 세상과 사람을 변화시키며 세상을 하나님의 나라로 변혁시켜 나가는데 도움이 될 수 있는 논문들을 발표해왔고, 이를 수준 높은 학술적이며 실천적인 정보로 축적해 왔습니다.

통합 학회가 결성된 후 학회 조직의 내실화와 안정화를 도모하면서 학회의 가장 소중한 업무인 학술 성과들을 담아내는 일에는 다소 지체된 감이 없지 않지만 이번 무크지를 발간하면서 학회장으로서의 마음의 짐이 조금은 덜어진 듯합니다. 언제나 함께 하며 큰 힘이 되어 주시는 학회 이사님들과 임원들에게 고마운 마음입니다. 무엇보다도 이렇게 엄청난 작업을 기쁘게 감당해 주신 연구출판위원회 위원장이신 오단이 교수님과 위원님들께 감사를 드리며, 마지막까지 애써준 박종미 간사에게 고마운 마음을 전합니다.

이 모든 일을 인도해주신 하나님께 감사와 영광을 올려 드립니다.

기획주제

김덕준(金德俊)의 사회복지 사상과 한국 사회복지 교육

이준우(강남대학교 사회복지학부 교수)

I. 서론

1. 연구의 목적과 배경

본 연구[1]는 김덕준(1919-1992)의 사회복지 사상과 사회복지 교육의 실천원리를 고찰하는 데 목적을 둔다. 김덕준은 한국 사회복지와 사회복지 교육의 선구자였다(한국사회복지학회 50년사 편찬위원회, 2007).

[그림 1] 1964년 김덕준 학장

[그림 2] 1960년대 강남대학교 교문

1 본 연구는 2019년 1월 28일에 발간된 한국콘텐츠학회논문지 제19권 제1호에 게재된 이준우의 논문 "김덕준의 사회복지 사상과 사회복지 교육 실천 원리를 통해 본 현재의 한국 사회복지 교육"을 토대로 하면서 김덕준의 주요 논문과 저서들을 최대한 복원하여 소개하고자 했음을 밝힌다.

그는 1938년 한국인 최초로 해외(일본)에서 사회사업학을 공부하였다. 1953년 설립된 중앙신학교(현 강남대학교) 초대 사회사업학과 학과장과 1957년 창설된 한국사회사업학회 초대 회장[2], 그리고 1981년 창설된 한국기독교사회복지학회 초대 회장 등 한국의 사회사업, 사회복지 학계에서 여러 개의 '초대'라는 수식어를 갖고 있는 인물이다(한국사회복지협회 50년사 편찬위원회, 2017).[3]

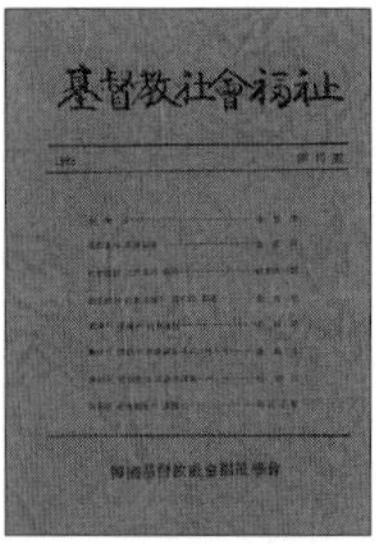

[그림 3]
기독교사회복지
창간호

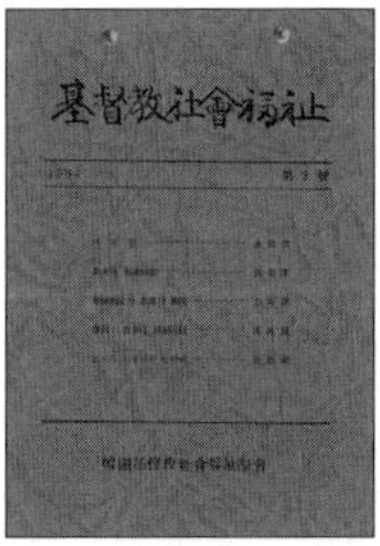

[그림 4]
기독교사회복지
2호

[그림 5]
한국기독교사회복지학회
창립 1주년 기념
강연회 및 세미나 자료집

---

2 김덕준은 중앙신학교(현 강남대학교) 사회사업학과를 한국 최초의 대학과정 독립학과로 만들어 가며 당시 미국 대학의 사회사업학과 커리큘럼을 도입하여 체계적이고 전문적인 복지서비스를 실시하였다. 신입생과 재학생들은 이론 수업은 물론, 외국 원조기관과 현장의 사회사업시설을 방문하여 봉사활동에 적극 참여했다. 그러던 중 김덕준은 일본에서 함께 공부한 선후배들로부터 1954년 일본사회사업학회의 창립 소식을 전해 듣고 한국에서도 사회사업 학문이 전문 학문으로 인정받으려면 학회가 필요하다는 것을 인식하고, 1957년 한국사회사업학회(현 한국사회복지학회)를 창립하여 초대 회장에 취임했다.

3 한국 사회복지계에 미친 김덕준의 공적에 대한 구체적인 내용은 한국사회복지사협회 50년사 편찬위원회(2017)에서 발간한 「한국사회복지사협회 50년사」, 고 김덕준 교수 10주기 추모집 간행위원회(2003)에서 강남대학교 부설 한국사회복지연구소와 함께 편찬한 「한국사회복지 제8집 2003 고 김덕준 교수 10주기 추모 및 강남대학교 사회복지학부 50주년 기념 특집 "기독교사회복지의 사상과 실천모델"」, 김범수(2013)가 한국사회복지협의회에서 펴낸 「복지저널」 2013년 12월호에 기고한 "부산 피난길에서도 학생모집 사회사업학과를 독립학과로 만들다-김덕준 초대 한국사회사업학회장, 후학 양성에 매진한 1세대 사회복지학자-"에 개략적으로 기술되어 있다(고 김덕준 교수 10주기 추모집 간행위원회, 2003; 김범수, 2013).

특히 김덕준이 중앙신학교(현 강남대학교, 이하 강남대학교로 지칭) 설립자인 이호빈 목사와 의기투합하여 개설한 사회사업학과는 국내 최초의 단독 학과였을 뿐만 아니라 당시로서는 혁신적인 사회사업(현재의 용어로는 '사회복지실천') 교과과정을 구성하고 사회복지 교육을 실시했다(강남대학교 사회복지학부 50년사 편찬위원회, 2003). 그 결과 졸업생들이 사회사업가(현재는 '사회복지사')로서 정부(현재 보건복지부)나 사회복지시설에 고용되어 활동하게 되었는데 이는 국내에서 처음 있는 일이었다. 이렇게 김덕준의 사회복지 교육을 통해 한국의 사회복지 분야에서 전문적인 사회사업 실무자(social work practitioner)들이 배출되었다. 한국 사회복지 교육에 있어서 김덕준의 역할과 영향력은 지대했다(강남사회복지교육 60주년 기념사업추진위원회, 2013).

[그림 6] 강남대학교 설립자 이호빈 목사와 강남대학교 교사 신축장에서
(왼쪽에서 두번째 김덕준 교수, 세 번째 이호빈 목사)

하지만 김덕준의 사회복지 사상과 그가 추구했던 사회복지 교육의 실천원리에 대한 연구는 그를 추모하거나 기념하는 형태로, 그가 성취한 사회복지 교육의 업적을 나열하는 것이 대부분이며 그나마 간헐적으로 진행된 것이 전부이다(강남대학교 사회복지학부 50년사 편찬위원회, 2003; 강남사회복

지교육 60주년 기념사업추진위원회, 2013; 부성래, 2002; 부성래, 2003;, 선우남, 2003 윤기, 2003 이부덕, 2003; 嶋田啓一郎, 2003; 이선혜·정지웅, 2010; 이윤구, 2013)[4] 이와 같은 선행연구들에서 파악되는 핵심적인 사항으로는 초기 한국 사회복지 교육의 선구자로서의 가치, 강남대학교를 통해 이루어진 사회복지 교육의 토대를 놓았다는 사실 그리고 기독교사회복지를 시작하고 정립하였다[5]는 것으로 요약된다. 이들 선행연구들은 대체로 김덕준의 제자들이 강의를 통해 배웠던 내용들과 평소 스승을 존경하며 함께 지내면서 경험했던 사건들에 근거하여 서술된 것이라 할 수 있다.

아쉽게도 김덕준이 저술한 책과 논문, 아티클 등과 같은 1차 자료들을 면밀하게 분석한 결과를 근거로 도출한 그의 사회복지 사상에 대한 본격적인 탐구는 거의 이루어지지 못했다. 그가 남긴 빛나는 사회복지 교육의 성과에 비해 그가 갖고 있었던 사회복지 사상과 그에 따른 사회복지 교육의 실천원리가 무엇인지에 대한 심도 있는 논의는 미흡했다고 본다. 그런데 여기서 근본적인 질문이 제기된다. "왜, 지금 김덕준의 사회복지 사상과 사회복지 교육의 실천원리가 연구되어야 하는가?"

---

4 김덕준에 대한 연구는 두 차례의 추모 학술세미나를 통한 결과물이 대부분이라 할 수 있다. 고 김덕준 교수 10주기 기념세미나 발표 논문들(2002)과 논찬들을 묶어서 인간과복지 출판사에서 출간(2003)한 「기독교 사회복지의 사상과 실천 모델」, 또한 고 김덕준 교수 20주기 추모 심포지엄 자료집(2013)인 "한국의 사회복지를 개척한 강남 사회복지교육"을 들 수 있다. 본 연구에서 인용한 부성래, 윤기, 이부덕, 시마다 게이이치로(嶋田啓一郎), 이윤구의 글은 모두 이 3권의 책자에 있음을 밝힌다(고 김덕준 교수 10주기 추모집 간행위원회, 2003; 강남사회복지교육 60주년 기념사업추진위원회, 2013; 고 김덕준 교수 10주기 추모행사준비위원회, 2002).

5 선우남(2003)은 김덕준을 신학이라는 테두리 안에서 사회사업을 연구한 인물로 평가하면서 김덕준의 사회복지 교육은 '신학적 사회복지'를 구현하는 것이었다고 주장했다. 함세남(2007)도 김덕준의 사회복지 교육사상은 기독교사회복지 사상을 기본으로 함을 밝히고 있다.

2. 한국 사회복지의 현실과 김덕준의 사회복지 사상 및 사회복지 교육의 유효성

한국전쟁 이후 본격화된 한국의 사회복지[6]는 지난 70여 년 동안 커다란 변화를 거듭해 왔다. 사회복지 정책 및 제도, 서비스의 양적 팽창은 물론 이려니와 사회복지 관련 예산도 국가 전체에서 거의 40%에 이를 정도로 증가하였을 뿐만 아니라 사회복지사의 수도 2018년 8월말 기준으로 100만 명을 넘어섰다(한국사회복지사협회 홈페이지). '사회복지(Social Welfare)'는 인간의 기본적인 욕구충족과 적절한 삶의 유지를 위해 필요한 재화와 서비스를 사회적으로 재분배하는 사회제도이며, '사회복지학'은 인간의 복지에 대한 사회적 재분배를 연구하는 학문이다(백인립, 2013). '사회복지실천'은 이와 같은 사회복지를 현실 세계에서 구체적으로 수행하는 전문적인 활동이라 할 수 있다(이준우, 2011). 사회복지를 학문으로 받아들인 1950년대 이후 한국의 사회복지학은 질적·양적으로 많은 성장을 이루었다. 사회복지학은 후발 학문으로써 학문의 정체성과 경쟁력을 강화하기 위해 "과학"과 "기술"의 두 가지 측면을 강조해 온 바 있다(Rubin and Babbie, 2006; Zastrow, 2013). 따라서 전통적으로 연구방법과 통계적 분석,

---

6 사회복지는 사회제도다. 국민의 삶의 질을 담보하는 최소한의 안전장치이자 원활한 사회적 기능이 유지되게끔 작동하는 사회적 안전망이기도 하다. 사회복지는 방대한 영역에 걸쳐 국민의 삶에 영향을 미친다. 사회가 급속하게 변화하면서 사회복지도 시대의 요청에 부응하여 새롭게 확장되어 왔다(이준우, 2015). 이제 사회복지는 국가가 국민을 향해 책임져야 할 가장 기본적인 의무를 수행하기 위해 필수적인 사회제도로 자리매김 되었다(최성균·이준우, 2017). 사회복지는 개인을 위한 도움의 차원에서 가족, 집단, 지역사회 및 전체 사회를 대상으로 바람직한 사회적 기능과 사회적 환경을 창출하는 능력을 함양하고자 노력해 왔다. 여기에는 인간의 기본적인 욕구를 충족시키고 적절한 인간 서비스를 받을 수 있는 사회정책, 서비스, 자원, 프로그램의 계획과 수행까지 포함된다(이준우, 2014). 이것은 인간의 사회적, 관계적, 행정적인 상호작용과 체계들이 복잡하게 얽혀 돌아가는 한복판에 사회복지가 놓여 있다는 것을 말한다.

대인관계 기술을 강조하였다(최재성·정세정·조자영, 2016).

실제로 사회복지실천에 있어서 사회복지사와 서비스대상자의 관계는 원조과정의 기반이자 변화를 가져오는 핵심적 기능을 수행한다. 따라서 사회복지사와 서비스대상자 간 '관계'는 사회복지실천이 발전되기 시작한 초기부터 실천개입의 핵심이자 주요한 결정요인으로 간주되어왔다(Coady, 1993). 이러한 측면 때문에 사회복지사는 이 관계를 통하여 자기 자신을 활용함으로써 서비스대상자의 문제를 해결하고 욕구를 충족시키는 전문직으로 규정되고 있다(최명민, 2011). 이렇게 볼 때, 사회복지실천의 핵심은 사회복지사와 서비스대상자 간의 관계에 있다. 특히 사회복지실천에서는 사회복지사와 서비스대상자의 일대일 관계뿐만 아니라 인간과 그 인간들이 맺는 사회적 관계에 초점을 두어왔다. 따라서 가족, 집단 그리고 지역사회와 같은 사회적 공동체를 실천의 대상으로 간주해왔다. 이처럼 사회복지실천에서는 서로 다른 인간들 간의 만남과 그 관계가 개입활동의 핵심이라고 할 수 있다.

그러므로 사회적 환경과 구조, 다양한 네트워크 체계들 간의 상호작용 등을 변화시키는 일들이 사회복지실천의 가장 중요한 책무들임은 당연한 것일 뿐만 아니라 이와 같은 과업들의 가장 최소 단위는 역시 한 개인으로부터 시작된다는 사실을 분명하게 인식하는 것이 중요하다. 제도와 법을 바꾸는 것도 사람이고, 이를 운용하는 것도 사람이다. 당연히 그 속에서 영향을 받고 살아가는 것도 사람이다. 결국은 사람인 것이다. 실제로 한국의 사회복지는 사람을 양성하고, 그렇게 양성된 사람이 열정과 헌신, 전문적인 능력에 기초하여 일하는 현실의 연속이었다. 한국의 사회복지 역사는 사회복지 실천가, 즉 사회복지사의 역사라고 해도 과언이 아니다(최성균·이준우, 2017).

그러나 압축적인 경제성장과 급변하는 사회문제 속에서 현행 한국의 사회복지 교육은 다차원적으로 증대되는 복지수요와 욕구에 얼마나 적절히 대응하고 있는지, 아울러 사회적 요구에 대응해야 하는 대학에서의 사회복지 교육은 제대로 기능하고 있는지 등과 같은 사회복지 교육 전반에 대한 비판적이면서도 근본적인 성찰은 부족한 실정이다. 사실 현재의 사회복지 교육은 한국의 대학교육이 처한 구조적 문제점과 사회복지사 1급 시험제도로 인한 교과과정의 경직성 문제[7]를 일반적으로 안고 있다(진재문, 2014). 현재 사회복지 대학교육은 교육의 질과 효과를 생각하지 않고, 사회복지학과의 양적 팽창을 지속시키는 데에 일조해 왔다(김통원·윤재영, 2011; 최성균·이준우, 2017) 최근 들어 이러한 양적 팽창의 정도가 조금 주춤하는 듯 보이지만, 여전히 양적으로 과도하게 팽창되어 있음을 부인하기 힘들다.[8]

이런 상황은 한국 사회복지 교육이 사회복지사들을 공장에서 제품을

---

7 사회복지사 1급 시험 과목으로 인하여 4년제 대학의 교육과정은 다양성을 보장할 수 없고 학교 간 특성화도 추구할 수 없게 만들고 있다. 한마디로 현행 1급 사회복지사 시험 제도는 대학교육의 경직성을 초래하는 주요 원인으로 작동하고 있다.

8 국내 사회복지 교육기관 현황

사회복지대학		사회복지대학원		평생교육기관	
구분	현황	구분	현황	구분	현황
전문대학	318	일반대학원	95	평생교육원	101
원격(전문)	6	전문대학원	19	계	101
대학	283	특수대학원	153		
원격(대학)	34	계	267		
계	641	합계	908	합계	1,009

2018년 11월 현재 전문대학, 4년제 대학, 원격대학 등을 포함하여 총 641개 관련 전공 및 학과가 있으며, 대학원을 포함하면 908개, 평생교육기관까지 포함하면 1,009개에 이른다(한국사회복지사협회 홈페이지). 이러한 현상은 한국 대학이 가지고 있는 모순적 구조를 그대로 반영하고 있다. 특히 사회복지학과는 대학의 신입생 충원에 유리하다는 판단 하에 적절한 교원충원과 교육 시스템의 준비도 없이 정원이 확대되었고, 학과 명칭에 복지를 합하여 사회복지사 자격증을 획득할 수 있는 학과로 변용시키는 등, 대학의 돈벌이 수단으로 활용되고 있는 것으로 볼 수 있다.

만들듯이 찍어 낸다고 해도 과언이 아님을 극명하게 보여준다. 만약 사회복지사가 소명이 없이 단지 생업을 위한 직업인으로만 살게 되면 그와 같은 사회복지사에 의해 수행되는 사회복지실천은 그 이상도 그 이하도 아닌 그냥 그저 그런 공공부조 서비스의 하나로 남게 될지도 모른다. 한국 사회복지와 사회복지실천 현장, 사회복지 교육의 총체적 위기 상황이 '지금, 이 때'라고 할 수 있다. 그리고 그 위기의 본질은 사회복지사를 양성하는 사회복지 교육의 문제에 있으며 그 문제의 근원은 사회복지의 가치와 철학, 정신에 대한 확고한 사명이 부재한 데에 있는 것이다. 그러므로 김덕준의 사회복지 사상과 사회복지 교육의 본질을 탐구하는 작업은 오늘날 한국의 사회복지 현실에서 매우 유용할 수 있다. 한국 사회복지 교육이 어떤 본질적인 가치와 사상 그리고 실천원리에 의해서 시작되었는지를 고찰함으로써 다시금 현재의 한국 사회복지 교육이 붙잡고 추구해야 할 지향점을 발견할 수 있을 것으로 본다.

Ⅱ. 사회복지와 관련된 김덕준의 생애

1. 김덕준의 생애와 사회복지적인 행적

김덕준은 1919년 12월 29일(음력) 함경북도 회령군에서 장남으로 출생하여 1992년 9월 2일 73세를 일기로 별세했다. 김덕준의 생애[9] 가운데에서

---

9 김덕준의 주요 생애는 다음과 같이 기술할 수 있다. 1919년 12월 29일: 함경북도 회령에서 김이만(부)과 오귀동(모) 사이에 3남2녀 중 장남으로 출생 / 1933년 4월~1938 3월: 경성 공립고등보통학교 졸업 / 1938년 4월~1940년 3월: 일본 동지사대학교 예과 수료 / 1940년: 최옥순과 결혼(슬하에 3녀 1남) / 1940년 4월~1942년 9월: 일본 동지사대학교 문학부 신학과 사회사업학 전공 졸업 / 1945년~1946년: 경성 공립중학교 교사 / 1946년~1947

사회복지와 관련된 내용을 정리[10]하면, 우선 일제강점기인 1938년 고등학교를 졸업하던 해에 김덕준이 일본 도시샤(同志社)대학교 신학과 사회사업학 전공을 선택하였다는 것을 들 수 있다. 이렇게 김덕준이 도시샤대학교에서 신학의 테두리 가운데 사회사업학을 전공했기 때문에 깊은 기독교적 영성에 기초한 사회복지와 사회복지실천을 한국에 뿌리내리도록 할 수 있었을 것으로 판단된다.

도시샤대학교를 졸업한 후 김덕준은 출생지인 함경북도 회령으로 돌아가 모교인 경성고보에서 교직생활을 했다. 그런데 함경도와 평안도를 비롯한 북쪽이 점점 공산화되는 것을 목격하고 가족들과 월남을 결심한다. 서울에 온 김덕준은 YMCA 활동에 참여하게 되는데, 그때 우원 이호빈 목사를 만나 강남대학교 설립과 평신도 지도자 교육과정 교수로 경영에 참여하

년: 의정부 농업학교 교사 / 1947년~1964년: 중앙신학교(현 강남대학교) 교수 / 1953년: 이호빈(중앙신학교 창립자)과 사회사업학과 설립, 한국기독교사회사업학생연합회 창립 / 1953~1973년: 연세대학교, 이화여자대학교, 숭실대학교, 서울대학교, 감리교신학대학교 강사 / 1957년: 한국사회사업학회(현 한국사회복지학회) 창립(초대 회장) / 1958년~1960년: 미국 플로리다 주립 대학교(Florida State University) 유학(1년 반) / 1961년: 중앙신학교(현 강남대학교) 학장으로 취임(1962년까지) / 1962년~1973년: 한국보건사회부(현 보건복지부) 중앙아동복지위원회 초대 위원장 / 1964년~1969년: 원주대학교(현 상지대학교) 교수 및 학과장 / 1966년: 한국사회사업학교협의회(현 한국사회복지교육협의회) 설립(4대 회장) / 1969년~1977년: 중앙대학교 교수 및 학과장 / 1970년~1971년: 한국사회사업대학협의회 회장 / 1973년: 국제사회복지협의회, 아시아 및 태평양 지역사회계획위원회 위원장 / 1975년: 중앙대학교 대학원에서 박사학위 취득(논문제목: 산업복지에 관한 전문사회사업의 개입에 관한 연구) / 1978년~1981년: 강남사회복지학교(전 중앙신학교, 현 강남대학교) 학장 / 1981년~1982년: 중앙대학교 대학원 강사 / 1981년: 한국기독교사회복지학회(현 한국기독교사회복지실천학회) 창립, 초대 회장 / 1985년~1992년: 강남대학교 명예교수 / 1992년 9월 2일: 별세

10 김덕준과 관련한 주요 사항은 김덕준이 직접 작성한 이력서와 강남대학교 부설 한국사회복지연구소(2003)가 발간한 자료집에서 김만두(2003)가 쓴 내용, 그리고 한국사회복지사협회 50년사 편찬위원회(2017)가 김덕준에 관련하여 작성한 내용을 종합하여 정리하였다.

게 된다(한국사회복지사협회 50년사 편찬위원회, 2017). 강남대학교는 '경천애인(敬天愛人)'을 설립 이념으로 사회사업을 겸한 초교파적 평신도 지도자 양성을 목표로 하였다. 그러던 중 1950년 6·25 한국전쟁이 일어났고, 부득이하게 모든 활동을 중단하고 부산으로 피난했다. 그러나 부산 피난지에서도 김덕준은 YMCA 활동을 계속하면서 전쟁 이후 발생할 많은 구호대상자들을 효율적으로 지원 관리하기 위해서는 사회복지사 육성이 절대적으로 필요하다는 것을 인식했다. 전쟁 중임에도 불구하고 1951년 부산일보에 강남대학교 사회사업학과 학생 모집광고를 냈다. 전쟁 이후 한국의 사회발전에 대해서 고민하고 고뇌하는 젊은이들이 많이 지원했으며 각고의 노력 끝에 김덕준은 1953년 문교부(현 교육부)로부터 사회사업학과 인가(문고증 제1419호)를 받아냈다(부성래, 2003).[11]

1957년과 1958년에는 외국원조단체가 활발하게 움직이고 있어 졸업생들이 취업할 수 있는 현장이 비교적 넓은 편이었으며 학생들은 영어 문서작성이나 회화를 기본으로 학습했다. 때문에 졸업생들도 취업에서 유리한 이점을 얻을 수 있었다. 하지만 김덕준은 자신이 사회복지 분야에서 학문적으로 한계점에 온 것을 직감하였다. 고심 끝에 그는 1958년 9월 미국 플로리다 주립대학교 대학원에 유학을 가게 된다. 1960년 8월 석사학위를 취득하고 귀국한 김덕준은 1961년부터 1964년까지 강남대학교 학장에 취임했다(한국사회복지사협회 50년사 편찬위원회, 2017)

---

11 1953년 사회사업학과에 입학한 강만춘(전 강남대학교 교수), 김운초(전 캐나다아동구호재단 한국 지부장), 부성래(전 미국 웨스트버지니아대학교 교수), 최종도(전 보건사회부: 현 보건복지부 가정복지국장) 등은 피난 시절 부산 YMCA에서 면접고사를 통해 선발된 1기 학생들이다(부성래, 2003). 1954년 김만두(전 강남대학교 교수), 김명우(전 대한사회복지회 회장), 김종태(전 홀트일산복지타운 원장), 노상학(전 강남대학교 교수), 손종률(전 유한고등학교 교장·강남대학교 총장), 이윤구(전 대한적십자사 총재·인제대학교 총장), 조치원(전 한국기독교사회봉사회 총무) 등의 학생들이 입학했다(이윤구, 2013).

한편 강남대학교 사회사업학과를 졸업한 제자 원홍목(원주 성애원 설립자)은 1963년 원주에서 직장인들을 위한 야간대학인 원주대학교를 설립하였고, 곧바로 김덕준을 초빙했다. 김덕준은 1965년부터 1969년까지 5년간 원주대학교 사회사업학과 교수로 재직하였다. 이후 김덕준은 1970년부터 중앙대학교 사회사업학과 교수로 임용되어 1977년까지 8년간 근무했다. 중앙대학교에 근무하는 동안 김덕준은 중앙대학교 박사과정에 입학하여 1975년 "산업복지에 대한 전문사회사업의 개입에 관한 연구"라는 논문으로 박사학위를 받았다. 김덕준은 1947년부터 1963년까지 본인이 젊은 시절 대학 졸업 후 첫 직장으로 16년간 근무하면서 애환이 깃들었던 강남사회복지학교(중앙신학교라는 교명을 1976년 강남사회복지학교로 개칭하였고, 1989년에 강남대학교로 개칭하였다)에 1978년 복귀하여 학장으로 재직하였으며, 건강이 약해져서 62세에 조기퇴임을 하였다(한국사회복지사협회 50년사 편찬위원회, 2017).

[그림 7] 1963년 강남대학교 사회사업학과 졸업식 사진

2. 강남대학교를 통해 성취된 김덕준의 사회복지 교육 성과

김덕준의 인생 행적 가운데에 가장 대표적인 것은 강남대학교 사회사업학

과를 창설한 업적과 강남대학교를 통한 사회복지 교육과 연구 등으로 한국의 사회복지 현장을 선도하였다는 사실을 들 수 있다.

강남대학교 사회복지학부의 전신인 중앙신학교 사회사업학과의 창설은 창설자인 김덕준이 피난지 부산에서 한국 YMCA 연맹의 협력을 받아 대학과정의 사회사업학과 설립에 전념한 결과였다. 그 당시 한국에서는 연세대학교 신학과와 이화여자대학교 기독교사회사업학과에 사회사업개론이라는 과목이 개설되어 있었을 뿐 독립적인 사회사업학과는 어느 대학에도 없었다. 이들 대학에 개설되었던 사회사업개론 역시 한국에서는 처음으로 김덕준 교수가 강의하였다. 그 당시는 6·25 한국전쟁으로 경제적·사회적으로 매우 어려웠으며 수많은 피난민과 전쟁고아는 물론 빈곤 등으로 사회복지사가 절실하게 필요한 때였다(부성래, 2002).

김덕준은 당시 문교부(현 교육부) 장관이었던 전 연세대학교 총장 고 백낙준 박사와 의논하여 연세대학교 신학대학에 사회사업학과를 설치하려고 하였다. 그러나 백낙준 박사가 문교부 장관으로 미국 출장과 업무에 분주한 관계로 시간적으로나 절차상으로 어렵게 되어 강남대학교에 사회사업학과를 설치하게 되었다. 강남대학교에 한국 최초의 독립적 사회사업학과가 개설될 수 있었던 배경에는 강남대학교의 설립이 한국의 YMCA 운동과 밀접한 관계가 있었고, 강남대학교의 창학이념인 '경천애인'의 정신이 사회복지사의 이념과 일치하였기 때문이었다(부성래: 2003).

한편 김덕준은 국내 최초로 사회복지 교육과 실천을 잘 통합하고 이론과 실제를 조화시킨 독창적인 교과과정을 개발하고자 애썼다. 그 결과로 형성된 강남대학교의 혁신적인 사회복지 교육의 주요 성과는 다음과 같다(강남대학교 사회복지학부 50년사 편찬위원회, 2003; 부성래, 2002).

첫째, 철두철미하게 기독교적 교양과목과 사회행동과학의 기초과목을 토대로 강남 사회복지 교육의 이념인 '경천애인'을 생활화할 수 있는 사회복지사 양성에 초점을 두면서 사회복지의 가치와 윤리를 체득하도록 교과과정이 설계되었다.

둘째, 사회복지 이념 교육과 아동복지, 청소년 문제, 노인복지, 사회사업시설 운영론 등 다양한 실천 분야의 지식과 실천기술을 익힐 수 있도록 교과과정을 구성하였다. 또한 미국과 일본의 영향을 받아 한국에서는 제일 먼저 개별사회사업(case work), 집단사회사업(group work), 지역사회조직(community organization) 등 전문 교과목을 개설하였다.

셋째, 강남대학교 사회복지 교육의 선구성이다. 이미 1950년대에 당시 미국에서 논의되고 있던 사회사업의 통합방법론을 소개하였다는 점이다. 따라서 강남대학교 사회사업학과 졸업생들은 개별사회사업, 집단사회사업 및 지역사회조직론을 통합하는 통합방법론의 정의와 접근방법을 일찍이 접할 수 있었으며 이를 현장에서 적용하려는 시도를 하였다. 이는 김덕준 교수의 은사인 일본 동지사대학교의 다케우치 아이찌(竹內愛二) 교수의 영향이라 할 수 있다.

넷째, 강남대학교 사회복지 교육은 국내 최초로 학생들에게 한국 사회복지 선구자들의 학문적 이념과 철학을 배울 수 있는 폭넓은 기회를 제공하고 실천에 적용하게 하였다는 데에 커다란 이점[12]이 있었다.

---

12 대부분의 한국 사회복지의 선구자들이 강남대학교에서 강의한 경험을 갖고 있었다. 서울대학교 사회사업학과를 설립한 하상락 교수는 서울대학교에서 강의하기 훨씬 이전 미국 미네소타주립대학교에서 석사학위(MSW) 과정을 공부하기 위해 유학하기 이전뿐만 아니라 귀국 후에도 강남대학교에서 인간발달론과 사회환경론, 개별사회사업을 강의하였다. 강남대학교에서 강의를 했던 교수들로 오랫동안 집단사회사업을 강의한 백근칠 교수(미국 미네소타주립대학교 MSW), 사회사업행정론과 사회사업개론을 강의하고 보건사회부 차관과 한국뇌성마비장애인협회 회장을 역임한 김학묵 박사(미국 미네소타주립대학교 MSW), 지역사회조직론을 강의한 오재경 교수, 이화여자대학교 사회학과 학과장을 하다 도미한 노창섭 박사 등을 빼놓을 수 없다. 노창섭 박사는 1959년 미국 루이지애나주립대학교에서 사회사업 석사학위(MSW)와 사회학 박사학위(Ph.D)를 취득하고 귀국하여

다섯째, 강남대학교 사회복지 교육의 가장 큰 역사적 의의는 한국 사회복지학의 학문적 발전의 토대를 마련했다는 점일 것이다. 한국사회복지학회는 김덕준 교수의 제안과 노력으로 1959년에 창설되었는데 이로써 사회복지를 자선사업적인 활동의 영역에서 과학적이고 전문적인 사회복지로 승화시키기 위한 학문적 연구의 토대가 마련되었다.

여섯째, 한국의 대학교육 역사상 유래를 찾아볼 수 없는 혁신적이고 새로운 교육 프로그램으로서 하계 및 동계 계절대학의 창설을 들 수 있다. 이 프로그램은 서구의 합숙대학(residential college)과 열린대학(university without wall)의 장점을 조화시킨 한국 최초의 성인 지도자 교육프로그램[13]이었다. 이렇게 강남대학교가 개설하였던 계절대학은 당시로서는 사회복지의 현대적 개념을 이해하지 못했던 일선 사회복지시설장이나 종사자들이 복지 의식을 변화시키고 훈련시키는 교육적 효과를 거두었다.

이화여자대학교 사회사업학과 학과장으로 취임하기까지 강남대학교에서 사회사업개론과 사회사업이론, 사회사업실천론을 강의하였다. 이상과 같은 교수들은 초창기 강남대학교 사회복지 교육의 정착에 커다란 공헌을 하였을 뿐만 아니라 한국의 사회복지 교육과 사회복지 분야의 발전에 크게 기여하였다.

13 지금은 각 대학에서 최고경영자과정 등 성인을 위한 특별교육과정이 많이 개설되어 있으나 1950년대에는 성인교육의 필요성조차 인식하지 못하던 때였다. 이 프로그램은 한국 사회복지의 발전이라는 시각에서 사회복지시설 및 단체의 지도자들을 대상으로 기독교 정신에 입각하여 사회복지시설이나 단체가 당면하고 있는 현실적 문제의 해결책을 모색하고 사회복지 지도자들의 문제해결능력을 키우기 위한 것이었다. 계절대학 참가자는 대부분 교회의 평신도 지도자들로서 한국의 사회복지 분야를 이끌어가는 최고지도자들이었으며 전국적인 참여가 이루어졌다. 사회복지교육계 일부에서는 강남대학교의 이 혁신적 계절대학에 대해 한국의 사회복지시설장이나 종사자에게 대학답지 못한 대학교육을 하는 것이라고 비난하기도 했다. 그러나 계절대학은 사회복지 실천현장의 문제나 어려움을 공유하고 해결책을 모색함으로써 사회복지 지도자들의 사회복지에 대한 인식을 높이고 역량을 강화하는데 크게 기여하였다.

Ⅲ. 김덕준의 사회복지 사상과 사회복지 교육 실천원리

김덕준의 사회복지 사상은 김덕준이 집필한 저서들과 논문들, 여러 편의 글들에서 일관되게 나타난다. 김덕준(1977)은 자신의 사회복지 사상에 대해 다음과 같이 고백했다.

> "내가 청소년기 때 부모님보다 더 큰 영향을 끼친 한 사람을 들라고 하면 그 사람은 가가와 도요히코다. 그는 일본의 위대한 사회사업가요 기독교 지도자 중 한 사람이다. 나는 고등학교 졸업 이전부터 그의 책을 즐겨 읽었다. 그리고 고등학교 졸업 때까지 매일 아침마다 교회에서 '한국의 가가와 도요히코'가 되게 해 달라고 하나님께 기도했다. 그 당시 나는 사회사업이 무엇인지 정확하게 몰랐다. 하지만 오늘날 나 자신이 되는 데 있어 가가와의 인격과 사상이 큰 영향을 미쳤음은 분명하다(김덕준, 1977: 26-27)." [14]

가가와 도요히코(Toyohiko Kagawa, 賀川豊彦)는 일본의 개신교 목사, 사회운동가, 교육자이자 세계 최대의 단일 생활협동조합인 '코프고베'의 설립자다. 고베 빈민가에서의 헌신적인 활동으로도 유명한 그는 우치무라 간조와 더불어 일본을 대표하는 기독교 지성이자 지도자다. 그는 기독교사회주의를 주창했으며 교리적 전도 활동에만 머물지 않고 일본 최초의 노동운동, 농민운동, 보통선거 운동, 무산 계층의 정당 운동, 협동조합운동 등 사

---

14 원문은 다음과 같다. "I am reminded of one person who influenced my life greatly at that time other than my parents, his name is TOYOHIKO KAGAWA. He is one of the greatest social workers and Christian leaders in Japan. I liked his boos and before my graduation from my high school, I had prayed every morning at my church that may God let mea person like KAKAWA in my country. At that time I did not know exactly what a social worker was. I am convinced that what I am today was greatly influenced by Mr. KAKAWA's personality and his thought."

회정의의 실현을 위한 활발한 사회운동을 선구적으로 개척했다(Schildgen, 1988; 서정민·홍이표 역, 2018). 이선혜와 정지웅(2010)은 김덕준의 사회복지 사상과 사회복지 교육 이념에 기독교적인 관점을 심어준 결정적인 영향이 가가와 도요히코의 '사상과 실천 활동'이라고 주장한다.

가가와(1922: 83)에게 있어서 종교의 본질은 속죄애(贖罪愛)이며 그 사랑의 표현이 농민조합운동, 협동조합운동, 빈민구제활동, 노동조합운동 등 구체적인 사회복지 사업으로 나타나게 되었던 것이다. 즉, 예수 그리스도의 제자라면 그는 반드시 자신의 신앙이 삶으로 나타나야 하며 이는 사회운동이 될 수 있다는 것이다. 심지어 가가와는 경제생활이나 사회생활은 일종의 표상 운동이기에 경제생활이나 사회운동을 종교화하고 거기에 종교적 가치를 두지 않는다면 진정한 종교가 될 수 없다고 말하였다. 이에 가가와는 종교운동 그것이 바로 사회운동임을 성서가 가르쳐주고 있다고 하였다. 실제로 가가와에게 있어서 종교는 삶을 살아가는 참된 길이며 이는 예수 그리스도의 십자가에서 실현된 하나님의 사랑이 이 땅의 삶 가운데에 나타나는 통로였다(竹中正夫, 1960).

실제로 김덕준(1985a)은 자신의 사회복지 사상이 성서에 근거하고 있을 뿐만 아니라 가가와 도요히코가 추구했던 사회운동의 방향 또한 자신의 입장과 크게 다르지 않다고 하였다. 더욱이 가가와가 지향했던 종교의 사회운동적인 기능에 주목하면서 복음을 기독교의 본질이라고 한다면 사회복지사업은 그 본질인 복음의 표현이라고 주장하였다. 특히 김덕준은 가가와야말로 기독교 복음에 대한 확고한 신앙의 힘이 사회를 바꿀 수 있고, 동시에 신앙은 행동의 실천을 통해서 구체화될 수 있음을 실증적으로 나타내주었다고 보았다. 그것이야말로 개인의 생명을 살리고 집단과 사회를 변화시키는 진정한 사회동력이었다. 그래서 김덕준(1985b)은 기독교사회동력을 생명의 본질, 즉 복음과 사회복지사업이 하나가 된 사회발전의 추진력이란 뜻으로 정의하였다.

또한 김덕준(1985a)은 예수 그리스도의 "회당에서 가르치시고 복음을 선포하시며 병자와 근심 걱정하는 사람들을 모두 고쳐주신" 사역에 주목하면서 바로 예수 그리스도의 '고치심'을 기독교사회동력의 기원으로 보았다. 김덕준에게 있어서 예수의 '고치심'은 복음의 표현 그 자체였으며 이는 개인과 가족, 집단, 지역사회 전체를 변화시키는 예수 그리스도의 사랑의 실천행위였을 뿐만 아니라 '사회복지 봉사사업'으로 보아야 한다고 했다.

[그림 8] 김덕준 저, 「전문사회사업과 산업복지」 표지

이처럼 김덕준은 '사회복지 봉사사업'의 시작을 예수 그리스도의 '고쳐주시는' 행위에서 찾았고, 그것이 시대의 흐름에 따라 형태가 변화되면서 오늘날의 사회복지가 되었다고 하였다. 김덕준(1979)은 구미 사회사업 철학의 배경으로 기독교 복음의 본질을 설명하고 있다.

> "하나님의 형상대로 창조된 인간 하나님의 위격 다음에 위치하면서 자주, 자존, 자유의 인간에서 인간의 존엄성을 찾을 수 있으며, 삼라만상의 지배를 위임 맡은 인간은 자기의 자주 결정에 의해서 하나님을 배신하여 신인관계를 파괴했으나 인간의 힘으로는 원상회복을 할 수 없었던 고로 인간을 사랑하신 하나님이

스스로를 화신(化身)하여 인간의 죄를 대속하셔서 십자가를 지셨으니 여기서 인간은 원죄의 무서움과 그 원죄를 대속하기 위한 십자가의 절대적 사랑을 알게 되었으며, 그러므로 인간은 시간적으로 제한받는 짧은 생을 이 땅 위에서 사는 동안 하나님의 영원한 창조의 작업에 자유로 자기결정을 내려서 동참하여 그리스도를 모범하여 속죄의 길을 걸어간다. 하나님을 사랑하고 네 이웃을 네 몸과 같이 사랑하라는 복음을 믿고 실천한다. 이것이 기독교의 본질이요 여기에 구미 사회사업의 족적(足蹟)의 원천이 있는 것이다(김덕준, 1979: 94)."

따라서 김덕준의 사회복지 사상은 성서에 기초한 기독교적 이념이면서 동시에 그 이념을 실현하는 구체적인 실천원리임을 알 수 있다. 이에 김덕준의 사회복지 사상과 사회복지 교육의 실천원리가 무엇인지를 구체적으로 살펴보고자 한다.

1. 샬롬의 정신

김덕준이 강남대학교에 사회사업학과를 설치한 목적에 대해서 부성래(2003)는 다음과 같이 말하고 있다.

"김덕준 교수가 사회사업학과를 설치한 목적은 교회 내부 울타리 속의 신학으로부터 대사회의 교회 외적 신학을 만드는 데 있다고 할 수 있었다. 전 사회를 목회의 대상으로 하여 사회 전체가 교회의 장이 되고, '하나님의 나라'가 되는 것이었다. 학생들은 하나님의 의지가 전체 사회의 안녕을 위하여 존재한다고 배웠다. 하나님의 뜻은 생명이 번창하고, 그 생명의 번영에 장애물이 되는 모든 요소 즉, 사회문제를 제거하는 데 있다. … 중략 … 이 말은 이 사회가 샬롬화(Shalom化)해야 한다는 말이다. 히브리어에서 유래한 샬롬(Shalom)이란 말을 대부분의 사람들은 '마음의 평화'나 '개인의 내적 영혼의 화평'으로 알고 있으나 성서적 해석으로는 공동체 속에서 모든 사람들의 공생과 안녕을 의미한다. … 중략 … 고 김덕준 교수의 사회사업교육의 이념은 이와 같이 깨어진 샬롬(Shalom)을 회복하는 것이었다(부성래, 2003: 24-25)."

김덕준(1985b)에 의하면 하나님은 사회구조 속에서 희생될 수 있는 자, 즉 가난한 자, 잡힌 자, 눈먼 자, 소외된 자에 관심을 가지고 이 사회가 공생의 공동체가 되기를 원하고 있다고 했다. 이는 이 사회가 샬롬(Shalom)화해야 한다는 것이다. 김덕준이 주장한 성서적 해석에 따르면 샬롬(Shalom)은 공동체 속에서 모든 사람들의 공생과 안녕을 의미하였다. 김덕준(1987)은 이와 같은 샬롬을 진정한 복지의 상태로 보았다. 하나님이 이 세상을 완전하고 조화된 공생의 터전 속에서 공동의 복리를 이룩할 수 있도록 창조하셨다는 것이다. 그런데 인간은 하나님이 의도하시는 복지(Welfare) 즉 샬롬(Shalom)에서 멀리 떨어져나가 동서남북으로, 종교적 교파주의로, 집단 이기주의로, 빈부의 차로, 강약의 불균형으로 나누어 버렸다.

김덕준의 사회복지 교육의 이념은 이상의 예와 같이 '깨어진 샬롬'의 회복을 지향하는 것이었다. 광범위하게 펼쳐진 제반 사회문제로 가득 찬 이 세상을 공생의 공동체로 회복시키는 노력에 동참하고 도전해야 한다는 것이었다. 여기에서 특기할 사항은 김덕준(1987)에게 있어서 샬롬 즉, 복지란 개별성과 집합성을 동시에 갖고 있다는 것이다. 샬롬은 개인에게도 실현되지만 동시에 사람과 사람과의 관계, 가족과 가족, 국민과 국민 사이에도 이루어진다는 것이다. 그리고 이 모든 영역에서 언제나 샬롬이 있을 때 그 사회는 공생의 공동체가 형성될 것이며 국가공동체 혹은 국제사회공동체가 인류의 복리를 위하여 전 인간사회에 기여하게 될 것이며 당연히 샬롬은 개인에게도 삶의 풍요로움과 신체적 건강과 그리고 마음의 평화와 행복한 삶을 영위할 수 있게 할 것이다.

김덕준(1956)은 전문 사회사업의 중요한 사명도 모든 인간의 복리 향상과 개개인이 갖고 있는 인간의 기본 욕구를 충족시킬 수 있도록 원조하는데 있다고 했다. 특히 빈곤에 처해있는 사람이나 억압당하고 소외된 사람 그리고 상처받기 쉬운 약자에게 힘과 권한을 얻게 하는 것이 전문 사회사업이라고 보았다.

> "현재의 자본주의 사회제도는 가난한 자와 부유한 자 간의 간격을 크게 하게 하므로 국민을 위험과 불안에 빠뜨릴 수 있는 가능성이 크다. 그리하여 온갖 위험과 불안에서 국민의 생명과 문화적인 생활을 보장하여 주는 사회보장제도가 있고 전문 사회사업이 존재한다는 사실이야말로 자본주의 사회를 지탱하는 필수요건이라 할 것이다. … 중략 … 사회보장제도를 포괄하는 광범위하고도 민주적인 사회정책이 실시되기 전까지는 어느 나라에서나 전문 사회사업은 자본주의제도가 내포하고 있었던 문제에서 오는 해악들을 부분적으로나 임시적으로 해결해나가는 눈부신 역할을 하여왔던 것이다(김덕준, 1956: 3)."

> "인간은 어느 누구나 자기 혼자만으로는 살 수 없는 것이다. 인간은 어느 누구나 어떠한 사회적 집단과 일과 이웃, 지역사회, 조합, 교회와 같은 것에 속하여 생활하고 있다. 따라서 자기 한 사람의 사사로운 일이 아니라 모두다 공생 운영하여 함께 살아가야만 곧 자기가 속하여 있는 집단과 동일하게 생활에 만족을 갖게 되는 것이다. 사회사업은 개인적 생활에 성공적 영향을 끼치도록 하여야 한다. 고로 그 개인의 힘을 토대로 하여 가족과 이웃, 지역사회 모두와도 공생하게 되는 것이다(김덕준, 1956: 9)."

이렇게 김덕준(1956; 1985)에게 있어서 사회복지실천은 인간을 둘러싼 사회 환경에서 생겨나는 여러 가지 역동적 요소가 만들어낸 인간생활의 다양한 사회문제를 제거하기 위한 전문적인 노력이고, 동시에 인간 개개인이 갖고 있는 심리사회적 기능을 어느 정도의 효과적인 선까지 높여줄 수 있는 응용사회과학적 방안이었다. 그리고 이는 샬롬을 실현하는 가장 현실적인 실천접근이었다.

아울러 김덕준(1955, 1965, 1967a, 1968a, 1968b, 1969a, 1987)이 궁극적으로 꿈꾸었던 사회복지사를 위한 사회복지 교육의 기본적 개념은 인간 내면세계의 변화와 동시에 모든 인류의 복지와 번영이 보장되는 "공생적 사회", "공생적 공동체"의 건설과 성취를 위한 것이었다. 그래서 김덕준(1979, 1980a, 1982, 1983a, 1984)에게 있어서 사회복지 교육이란 인간이 즉각적으로 정확하게 응답해야 하는 일련의 연속적인 하나님의 활동이었다. 정치사회적 억압과 자본주의 사회 아래에서 고통 받는 사회적 약자들을 보듬어 안는 참된 사회복지 교육을 실현하는 작업이 하나님의 일하심이었고 이것이야말로 진정한 사회사업 즉, 사회복지실천이었던 것이다.

[그림 9]
김덕준 저,「기독교사회복지」 표지

[그림 10]
「사회사업의 기술」 표지

이렇게 김덕준(1956, 1967b, 1975a)이 제시했던 사회복지실천은 서비스 대상자에게 억압으로부터 자유를 누리게 하는 일이었으며 스스로 자기 삶을 살아갈 선택의 자유를 주는 것이었다. 여기에서 사회복지사는 서비스대상자로 하여금 참된 '자기' 바로 진정한 '자아'를 찾게 해 주는 실천가여야 했다. 억압과 차별에 종속된 '자아'가 아닌 참된 '자아'를 찾아주는 사람이 사회복지사였던 것이다.

"사회사업가는 피조자의 참된 자기를 발견하도록 해야 하며, 피조자 자신 스스로가 참된 자기를 발견하고 참된 자기를 실현해 나갈 수 있게 하여야 한다(김덕준, 1956: 171).”

부연하면 김덕준(1961, 1967c, 1968c, 1969b, 1970, 1975b)이 지향했던 사회복지실천은 사회복지사가 ‘피조자, 즉 서비스대상자’의 참된 ‘자아’를 찾도록 돕는 활동인 것이다. 그리고 이는 사회복지사도 자신의 참된 ‘자아’를 이미 찾은 존재여야 함을 전제한다. 김덕준(1977, 1984, 1987)은 사회복지사가 참된 ‘자아’를 찾기 위해 기독교적인 신앙을 가져야 한다고 했다. 왜냐하면 사회복지사가 자신의 마음에 담겨진 하나님의 말씀을 육화시키면 예수를 닮을 것이며, 예수를 닮은 사회복지사는 예수님을 닮은 참된 ‘자기’를 나타냄으로써 서비스대상자를 힘껏 도울 수 있게 된다는 것이다. 사회복지사가 하나님 앞에 서서, 성숙한 참된 ‘자기’를 갖추게 되면 하나님의 시각으로 세상과 사물과 사건을 바라볼 수 있게 됨으로 이는 고스란히 서비스대상자가 자신의 참된 ‘자기’를 찾아가도록 돕는 힘이 된다는 것이다.

2. 인간의 존엄성

김덕준이 일생동안 추구했던 사회복지 교육과 사회복지실천의 정신과 원리는 하나님의 형상대로 창조된 인간에 대한 하나님의 지극한 사랑에 기초하였다. 김덕준은 인간을 하나님이 창조한 그 하나님의 형상으로 이해하고 있다. 이러한 그의 인간관에 의해 인간은 모든 피조물들 중에서 지고한 목적과 잠재력을 가진 존엄한 존재가 된다.

> “그러므로 하나님께서는 인간을 창조하실 때부터 하나님 다음에 위치하는 존엄성과 절대적인 자유를 그에게 부여하여 주셨다. 그러므로 절대에 가까운 존엄성과 자유를 지닌 인간 이것이 기독교 인간관이다. 이 인간관을 확신하는 그리스도인은 하나님을 두려워하고 사랑하며 하나님의 절대적 사랑으로 속죄 받았으니 그는 일생 동안 그 속죄의 대가로 이웃을 자기 몸과 같이 사랑하면서 사랑의 빚을 갚아나간다. 이 삶이 즉 기독교 인생관이다(김덕준, 1985b: 8).”

이와 같은 인간관에 근거한 김덕준의 사회복지 교육은 모든 인간의 새로운 인간성의 회복을 도모할 수 있는 사회복지사를 양성함으로써 가난과 억압을 극복할 수 있는 새로운 민주적 평등 사회를 도래하게 하는 데에 그 목적을 두게끔 하였다(1976, 1983, 1987). 즉, 김덕준은 참된 사회복지 교육을 모든 인간이 억압과 착취, 박해 등에서 해방되는 구체적인 사건들을 날마다 만들어 낼 수 있는 사회복지실천가를 창출해 내는 것으로 보았다.

> "기독교의 인간관은 기독교의 본질에 근원을 둔다. 기독교의 본질을 요약한다면 하나님의 형상대로 창조된 인간, 하나님의 위격 다음에 위치하면서 자주, 자존, 자유의 인간, 그러므로 존엄성을 지닌 인간, 삼라만상의 지배를 위탁받은 인간은 자기의 자유결정에 의해서 하나님을 배신하여 신인관계를 파괴했으나 인간의 힘으로서는 원상회복할 수 없었으므로 그래도 인간을 극진히 사랑하신 하나님이 스스로 화신하여 인간의 죄를 대속하셔서 십자가를 지셨으니 여기서 인간은 원죄의 무서움과 그 원죄를 대속하기 위한 십자가의 절대적 사랑을 알게 되었다. 그러므로 인간은 시간적으로 제한받는 짧은 생을 이 땅위에서 사는 동안 하나님의 영원한 창조의 작업에 자유로 자기결정을 내려서 동참하여 그리스도를 모범하여 속죄의 길을 걸어간다. 하나님을 사랑하고, 두려워하며, '네 이웃을 내 몸과 같이 사랑하라' 는 복음을 믿고 실천한다. … 중략 … 구미의 사회사업의 역사는 그 철학을 벗어나서 이해할 수 없으며 그 철학은 기독교의 본질, 기독교의 인간관을 벗어나서 이해할 수 없다(김덕준, 1982: 24-25)."

김덕준(1956)은 사회복지 교육의 목적을 인간성을 회복시킬 수 있는 전문 사회사업가를 양성하는 데에 있는 것으로 보았다. 이와 같은 그의 견해는 하나님으로부터 분리된 인간으로 하여금 본연의 창조적 질서로 복귀하는 과정에 예수 그리스도의 중보적 개입과 거듭난 인간으로 성화의 변화를 필요로 하는 신앙적 구원의 확신과 그에 따른 삶의 결실이 성령의 역사로 이루어짐을 전제로 하고 있다.

> "인간존엄의 인간관을 받들고 출발한 사회사업도 인간 경시의 시대의 조류에 따라 바트림이 그녀의 저서 『사회사업』의 본질에서 말하고 있는 것처럼 사회사업도 인격 가치를 호소하는 것을 피하는 경향이 있다고 경고하고 가치관에 기초한 인격에 대한 존엄으로 시종하는 사회사업의 실천을 인간관 회복의 측면에서 주장한다. 이와 같이 인간관 회복 운동은 사회사업학계에서도 끊임없이 일어나고 있다. 예수의 교육, 설교, 치유의 생활을 본받아 제자들의 치유의 생활, 초대교회의 원시기독교 공생 공동체 생활, 자선사업, 중세기의 수도원을 통한 구제상보, 봉건사회 말기의 구호사업, 초기 자본주의 사회의 박애사업 또는 사회사업에 이르기까지 다양한 호칭 밑에 섬기는 자건, 자선가건, 구호사업가건, 박애사업가나 사회사업가건 그 섬기는 대상이 주님 안에서의 형제자매라는 섬기는 자의 확신을 연면하게 이어 받아 왔다는 것이다. 이 정신이 오늘날 사회사업가 신조에도 나타나 있으며 피조자 즉 클라이언트를 대하는 사회사업가의 계율에도 강조되고 있는 것이다(김덕준, 1983a: 5)."

이에 따라 사회복지 교육의 목표도 인간성 계발의 초점을 단순히 형이하학적인 체계에서 머물지 않고 형이상학적인 영역에 이르기까지 삶의 근본목적을 의식화하게 함으로써 자아정체성의 확립이 보다 통합적이고 고차원적이 될 수 있도록 시도해야 하는 것으로 정리되었다(1982, 1983a, 1983b).

3. 십자가 사랑

김덕준은 세로와 가로의 개념을 독창적으로 제안하면서 이를 십자가 사랑으로 연결시켜 기독교와 사회사업을 설명하였다(1983a, 1985c). 세로는 동양적인 개념으로서 유교의 영향으로 '자기를 중심으로, 가족 가문을 중심으로' 생각하는 사고방식이다. 그에 반해 가로는 서양의 개념으로 기독교의 영향으로 이웃을 중요하게 생각하는 사고방식이다. 이런 까닭에 세로 사랑은 가족 중심으로 일어나는 것으로 누구라도 실천할 수 있는 행위이다. 하지만 가로 사랑은 이웃을 사랑하는 것, 그것이 바로 하나님을 사랑하는 것으로 확신하고 실천하는 행위이기에 누구라도 할 수 있는 행위가 아니라고 말할 수 있다.

> "십자가의 사랑은 예수님이 달리신 십자가의 형틀을 상징하는 것보다도 창조된 인간 가족부터 바로 이 시간까지 대대손손 면면하게 혈통으로 이어져 내려온 절대적인 세로의 사랑을 가로의 사랑으로 승화하여 세로와 가로의 결합으로 이루어지는 십자가의 사랑을 창조하셨는데 그 역사적 위대성이 있다고 확신한다. 이와 같이 위대한 의미를 지닌 십자가의 사랑이 초대교회에 이어지고, 지난 2000년 동안 구라파와 미주에 이어져 기독교 사회사업의 성장과 발전을 촉진케 하였으며 끝내는 100년 전에 복음 선교와 함께 거의 동시적으로 선교 사업으로 전달되었다. 세로의 사랑에서 가로의 사랑으로 옮기는 데는 희생이 따른다. 예수님의 십자가 피의 공로가 그것을 여지없이 상징한다. 예수님의 뒤를 따르는 우리도 이와 같은 아픔과 마찰과 투쟁에서 예외가 될 수 없다(김덕준, 1985a: 19)."

이렇게 김덕준에 의한 십자가의 의미는 "세로와 가로의 사랑"이며 특히 세로의 사랑을 바탕으로 한 가로의 사랑을 강조하며 사회복지사가 가로의 사랑을 실천하기 위해서는 사회사업의 실천 기술이 필요하다는 것을 깨닫게 한다. 더욱이 십자가 사랑에 기초한 김덕준의 사회복지 사상과 사회복지 교육의 실천원리는 현재 한국 사회복지 교육의 근본적 변혁을 위해 상당히 유용한 접근으로 고려할 만한 통찰들을 제공해 줄 수 있다.

사회복지사들이 사회복지실천을 단지 '유용한 밥벌이 수단'으로 인식하려는 왜곡된 현상이 증가하고 있는 최근의 경향에서 사회복지사라는 직업에 대한 근본적인 성찰을 하게끔 도와줄 수 있다. 더욱이 사회복지조차도 점차 성과와 편익의 논리에 따라 운영되어가는 현실에서 '한 인간에 대한 소중성'을 담보로 하는 우선적인 서비스실천개입을 할 수 있게끔 하는 근거로서도 작용할 수 있다. 즉 진정한 사회복지실천은 사회복지사가 서비스대상자의 존재 이유에 대해 어떤 합리적 타당성이나 사회적 효용을 찾을 수 없다 하더라도 하나님이 인간을 조건 없이 사랑하심과 같이 무조건 서비스대상자를 돌보며 지원해야 하는 활동(김덕준, 1976b; 1980b)임을 인식하게 도울 것이다.

4. 사회정의

김덕준(1971a, 1971b, 1972a, 1972b, 1973a, 1973b, 1978, 1979, 1980c, 1985c)에게 있어서 사회정의를 정립하는 일은 사회복지가 실현해야 할 가장 중요한 책무였고 이는 하나님이 인류에게 반드시 달성하라고 명령하신 사명이기도 했다. 심지어 김덕준(1987)은 "예수 그리스도가 '하나님 나라'가 이 지상에 임해야 인류의 구원과 창조의 질서회복을 완성할 수 있다는 선교적인 사명을 그리스도인들에게 위탁하고 있기 때문에 정의로운 사회의 구현은 그러므로 사회복지 교육의 기본이념으로 계속 지속되어야 한다."고 주장했던 것이다.

> "세상에서 말하는 '큰 것은 좋은 것이다'라는 스펜사의 사회적 다위니즘으로 비롯되는 거대 물신 숭배의 의식은 보편적인 사회철학적 기초를 획득했고, 마침내는 1870년대부터 1890년대에 이르기까지 이 사회적 다위니즘은 미국에 도입되어 기업가의 성공을 적자생존의 증명으로 찬양하는 기풍을 양성하였던 것이다. 이 사실은 거꾸로 경제적 약자(또는 패자)를 우승열패의 필연적 소산으로서 경시, 경멸하는 풍조를 낳았다. 그러므로 스펜사의 사회적 다위니즘의 논리적 귀결은 약자나 요구호자나 패자는 우둔하고 무절제하고 악덕하고 게으름뱅이므로 생존 부적격자이며 즉 그들은 사회를 위하여 죽어 없어지는 것이 최선의 길이며 우승자 성공자만이 생존 적격자이므로 행복한 생을 누릴 권리를 가질 수 있다는 결론이며 생존 적격자의 희생으로 생존 부적격자를 구제한다는

것은 언어도단이란 말이다. 이 얼마나 비참한 인간관인가? 이 엄청난 사회적 다위니즘이 지배적인 악독한 상황 밑에서도 전통적인 인간관으로 '생존 부적격자'의 편에 서서 면면히 사랑을 실천해 오고 있는 것이 기독교 사회복지사업이다. … 중략 … 사회개발에 대한 우리의 관심은 우리의 신앙의 결과에서 온 것이다. 인류의 인간성은 하나님이 주신 선물이며 그리하여 그 보존과 촉진은 하나님이 우리에게 주신 책임이라는 사실을 믿는다. 만일 모든 사람들을 우리의 형제자매로서 우리가 받아들이지 않는다면 우리는 하나님을 우리의 아버지로 받아들일 수 없다. 가난한 자와 착취를 당한 자의 고통 속에서 우리는 그리스도의 고통을 보는 것이다. 병자가 낫고 배고픈 자가 배부르며, 포로가 석방되는 곳에서, 또 개인들과 지역사회들이 화해하고 나라들이 평화롭게 살고 협동하는 곳에서 우리는 일하시는 하나님의 손길을 보는 것이다. … 중략 … 교회와 기독교인들에게 책임사회운동에 적극 참여하여 솔선수범할 것을 요청하는 일이라 하겠다. 그러므로 책임 사회운동이란 기독교 인간관 회복 즉 생명의 본질의 회복과 생명의 표현을 회복하는 운동이다. … 중략 … 기독교사회복지는 사회정의를 위한 사회운동이어야 하며 전문사회사업은 기독교사회복지를 그 근원적 사상이어야 하는 바이다(김덕준, 1983a: 5-6)."

그래서 김덕준(1955, 1975a, 1978, 1985b, 1987)은 사회복지의 가치와 철학의 근간에는 사회정의 사상이 자리 잡고 있다고 했다. 그에게 있어서 사회정의 사상은 구약시대에서뿐만 아니라 신약시대를 거쳐 오늘에 이르기까지 물질 만능주의, 경제사회의 빈부격차, 지배자들의 권력구조의 부조리에 대한 쇄신과 피해자(약자와 빈민)들에 대한 인권의 옹호를 그 기본으로 삼고 있다. 나아가 하나님이 구하시는 것은 힘차게 흐르는 강물과 같은 정의로 가득 찬 민중의 희열의 소리이며 사회복지사는 사회정의의 예언자로까지 인식될 수 있는 민중들에게서 사회적 동력을 이끌어낼 수 있어야 한다고 했다.

즉, 신약 시대의 예수는 바로 구약 시대의 선지자 이사야가 외쳤던 사회정의를 실현키 위해 인간의 구세주로 온 자신을 복음의 진리로 선포하였다고 김덕준(1985; 1987)은 다음과 같은 성서의 구절을 인용하면서 밝혔다.

> "… 주님의 성령이 나에게 내리셨다. 주께서 나에게 기름부으시어 가난한 이들에게 복음을 전하게 하셨다. 주께서 나를 보내시어 묶인 사람들에게는 해방을 알려주고 눈먼 자들은 보게 하시고 억눌린 사람들에게는 자유를 주며 주님의 은총의 복음을 선포하게 하셨다(이사야 58: 6, 눅 4: 18-19)."

5. 경천애인(敬天愛人)

강남대학교의 설립자인 이호빈 목사와 김덕준은 경천애인을 대학교육의 이념이며 목표로 삼았다. 동시에 경천애인은 이호빈과 김덕준의 인생 비전이었으며 김덕준에게 있어서는 사회복지 교육의 구체적인 교과과정이 지향하는 궁극적인 목표이기도 했다(이부덕, 2003). 이호빈과 김덕준은 한국의 교파적 분열을 염려했으며, 교조적 기독교 신학을 우려했다. 신학교였지만 교육 목표는 틀에 박힌 교회 목사의 양성과 배출이 아니었다. 그들은 평범한 회사원으로부터 상인, 교사, 사회사업가(현 사회복지사), 의사, 간호사, 군인, 목수에 이르기까지 누구든지 함께 모여 그리스도의 가르침을 따르는 평신도들로서 사회 각 분야에서 일할 수 있는 기독교인을 교육시켜야 한다고 믿었다. 목표는 모든 교파의 청장년들을 교육시켜 하나의 하나님, 하나의 교회, 그리스도의 권속이라는 공동 유대를 가지고 각 교단 간의 상호 이해를 통해서 교회와 사회에 봉사하는 사람, 참 경천애인인 그리스도 속에서의 우애를 실천할 수 있는 하나님의 사람을 육성하는 것이었다.

특히 김덕준(1975a, 1979, 1980a, 1983b, 1983c)은 이러한 신념이 한국 문화의 맥락 속에서 뿌리내려져야 하고 한국의 역사와 전통 그리고 문화적 유산 속에서 자양분을 섭취하면서 자랄 수 있다고 믿었다. 그것은 보편적

기독교 신앙과 한국의 문화유산, 그리고 현재의 생활경험을 통합하고 조화시킴으로써 스스로의 문제를 해결해 나갈 수 있다는 믿음에 토대를 둔 신념이었다. 나아가 이러한 신앙적 신념 속에서 전문 사회사업을 통해 실천적 활동을 수행하는 사회사업가를 양성하기 위한 사회사업학과의 창설은 경천애인의 사상을 가장 극명하게 드러내는 사건이었다(부성래, 2002; 2003).

> "중앙신학교 사회사업학과는 1953년에 한국에서 제일 먼저 순수한 현대적 전문사회사업교육의 커리큘럼을 구성한 사회사업학과로 대학인가를 받아 창설되었습니다. 졸업생들이 전문사회사업가로서 정부(보건복지부)나 사회복지기관에 고용되어 활동한 것은 국내에서 처음 있는 일이었습니다. 교수님은 언제나 한국에서 제일 먼저 사회복지 분야에 전문적인 사회사업실무자(social work practitioner)를 배출시킨 데 대한 긍지와 사회에 대한 책임감을 갖고 있었습니다. 사회사업학과의 커리큘럼은 중앙신학교의 창학이념 및 교육목표와 밀접한 연관을 갖고 졸업 후 기독교 사회사업가로서의 가치와 사명을 생활화할 수 있도록 교육 및 목표를 세웠습니다. 사명은 전문직업(vocation)으로서의 전문사회사업의 가치와 하나님에게 부름 받았다(calling)는 신앙에 기초한 것이었습니다(부성래, 2002: 2-3)."

이와 같은 경천애인의 사회복지 사상과 사회복지 교육은 강남대학교 사회복지 교육의 진정성과 성실성을 담보하는 데에 크게 기여하였다. 경천애인의 정신은 강남대학교에서 양성된 사회복지사들로 하여금 '부름 받아 나선 사명'을 받은 실천가가 되게끔 했다(부성래, 2002).

> "스승이신 고 김덕준 교수님의 경천애인의 가르침과 그가 조성해 주신 사회복지 교육 환경은 우리에게 우리 자신을 알게 하고 건전한 사고방식과 건전한 판단능력을 키워주셨으며 우리 자신들의 identity와 우리의 삶의 목적은 무엇인지, 이웃에 대한 나의 책임과 의무는 무엇인지 이러한 질문에 답을 구하게 하셨

습니다. … 중략 … 고 이호빈 목사님과 고 김우현 목사님(이호빈 목사님을 도왔던 중앙신학교 설립자의 한 사람)의 실천을 요구하는 설교와 신앙적 분위기는 우리들을 항상 새롭게 해주었습니다. 사회사업과 신학의 접목이 우리들로 하여금 행동하는 지성인으로서의 identity를 정립하게 하였고 중앙신학교 사회사업학과 학생으로서의 특유의 자부심을 갖게 하였습니다. … 중략 … 위로는 하나님을 경외하고 아래로는 이웃을 사랑하는 경천애인의 정신으로 무장한 우리들은 전쟁 직후의 수복한 서울 거리의 혼란과 가난 속에서 할 수 있는 일, 해야 할 일을 찾았습니다(부성래, 2002: 13)."

나아가 경천애인의 정신은 확고한 사회복지사로서의 정체성을 확립시켜 주었다고 할 수 있다. 즉, 김덕준이 이해하고 가르치고자 했던 경천애인의 정신에 의하면, 그리스도인에게 있어서 사회복지는 부르심을 향하여 나서는 하나의 소명이었다. 일반적으로 목회나 선교와 같은 직업을 소명으로 받아들이는 것처럼 사회복지도 헌신과 희생을 요구하는 하나님의 소명으로 받아들여야 했다.

6. 이웃 사랑의 관계성

"이웃을 너의 몸과 같이 사랑하라"는 도덕률은 성서의 기본정신이지만 특히 예수의 교훈 가운데 핵심이 되고 있다. 김덕준(1985a)은 '가로 사랑'의 실천으로 사회사업이 예수의 섬기는 사역에서 출발될 수 있도록 그 실천가들의 양성에 자신의 생애를 바쳤다. 기독교는 사랑의 종교라 할 수 있다. 사회사업도 이웃의 아픔과 고통, 가난과 굶주림, 고독과 소외, 압박과 인권유린, 버림과 외면 등 많은 위기와 절망의 상황에서 인간이 자유로움과 사람의 대우를 받고 살 수 있도록 돕는 일에 소명을 갖게 되며 이에 필요한 지식, 기술 및 자원을 갖출 수 있도록 교육과 훈련을 요하는 것이다. 누가복음의 기자는 예수의 이웃사랑에 대한 가장 정확한 실례를 다음과 같은 이유로 잘 설명하였다(부성래, 2002).

"어떤 사람이 예루살렘에서 여리고로 내려가다가 강도들을 만났다. 강도들은 그 사람이 가진 것을 모조리 빼앗고 마구 두들겨서 반쯤 죽여 놓고 갔다. 마침 한 사제가 바로 그 길로 내려가다가 그 사람을 보고는 피해서 지나가 버렸다. 또 레위 사람도 거기까지 왔다가 그 사람을 보고 피해서 지나가 버렸다. 그런데 길을 가던 어떤 사마리아 사람은 그의 옆을 지나다가 그를 보고는 가엾은 마음이 들어 가까이 가서 상처에 기름과 포도주를 붓고 싸매어주고는 자기 나귀에 태워 여관으로 데려가서 간호해주었다. 다음 날 자기 주머니에서 두 데나리온을 꺼내어 여관 주인에게 주면서 '저 사람을 잘 돌보아 주시오. 비용이 더 들면 돌아오는 길에 갚아드리겠소.' 하며 부탁하고 떠났다(눅 10: 30-36)."

김덕준(1980b)은 빈부격차의 심화가 외면되고, 기술과잉 의존으로 인한 인간존엄성의 격하 현상 등 세속적 다수주의의 위세로 양심의 벽이 무너지고 있는 위기에 직면한 현대사회에서 이웃 사랑의 패러다임이 요긴하게 전파되어야 한다고 했다. 무엇보다도 이러한 현대사회의 위기를 극복하기 위한 사회복지사들의 노력이 크게 요구된다(함세남, 2007; 김덕준·김영모·이명홍·지윤·강만춘, 1970)고 주장하였다. 이에 따라 사회복지사들은 도덕적인 시민으로서의 의식과 바른 생활 태도, 건실한 행동의 단계를 모범으로 실행하면서 개인, 단체 및 사회제도에 이르기까지 변화를 위한 헌신적 용감성을 발휘해야 한다고 했다.

김덕준(1985a)에게 있어서 이러한 용기는 사실상 사회복지사들에게 있어 기독교 신앙이 그 뒷받침을 해 주어야 하는 것이었으며, 김덕준은 이러한 실천적 신앙에 의해 나타나는 '가난한 자들에게 기쁜 소식'을 전하는 사역이야말로 진정한 사회사업이라고 했다. 아울러 이와 같은 실천적 사역인 사회사업 현장과 접목시키는 작업이 사회복지 교육이라고 하였다.

김덕준(1987)의 경우 실제로 예수의 구속사업의 핵심도 바로 이완된 인간과 하나님과의 관계성 회복을 통하여 자기중심적인 탈 이웃 관계를 사랑의 대상관계로 승화시키는 패러다임을 제시하신 데에 있다고 보았다. 그래서 진정한 사회사업의 관계론적 패러다임도 예수 그리스도가 본으로 보여준 사랑의 실천을 그 표본으로 삼아야 할 것이라고 했다. 시대와 제도와 대상을 초월한 하나님의 자녀로 피조된 귀중한 존재로 본 이웃들, 가난과 질병과 저버림과 억압된 자들, 어린 아이들, 여인들, 이방인들을 가리지 않고 사랑과 용서와 치유와 인정이 필요한 그 누구에게도 온정과 확신과 회복을 갖도록 대하신 관계적 정의 규범을 예수가 확립해 주셨기에 이를 원칙으로 관계성의 계발을 사회복지 교육의 중심과제로 삼아야 할 것이라고 주장했던 것이다.

Ⅳ. 결론

지금까지 김덕준의 생애와 사회복지와 관련된 행적 그리고 그의 사회복지 사상과 사회복지 교육의 실천원리를 살펴보았다. 그가 남긴 빛나는 업적들과 사회복지 교육의 성과들을 비롯하여 주옥같은 그의 저작물(저서, 논문, 기타 다양한 형태의 글들)들을 심도 있게 탐구함으로써 그의 사회복지 사상과 사회복지 교육의 실천원리를 고찰해야 할 필요가 있다는 점에서 본 연구는 커다란 의의를 갖는다.

본 연구를 통해 도출된 김덕준의 사회복지 사상과 사회복지 교육의 실천원리는 현재 한국의 사회복지 교육의 문제를 해결할 수 있는 가치적이며 이념적인 사회복지사 양성의 본질적인 목적과 목표를 재정립할 수 있는 다음과 같은 통찰들을 제시해 주었다.

첫째, 김덕준의 사회복지 사상의 핵심은 십자가 사랑에 기초한 인간에 대한 존엄성과 사회정의를 '경천애인' 하는 자세로 이 세상에 구현하고자 하는 샬롬의 정신이었다. 김덕준에게 있어서 일생일대의 과업은 부서지고 깨어진 샬롬의 상태를 개인과 가족, 집단, 사회 나아가 전 세계에서 다시 회복하는 것이었다. 이와 같은 김덕준의 샬롬의 정신은 현재 한국의 사회복지 교육에 반드시 필요한 가치로 적용되어야 한다. 한덕연(2016)에 의하면 사회복지의 핵심은 "사람을 사람답게, 사회를 사회답게"로 정리할 수 있어야 하며 사람이 사람다워지려면 각 사람이 주체화되어야 하고, 사회가 사회다워지려고 하면 사회가 상부상조의 공생적 사회가 되어야 한다고 했다. 하지만 한국의 사회복지는 예산과 규모의 급성장에 비해 서비스대상자의 주체적·자립적 삶을 실현해내는 데에는 여전히 성과를 내지 못하는 것으로 보인다(최성균·이준우, 2017). 서비스대상자는 시혜적 존재로 고착되는 일이 빈번해보이고, 사회복지기관이나 사회복지사의 이름과 영광이 드러나는 경우가 다반사인 현실이다(한덕연, 2016).

둘째, 김덕준에 의하면 샬롬의 회복을 주도적으로 성취해 나가야 할 실천가가 바로 사회복지사였고, 사회복지사는 샬롬의 정신으로 사회복지를 사람과 세상을 향해 실천해야만 하는 전문가였다. 특히 김덕준에게 있어서 사회복지사는 신앙과 행동이 일치된 삶을 사는 실천가였다. 서비스대상자 위에 군림하거나 전문가라는 특권의식을 갖고 서비스 개입활동을 하는 것이 아니라 서비스대상자 자신이 주인공이 되어 스스로 자신의 문제를 해결해나가도록 샬롬의 회복을 구현하는 실천가였다. 더욱이 서비스대상자의 삶에서 샬롬이 실현되도록 하기 위해 실천가는 서비스대상자가 스스로 생각하고 스스로 의사를 결정할 수 있는 여건을 마련해주어야 했다. 이는 오늘날 사회복지실천 윤리에서 강조하는 서비스대상자의 자기결정권을 보장하는 원칙과도 연결된다(전오진·박선화·박현식, 2015; 이준우 외, 2011).

셋째, 김덕준에게 있어서 사회복지실천은 세상을 향하여 나아가 그 삶의 현장에서 발생하는 구체적인 문제들을 붙들고 고뇌하며 해결해 나가기 위한 사회동력, 즉 사회운동이었다. 이는 최근 한국의 사회복지 교육에서 가장 간과되고 있는 사회복지실천의 사회행동에 대한 자기반성적 성찰을 하게끔 한다. 사회복지 교육에서 사회행동 내지 사회운동과 같은 급진적 사회복지실천에 대한 교과내용을 찾아보기란 쉽지 않다. 그런 면에서 김덕준이 추구했던 사회동력, 즉 사람의 생명이 소중하다고 자각하는 의식이 사회화할 때 발휘되는 사회운동의 힘이야말로 다시금 한국의 사회복지 교육에 구체적으로 반영되어야 할 핵심과업인 것이다.

넷째, 김덕준의 사회복지실천은 세상의 중심에서 서비스대상자들의 인간성을 회복시키고 이웃 사랑의 패러다임을 널리 확산시킴으로 각각의 사람들을 주체자로 세우고 지역사회를 공생적 관계로 만들어가는 소명을 실행하는 활동이었다. 사회복지를 사회제도로만 보고, 그 제도를 관리운영하는 일에만 집중하게 되면 기능적이고 방법론적인 접근이 보편화되고, 그런 와중에 정작 존중받고 스스로 변화해가야 할 기회를 부여받아야 되는 서비스대상자의 주체성은 사라질 가능성이 크다. 김덕준의 사회복지실천이 오늘 이 시점에서도 유용한 이유가 여기에 있다.

이상과 같은 김덕준의 사회복지 사상과 사회복지 교육의 실천원리를 현재의 한국 사회복지 교육에 적용하면, 다음과 같이 사회복지사의 정의와 자세, 역할, 기능에 대한 내용으로 정리될 수 있을 것이다.

첫째, 사회복지사에 대한 정의이다. 사회복지사는 사회의 전반적인 복지를 증진하기 위해 모든 사회적 억압이나 차별을 막고 제거할 뿐 아니라 모든 사람들이 자신이 요구하는 자원, 서비스, 기회에 접근할 수 있도록 보장하고, 모든 사람들의 기회와 선택을 확대하기 위해 활동해야 하며, 불이익을 당하거나 고통 받는 집단과 개인에 대해 특별한 관심을 기울이고 위기

상황에 처한 사람들에게 적절한 전문적인 서비스를 제공하고, 사회적 상태를 향상시키고 사회정의를 증진시키기 위한 입법, 정책의 변화를 옹호해야 하는 것으로 이해된다.

둘째, 사회복지사의 자세이다. 사회복지사는 서비스대상자와 그와 관련된 다양한 체계 속에 있는 사람들을 능력과 잠재력을 가지고 있는 존재로 인정해야 하며 특히 서비스대상자가 진정한 '자기'를 발견하도록 도와야 한다. 그 결과 서비스대상자와 그와 연결되어 있는 많은 사람들마다 자기 자신을 능력과 가능성을 지닌 존재로 볼 수 있게 될 것이다.

셋째, 사회복지사의 역할이다. 사회복지사는 서비스대상자의 관점을 변화시키는 역할을 해야 한다. 시각 혹은 가치관의 변화는 새로운 선택을 열어주는 열쇠가 되고 더 많은 변화가 가능하도록 해 준다. 그러므로 사회복지사는 서비스대상자가 새로운 선택과 변화를 꾀할 수 있는 관점의 변화를 도모해야 하는 것이다. 사회복지사들은 서비스대상자들이 자신에게 주어진 기회와 한계의 의미를 생각할 수 있고, 자신이 선호하는 선택을 할 수 있게끔 인식의 변화를 촉진해 주어야 한다.

넷째, 사회복지사의 기능이다. 사회복지사가 수행하는 실천 업무의 기능은 실질적인 사회복지사의 개입을 통해 나타난다. 사회복지사의 개입은 서비스대상자가 스스로 상황을 판단하고 긍정적인 가능성을 열어가도록 여건을 조성하는 것이다. 그러므로 사회복지사가 수행하는 실천개입의 가장 중요한 기능은 어떤 기술이나 사실을 가르치거나 교정하는 직접적인 개입에만 주목되는 것이 아니다. 오히려 서비스대상자의 힘과 선택의 기회를 증진하는 상호 교류와 상호 존중, 상호 배려 등을 유지해 가는 것에 있다. 아울러 서비스대상자의 삶에 관심을 갖고 그 삶의 내용과 이야기에 우선권을 줌으로써 진정한 변화를 창출해야 한다.

본 연구의 한계로는 김덕준의 사회복지 사상과 사회복지 교육의 실천 원리들을 구체적으로 적용한 사회복지 교육의 모델과 교과과정을 제시하지 못했다는 데에 있다. 본 연구가 김덕준의 사회복지 사상 전반을 사회복지 교육적인 차원에서 체계적으로 적용하는 후속 연구에 관심을 촉발하는 작은 시작이 되었으면 한다.

참고문헌

강남대학교 사회복지학부 50년사 편찬위원회. (2003). 강남대학교 사회복지학부 50년사 (1953-2003). 용인: 강남대학교 출판부.

강남사회복지교육 60주년 기념사업추진위원회. (2013). 한국의 사회복지를 개척한 강남 사회복지교육. 용인: 강남대학교 한국사회복지연구소.

고 김덕준 교수 10주기 추모집 간행위원회. (2003). 한국사회복지 제8집 2003 고 김덕준 교수 10주기 추모 및 강남대학교 사회복지학부 50주년 기념 특집 기독교 사회복지의 사상과 실천모델. 서울: 인간과복지.

고 김덕준 교수 10주기 추모행사준비위원회. (2002). 고 김덕준 교수의 한국 사회복지 교육과 실천에 미친 영향. 용인: 강남대학교 한국사회복지연구소.

김덕준. (1955). 사회사업사의 단계설과 사회보장제도. 중신학보, 1.

김덕준. (1956). 사회사업의 기술. 서울: 애린사.

김덕준. (1961). 미국 공동모금의 역사적 발전과 그것에 대한 시비. 서울: 동광.

김덕준. (1965). 한국 사회사업 교육의 현황과 전망. 사회복지, 13, 12-26.

김덕준. (1967a). 사회사업교육의 방향. 사회복지, 19, 32-49.

김덕준. (1967b). 도시발전에 있어서의 시민참여의 극대화. 사회복지, 17, 19-27.

김덕준. (1967c). 사회복지연합기구의 조직강화문제. 사회복지, 18, 17-28.

김덕준. (1968a). 인권의 향유와 실천면에서의 사회복지: 국제사회복지사협의회 코미숀 토의를 중심으로. 사회복지, 23, 40-47.

김덕준. (1968b). 한국사회사업의 철학적 시고. 복지연구, 1, 4-30.

김덕준. (1968c). 영아원 존립에 대한 고찰. 사회복지, 21, 10-26.

김덕준. (1969a). 현대사회사업의 기본원리와 방향. 사회사업가 대회보고서: 국가발전과 사회사업가의 역할. 국립사회사업지도자 훈련원, 43-69.

김덕준. (1969b). 사회복지 장기 계획과 인력수급 지침에 관한 소고. 복지연구, 4, 27-49.

김덕준. (1970). 1960년대 사회복지 분야의 전문성과 1970년대의 그 전문성의 방향. 사회복지, 30, 39-51.

김덕준. (1971a). 사회복지와 공동기금: 외국의 공동기금제도를 중심으로. 사회복지, 10(2),

25-42.

김덕준. (1971b). 집단력학론(Ⅰ). 사회복지연구, 5, 3-36.

김덕준. (1972a). 집단력학론(Ⅱ). 사회복지연구, 6, 21-34.

김덕준. (1972b). 한국의 사회복지현황과 문제점. 사회복지, 20(2), 10-26.

김덕준. (1973a). 한국의 사회복지 현황과 문제점. 사회복지연구, 7, 5-22.

김덕준. (1973b). 가족계획에 있어서의 사회사업참여의 필요성. 가족계획에 의한 사회사업 교육 세미나 종합보고. IASSW의 가족계획 교육시범대학(서울대·이대·중앙대), 1-32.

김덕준. (1975a). 전문사회사업과 산업복지. 용인: 강남대학교 한국사회복지연구소.

김덕준. (1975b). 산업복지에 관한 전문사회사업의 개입에 관한 연구. 중앙대학교 대학원 박사학위논문.

김덕준. (1976a). 사회복지의 개념적 고찰. 한국사회복지, 4, 4-30.

김덕준. (1976b). 의료사회사업 연구. 사회복지연구, 10, 1-20.

김덕준. (1977). My Adolescence. 사회복지연구, 11, 21-28.

김덕준. (1978). 산업복지: 그 발생적 배경과 개념연구. 사회복지, 56, 5-16.

김덕준. (1979). 구미사회사업 철학의 배경에 대한 시고: 기독교의 본질을 중심으로. 사회사업학회지, 1, 87-96.

김덕준. (1980a). 사회정책의 개념에 대한 기독교적 해석시고. 사회사업학회지, 2,17-38.

김덕준. (1980b). 민간사회복지사업의 재원확보 방안: 공동모금의 가능성. 사회복지, 65, 7-40.

김덕준. (1982). 기독교회와 사회복지사업. 사회복지, 75, 23-47.

김덕준. (1983a). 기독교와 사회사업의 접선: 그 역사적 배경과 한국적 상황에 관한 연구. 논문집, 10, 169-189.

김덕준. (1983b). 권두언. 기독교사회복지, 1, 5-6.

김덕준. (1983c). 기독교와 사회복지. 기독교사회복지, 1, 7-19.

김덕준. (1984). 없어서 안될 것은 단 하나. 기독교사회복지, 2, 45-54.

김덕준. (1985a). 재해 구호사업의 현황과 과제. 사회복지, 85, 74-101.

김덕준. (1985b). 기독교사회복지: 사상, 역사, 운동. 서울: 한국기독교사회복지학회.

김덕준. (1985c). 세로의 사랑 가로의 사랑. 기독교사회복지, 3, 13-22.

김덕준. (1987). 수정판 기독교사회복지: 사상, 역사, 운동. 서울: 한국기독교사회복지학회.

김덕준·김영모·이명홍·지윤·강만춘. (1970). 신사회사업개론. 용인: 강남대학교 한국사회복지연구소.

김만두. (2003). 한국 기독교사회복지의 역사적 조명. 고 김덕준 교수 10주기 추모집 간행위원회 편. 기독교 사회복지의 사상과 실천모델(pp. 171-206). 서울: 인간과복지.

김범수. (2013). 부산 피난길에서도 학생모집 사회사업학과를 독립학과로 만들다-김덕준 초대 한국사회사업학회장, 후학 양성에 매진한 1세대 사회복지학자. 복지저널, 12, 72-73.

김통원·윤재영. (2011). 한국 사회복지교육 인증기준 및 매뉴얼 개발연구 최종보고서. 서울: 한국사회복지교육협의회.

백인립. (2013). 사회복지학의 정체성: 21세기 한국사회와 사회복지의 역할. 한국사회복지조사연구, 36, 297-332.

부성래. (2002). 故 김덕준 교수의 韓國 社會福祉 教育과 實踐에 미친 영향. 고 김덕준 교수 10주기 추모행사준비위원회 편. 고 김덕준 교수의 한국 사회복지 교육과 실천에 미친 영향(pp. 1-22). 용인: 강남대학교 부설 한국사회복지연구소.

부성래. (2003). 故 김덕준 교수의 한국 사회복지 교육과 실천에 미친 영향. 고 김덕준 교수 10주기 추모집 간행위원회 편. 기독교 사회복지의 사상과 실천모델(pp. 20-43). 서울: 인간과복지.

선우남. (2003). 김덕준 목사님을 생각하며. 고 김덕준 교수 10주기 추모집 간행위원회 편. 기독교 사회복지의 사상과 실천모델(pp. 18-19). 서울: 인간과복지.

윤기. (2003). 소공 김덕준 선생을 기리며. 고 김덕준 교수 10주기 추모집 간행위원회 편. 기독교 사회복지의 사상과 실천모델(pp. 11-15). 서울: 인간과복지.

이부덕. (2003). 기독교사회사업의 사상과 철학. 고 김덕준 교수 10주기 추모집 간행위원회 편. 기독교 사회복지의 사상과 실천모델(pp. 133-170). 서울: 인간과복지.

이선혜·정지웅. (2010). 가가와 도요히코와 한국의 관련성에 관한 고찰: 한국 사회복지교육의 선구자, 김덕준에의 영향을 중심으로. 교회사회사업, 13, 155-178.

이윤구. (2013). 한국 사회복지 중흥 여명기와 전문가 교육의 개척자 김덕준 교수. 강남사회복지교육 60주년 기념사업추진위원회 편. 한국의 사회복지를 개척한 강남 사회복지교육(pp. 21-30). 용인: 강남대학교 한국사회복지연구소.

이준우. (2011). 사회복지실천기술론. 서울: 파란마음.

이준우. (2014). 복지선교와 복지목회. 파주: 나남.

이준우. (2015). 복지경영 입문. 서울: 파란마음.

이준우. (2019). 김덕준(金德俊)의 사회복지 사상과 사회복지 교육 실천원리를 통해 본 현재의 한국 사회복지 교육. 한국콘텐츠학회논문지, 19(1), 496-512.

이준우·홍유미·김연신·신빛나·이현아·임수정. (2011). 전문 사회복지사를 위한 사회복지용어사전. 고양: 서현사.

전오진·박선화·박현식. (2015). 사회복지사의 윤리 요인 인식이 직무태도에 미치는 영향. 한국콘텐츠학회논문지, 15(8), 236-257.

진재문. (2014). 사회복지정책 교육의 진단 및 개선 과제. 비판사회정책, (42), 212-248.

최명민. (2011). 사회복지실천을 둘러싼 전문가-이용자 관계의 전근대적 측면과 대안적 실천의 모색. 한국사회복지학회 추계학술대회 자료집, 21-49.

최성균·이준우. (2017). 한국 사회복지 실천과 복지경영. 서울: 파란마음.

최재성·정세정·조자영. (2016). '한국사회복지행정'의 최근 10년간 연구경향 특성. 한국사회복지학, 68(1), 74.

한국사회복지사협회 50년사 편찬위원회. (2017). 한국사회복지사협회 50년사. 서울: 사단법인 한국사회복지사협회.

한국사회복지학회 50년사 편찬위원회. (2007). 한국사회복지학회 50년사. 파주: 공동체.

한덕연. (2016). 복지요결. 사회복지정보원.

함세남. (2007). 강남대학의 사회복지교육과 지역사회복지실천. 강남종합사회복지관, 강남대학교 한국사회복지연구소 편. 강남대학교 강남종합사회복지관 개관 15주년 기념 국제세미나 자료집, 11-29.

Coady, N. F. (1993). The worker-client relationship revisited. Families in Society : The Journal of Contemporary Human Services, 32, 291-298.

Rubin, A., Babbie, E. R. (2008). Research methods for social work. Boston: Cengage Learning.

Schildgen, Robert. (1988). Toyohiko Kagawa : apostle of Love and social justice. 서정민·홍이표 역. (2018). 사랑과 사회 정의의 사도 가가와 도요히코 평전. 서울: 신

앙과지성사.

Zastrow, C. (2013). Empowerment series: introduction to social work and social welfare. Boston: Cengage Learning.

嶋田啓一郎. (2003). 기독교와 사회복지가 만나는 점(接点): 기독교사회복지의 성립을 위하여. 고 김덕준 교수 10주기 추모집 간행위원회 편. 기독교 사회복지의 사상과 실천모델(pp. 79-102). 서울: 인간과복지.

竹中正夫. (1960). 賀川豊彦における基督教倫理. 同志社大學人文科學h研究紀要, 3, 127-144.

한국사회복지사협회. http://lic.welfare.net

현장연구

기독교 영성에 기반한 저소득 가정의 역량강화 프로그램 참여 경험에 관한 질적연구 : 태화기독교사회복지관 '좋은 이웃 만들기 도담도담' 참여자를 중심으로[1]

임장현(태화기독교사회복지관 팀장)

Ⅰ. 연구의 필요성 및 목적

오늘날 현대사회는 과학기술 문명의 발달로 인해 빠르고 편리한 세상이 되었다. 하지만 이 같은 문명의 발전만큼이나 인간사회의 빈곤, 분열, 불평등, 사회적 배제 현상이 빠르게 감소되고 있는지는 의문이다.

과거 창세기 1장에 하나님의 창조사건 이후 창세기 3장에서는 인간이 하나님을 떠나게 되었다. 이후 하나님의 형상을 잃어버린 인간에게 발생된 빈곤, 분열, 불평등 등은 인간사회의 중요한 문제요인으로 자리 잡았다. 하지만 기독교는 '하나님 형상을 회복하는 것'과 '하나님 나라 확장'이라는

1 본 연구는 〈태화복지재단 사업기관 지원사업 『섬김과 나눔』 연구보고서〉(2016)에 수록된 내용임.

사명 속에 신앙 공동체를 통한 사회적 문제를 해결하고자 하였고 이러한 노력은 지금의 사회복지 바탕을 이루는 다양한 실천의 모습으로 나타나기 시작했다(윤석, 2016). 라인홀드 니버(1945)가 그의 저서에서 '교회는 사회복지를 낳고 기른 어머니'라고 말했던 것처럼 현재 사회복지를 이루는 골격은 기독교정신에 근간을 두고 시작되었고 이후에도 기독교정신은 사회복지의 성장과 발전에 중요한 영향을 끼쳐왔다. 현대적 의미의 사회복지사업을 최초로 진행했던 자선조직협회(Charity Organization Society)나 인보관 운동(Settlement House Movement), 도덕적 복지운동(Moral Welfare Movement) 등은 성직자와 성직자 가족, 기독교인들이 전개한 것으로 기독교정신을 바탕으로 사회복지의 발전에 주도적인 역할을 담당한 예들이다. 이와 같은 운동들은 사회복지에 있어서 실천적 이론, 사회조사, 교육, 지역사회복지 등 전문 사회복지 분야의 효시가 되었다(김성호, 2015).

우리나라의 사회복지도 이와 같은 영향을 받았는데 외국 기독교 선교단체의 구호 및 자선활동에서 시작된 이후 현재까지 전체 사회복지 활동 중 큰 비중이 기독교 기반 기관 및 단체에 의해 실시되고 있다. 국내 사회복지 시설에 대한 실태를 분석한 고경환(2006)의 연구에서는 전체 복지시설 4,048개 중 47.2%인 1,891개가 기독교 시설이라고 한다. 이처럼 전체 사회복지시설의 절반가량 되는 시설들이 기독교정신에 입각한 시설들로써 다양한 곳에서 사회복지사업을 펼쳐나가고 있다. 본 연구를 진행한 태화기독교사회복지관 역시 기독교 사회복지기관으로서 '섬김과 나눔'의 정신으로 사회복지사업을 펼쳐가는 가운데 우리나라 사회복지발전에 많은 영향을 끼쳐왔다. 종로구 인사동에서 시작하여 1995년에 수서동으로 이전한 태화기독교사회복지관은 지역사회의 욕구에 민감하게 반응하고자 지역주민들과 함께 호흡하며 다양한 계층들을 위해 의미 있는 사업들을 전개해왔다.

이후 사회복지정책의 제도화와 더불어 사회복지학이 체계적인 학문으로 자리를 잡아가는 과정에서 기독교의 영향력이 크게 약화되었다(최무열, 2004). 특히 '실제로 측정할 수 있는 것만을 치료할 수 있다.'는 허드슨(1978)의 주장과 함께 실증주의적이고 경험주의적인 지식사조의 영향을 받아 과학적인 방법으로 사회복지의 전문화를 이룩하려는 노력이 진행되었다. 태화기독교사회복지관 역시 이러한 흐름 속에 사회복지 전문성 향상을 위해 노력해 왔으나 기독교사회복지기관의 정체성을 사회복지실천에서 찾는 과정에서 실천의 중심이 본연의 사명인 '섬김과 나눔'보다는 '사회복지 전문성 향상'에 더 치우쳐있었음을 인식하게 되었다. 이는 결국 기독교사회복지관으로서 정체성 있는 실천을 어렵게 하는 요인이 되었고 실천내용이나 과정 등에 있어 일반사회복지기관과 큰 차이가 없는 결과를 가져오게 되었다. 이와 같은 상황은 비단 본 기관의 상황만은 아니다. 많은 사회복지기관에서 기독교 정신에 입각하여 사회복지사업을 펼쳐가고 있으나 실천현장에서 기독교사회복지실천의 성과는 찾아보기 쉽지 않았고, 기독교사회복지 혹은 교회사회복지에 대한 방향, 정의 등에 대한 연구는 많은 수가 있으나 이를 바탕으로 한 실천연구들은 전무한 실정이었다. 이는 기독교사회복지라는 개념이 온전히 정리되지 않았기 때문일 수도 있고, 기관을 둘러싼 다양한 환경으로 인해 이를 실천하는데 어려움이 많았기 때문일 수도 있다.[2] 중요한 것은 아직까지 기독교 세계관에 입각한 사회복지실천을 통한 성과

---

2 실제 김희수·양혜원(2008)의 연구에서는 기독교사회복지실천 경험에서 공유된 합의가 부족했다고 언급한다. 사회복지의 공공성과 기독교적 접근에 대한 경험과 관련하여 중립적인 입장, 고민하는 입장, 기독교적 색채를 드러낼 수 있다고 여기는 입장까지 다양했고, 같은 조직에서 근무하는 비기독교인 동료에 대해서도 다양한 입장들이 있었다. 따라서 기독교사회복지실천과 관련하여 공감대를 형성하고 합의를 이루어나가기 위해서는 기독교 사회복지실천을 통합해나가는 것에 대하여 학계 및 실천현장에서 서로들 간의 견해 차이를 확인하고 그에 대해 적극적으로 의견을 나누며 고민을 공유하는 과정이 활성화될 필요가 있다고 언급한다.

에 대해 정리된 바가 없다는 것이다.

이에 태화기독교사회복지관에서는 그 동안 유지해왔던 인본주의적 관점의 지식과 기술, 가치를 내려놓고자 했고 기독교 관점의 인간관과 세계관으로 재구축(Reset)하고자 했다. 이와 같은 노력이 기독교사회복지기관으로서 정체성을 갖고 실천하는 길이라는 것을 깨닫게 된 것이다. 이 가운데 실시한 첫 사업이 '기독교 영성에 기반한 저소득가정의 역량강화 프로그램 〈좋은 이웃 만들기 도담도담〉'이다. 태화의 첫 마음이었던 '섬김과 나눔'의 정신으로 돌아가 개인을 하나님의 형상으로 바라봤고, 가정을 하나님이 주신 온전한 공동체로 바라봤다(유장춘, 2010). 이를 상실한 개인과 가정공동체가 온전히 회복되길 소망했다. 또한 인간적 사랑이 아닌 예수 그리스도를 통해 나타난 사랑으로 인해 실천하고자 했다(양혜원, 2007). 이를 위해 실질적 실천 주체인 담당 사회복지사는 매우 중요했다. 사회복지사는 사업을 통해 이루고자 하는 지향점이 참여가정에게 전달되도록 하는 최종 단위이며, 참여가정과 지속적으로 맞닿아있는 존재이기 때문이다. 그렇기에 영성을 갖춰야함은 물론 사회복지사로서 전문성도 균형적으로 갖추고자 했다. 특히 기독교사회복지사로서 하나님과 친밀한 관계를 위해 묵상을 통한 지속적인 영적 성찰과정을 가졌으며, 담당 사회복지사를 부르신 하나님의 소명을 명확히 깨닫고자 하였다. 이 가운데 인간의 절대적 노력보다는 영적인 민감성 속에 하나님의 경륜을 믿으며 실천하고자 했다. 기독교 영성에 기반하여 열 한 가족[3]과 함께 3년간 진행한 〈좋은 이웃 만들기 도담도담〉 프로그램은 다양한 가족활동을 통해 개인과 집단이 성장할 수 있는 내용으로

---

3 본 프로그램은 3년간 동일한 세대가 참여하는 구조였다. 2013년 프로그램 시작시점부터 2014년인 2년차까지는 1, 2세대의 결원 세대가 발생하더라도 충원하여 12세대를 유지하였다. 그러나 3년차에 발생한 결원세대의 경우 집단응집력을 고려하여 추가모집은 하지 않았다.

진행되었다.

이에 본 프로그램에 참여한 열 한 명의 목소리를 통해 그 동안의 과정들을 되돌아보며 태화기독교사회복지관의 기독교사회복지실천에 관한 내용들을 정리하고자 한다. 기독교 영성에 기반한 프로그램 참여 경험과 그 의미를 고찰하고자 하며, 이를 토대로 기독교사회복지 프로그램의 방향을 모색하고자 한다. 특히 본 연구는 기독교사회복지를 실천하고자 하는 기관과 사회복지사들에게 용기를 주는 발판이 될 것으로 보이며, 앞으로 기독교사회복지를 정리하고 개념화하는데 의미 있는 결과물이 될 것이라고 판단된다.

Ⅱ. 이론적 배경

1. 기독교사회복지의 개념

기독교사회복지실천을 함에 있어 기독교사회복지에 대한 개념을 정리하는 것은 매우 중요하다. 기독교사회복지는 다양한 연구자들에 의해 여러 가지 개념으로 설명되고 있고 주로 기독교사회복지와 일반사회복지를 비교하는 형태로 논의되고 있다.

최광수(2012)의 연구에서는 기독교세계관의 핵심 요소라고 말 할 수 있는 창조, 타락, 구속이란 관점에서 기독교사회복지의 요인들을 일반사회복지와 비교하며 논하고 있다. 특히 창조적 관점에 있어 기독교사회복지의 신본주의의 개념을 언급하며 일반사회복지에서 강조하는 인본주의와 큰 차이점이 있다고 말한다. 일반사회복지에서 말하는 인본주의 사상은 인간중심적이고 자연주의적 휴머니즘이며, 기독교사회복지에서는 창조주 하나님 중심의 사상을 추구하는 신본주의적 휴머니즘이라고 말한다. 또한 자유에 대해 기독교사회복지에서는 하나님이 만드신 창조질서 안에서 자유를 추구하는 반면 일반사회복지에서는 인문주의적 자유, 즉 인간의 자율적인 이성에 무게를 둔다고 한다. 하나님이 없는 자유를 생각한다는 것이다.

또한 양혜원(2007)의 연구에서도 두 영역에 대해 다음과 같이 비교하고 있다. 기독교사회복지는 사상적 근거를 인간의 영혼까지 포괄하는 종교적인 차원에서 찾고 기독교사회복지의 이념적 근거가 예수 그리스도의 인격과 사역의 정신에 기초하고 있다. 반면, 일반사회복지는 그 이념적 토대에 있어서 이웃 사랑의 신학적 근거들이 절대적으로 결여되어 있다. 또한 기독교사회복지의 인간관은 인간이 하나님의 형상대로 지음 받은 고귀한 존재임에 틀림이 없으나 구원을 받아 온전한 성화가 이루어질 때까지는 원죄의 속성을 지닌 타락한 존재로 간주한다. 그렇기에 하나님의 형상대로 지음 받은 인간의 참 모습이 회복될 수 있도록 돕고, 궁극적으로 하나님의 뜻을 성취하는 것을 목적으로 한다. 하지만 일반사회복지는 인본주의적 인간관에 입각하여 인간을 근본적으로 긍정적이고 합리적인 존재로 인식한다. 그렇기에 인간다운 삶에 대한 보장과 인간의 행복추구를 위하여 인간의 결핍을 보상하는 것 자체에 목적을 둔다. 셋째로 기독교사회복지의 동기는 예수 그리스도의 사랑에서 시작된 반면, 일반사회복지는 박애나 자선의 정신에서 출발한다. 넷째로 사회복지실천 주체에 있어 기독교사회복지는 기독교인 혹은 교회를 비롯한 기독교공동체에 의해서 수행되는 반면, 일반사회복지는 종교적 신념과 무관한 다양한 개인, 기관, 기업, 정부 등에 의해서 수행된다. 다섯째로 개입차원의 차이가 있다. 일반사회복지는 신체적·심리적·사회적 차원에 통합적으로 개입하고자 한다면, 기독교사회복지는 이러한 세 차원에 더하여 영적 차원에 대한 개입이 필요하다고 본다. 끝으로 일반사회복지는 여러 인접학문의 발달된 이론이나 실천방법들을 활용할 수 있으나 기독교사회복지에서는 그러한 이론이나 실천방법들을 그대로 원용하는 것이 아니라 반드시 기독교적 관점에서 비판적으로 고찰하고, 재해석하여 활용해야 한다.

전광현(2007)의 연구에서도 세 가지로 비교하고 있다. 우선 기독교사회복지는 사업의 실천 주체가 기독교, 신자, 교단 등에 의하여 실시되기 때문에 성경과 교리에 의하여 실천된다는 점에서 일반사회복지와는 다르다고 말하고 있다. 즉 일반사회복지는 인본주의적 가치와 방법에 의해 수행되고 있다고 한다. 둘째로 기독교사회복지는 근본적으로 클라이언트의 욕구충족이라는 목표를 넘어 궁극적인 영혼 구원과 하나님 나라 확장이라는 목적을 지향하고 있다고 한다. 일반사회복지가 사람들의 물질적, 정신적, 심리적 생활에 초점을 두고 있는 것과는 다르게 기독교사회복지활동은 영적인 구원과 구원받은 데에 대한 감사와 기쁨을 함께 누리는 공동체를 만드는데 목표를 두고 있는 것이다. 끝으로 일반사회복지의 관심은 클라이언트의 욕구 충족에 있다면 기독교사회복지의 관심은 실천하는 주체의 사명감과 하나님께서 주시는 상급에 있다는 것이라고 언급하고 있다. 마땅히 기독교인이나 기독교는 예수님께서 우리에게 명령하시고 부탁하신 실천을 해야 할 책무를 갖고 있으며, 또 이 일을 행한 자에게 주는 하늘의 상급과 사회봉사를 통하여 얻는 온전한 믿음과 인격을 위해 기독교사회복지실천을 하는 것이다.

위와 같은 기독교사회복지와 일반사회복지의 차이점 비교를 통해 두 영역은 전혀 다른 개념이라고 생각할 수 있으나 일반사회복지는 기독교 봉사자들의 구제활동에서 시작된 역사적 배경으로부터 시작되었기에 공통점도 분명 존재한다. 양혜원(2007)은 사회적 약자를 보호하고 사회정의를 실현하기 위해서 노력하며, 인간의 존엄성을 인정하고, 인간다운 삶을 살 수 있도록 복지 증진을 위해 노력한다는 목표에 있어서 두 영역이 동일한 입장이라고 말한다. 또한 사회복지 실천의 대상에 있어서도 사회복지서비스를 필요로 하는 모든 국민들을 대상으로 하고 있으며, 구체적 실천의 과정에서도 사회복지학, 상담학, 사회학, 의학, 노년학, 심리학 등과 같은 사회과학에서 발달된 이론과 실천방법들을 도입하여 활용할 수 있는 측면도 공통된 부분이라고 말한다. 강춘근(2004)의 연구에서도 기독교사회복지와 일반사회복지는 서비스의 내용과 대상, 그리고 목표에서 서로 비슷한 견해를 가지고 있다고 언급하고 있다. 특히 사회복지 프로그램의 내용으로 볼 때 큰 차이가 없다고 말한다. 또한 이현아(2002)의 연구에서도 기독교의 치유, 회복 등의 개념이 이상적인 형상을 회복해 나간다는 측면에서 일반사회복지의 인간존중, 즉 인간다운 삶을 회복하는 것과 동일하다고 말한다. 특히 여섯 가지 가치적 측면에서 동일하다고 하는데 섬김, 사회정의, 인간존엄과 인간가치, 인간관계의 중요성, 성실성, 능력 혹은 적격성 측면에서 동일하다고 말하고 있다.

상기한 바를 종합하여 볼 때, 기독교사회복지에 대한 개념을 다음과 같이 정리할 수 있겠다. 기본적으로 인간은 하나님의 형상대로 지음 받은 존재임에 틀림없으나 구원을 받아 온전한 성화가 이루어질 때까지 원죄의 속성을 지닌 타락한 존재로 간주한다. 이러한 인간관을 가진 기독교인 사회복지사는 클라이언트에 대해 예수 그리스도의 사랑을 바탕으로 신체적, 심리적, 사회적, 영적 차원의 개입을 한다. 개입 과정에 있어 사회복지 인접학문의 발달된 이론이나 실천방법들을 활용할 수 있으나 기독교적 관점에서 비판적으로 고찰하고 재해석하며 활용하도록 한다. 이를 통해 인간의 욕구충족이라는 단계를 넘어 인간의 참 모습이 회복될 수 있도록 하며, 사회적 약자를 보호하고 인간다운 삶을 살 수 있는 사회가 되도록 한다. 기독교사회복지는 이와 같은 과정을 통해 궁극적으로 하나님의 뜻, 즉 영혼구원과 하나님 나라의 확장이라는 목적을 지향한다.

2. 저소득 가정의 가족 관계

1) 저소득 가정의 범위

저소득 가정이라는 개념은 매우 상대적이지만 엄격하게는 국민기초생활수급권 세대를 의미한다(박정숙, 2002). 국민기초생활수급권 세대는 때때로 어려운 상황에 놓이기도 하는데 그 원인은 대부분 빈곤 상황으로 인해 발생되는 문제들이다. 빈곤은 보통 물질적 자원부족의 빈곤을 뜻하지만 현재 우리사회는 IMF 외환위기 이후 극심한 양극화 현상으로 인해 빈곤의 개념이 변화하였다. 김교성(2009)에 따르면, 과거 빈곤은 경제활동에 참여하지 못해서 나타나는 물질적 박탈에 초점을 두고 있었지만 최근에는 기존의 빈곤개념과 함께 노동시장에 참여하면서도 빈곤 상태를 쉽게 벗어나지 못하는 신빈곤층인 근로빈곤층(Working Poor), 즉 차상위 계층 상황에 초점을 두고 있다고 한다. 실제 중산층 붕괴 이후 발생한 신빈곤층에 주목하여 여러 학자들이(김영란, 2005; 류정순, 2004; 이성호, 2008; 김진숙·이혁구, 2012) 다양한 연구를 진행하였다. 특히 현대사회의 빈곤문제는 더 이상 국민기초생활수급권 세대만의 문제가 아니며, 차상위 계층의 경우 언제라도 절대 빈곤층으로 추락할 가능성이 높은 집단이기에 빈곤문제에서 자유로울 수는 없다. 이에 본 연구에서는 저소득 가정의 범위를 기존 국민기초생활수급권 세대에서 차상위 계층[4]까지 확장하고자 한다. 국민기초생활수급권 세대에게 발생한 빈곤상황은 차상위 계층에서도 함께 겪고 있으며, 이로 인한 부정적 정서를 경험하는 등 다양한 어려움 가운데 처해 있기 때문이다(김진숙·이혁구, 2012).

---

4 본 연구에서 말하는 차상위 계층은 소득기준으로 하였을 때, 프로그램이 시작되었던 시점인 2013년을 기준으로 최저생계비 120% 이하의 세대들을 말한다.

2) 저소득 가정의 가족관계 특성

저소득 가정 내 부모는 빈곤상황에서 오는 경제적 스트레스에 의해 자녀를 강압적이고 비일관적인 양육, 훈육태도로 대할 가능성이 높다. 이로 인해 저소득 가정 아동은 적응상의 부적응을 보이는 경우가 많으며 이는 인지, 정서, 사회성 발달에 부정적 영향을 미치게 된다(양미진 외, 2010).

또한 저소득 가정의 빈곤 상황은 부부 간의 언쟁, 폭력 행동을 높이는데 이로 인해 아동은 부정적 자아개념을 갖게 되고 학교적응수준 또한 낮아진다(장지연·안재진, 2013). 이처럼 저소득 가정은 빈곤으로 인한 부부체계의 문제, 부모-자녀체계의 문제가 발생하고 있으며, 이러한 문제는 자녀들의 학교생활까지도 어렵게 하는 근본적인 원인이 되고 있다.

이처럼 빈곤으로 인한 문제를 해결하기 위해 다양한 국가 기관에서는 보육비 지원, 직업교육, 기타 보조금 지급 등의 노력을 해왔다. 그러나 민하영·김경화(2007)는 빈곤이라는 구조적 문제보다 빈곤으로 인한 가족 간 심리적 갈등이 아동의 성장과 발달에 보다 직접적 영향을 미치고 있음을 고려해 볼 때, 저소득 가정의 심리적 가족과정을 강화시키는 사회적 노력 또한 빈곤의 구조적 해결 노력만큼이나 적극적으로 모색되어야 한다고 말하고 있다. 하지만 이와 같은 패러다임은 저소득 가정을 빈곤문제를 가진 대상으로 바라보고 문제가 있는 존재로 바라본다. 이 같은 접근은 결국 어려움을 해쳐나갈 수 있는 저소득 가정의 자원들을 전면에 드러내지 못하고 실천과정에서 부차적이고 수동적인 지위를 차지하도록 한다(김영자, 2002 재인용). 저소득 가정의 상황을 문제보다는 도전으로 표현하고 결핍보다는 원동력으로 표현할 때 저소득 가정을 바라보는 관점이 변하게 되고 저소득 가정이 적극적 지위를 차지하게 될 것이다. 실제 다양한 연구에서 저소득 가정의 적극적인 측면에 초점을 두었는데, 저소득 가정은 가정 내 생계 문제에 대해 이겨내야 할 가장 큰 도전으로 표현하였다고 말하고 있고(김영자,

2002), 저소득 부모에게 자녀는 부담이기 보다는 힘든 상황 속에서도 버텨낼 수 있는 자립의지의 정신적 동기이자 희망의 원동력(김영희, 1998), 또는 삶의 희망이며 생활유지의 원천이라고 말하고 있다(강기정·박수선, 2013). 하춘광·김효순(2015)의 연구에서는 저소득 가정이 노동을 통해 보람을 느끼고 스스로 강해지는 자신을 발견하는 존재라고 말하며, 타인에 대한 이해와 연대를 통해 변화하며 타인을 지지하고 자신이 지지받는 상호과정 속에서 자신감을 획득하고 힘을 얻었다고 말하고 있다. 실제 우리아이희망네트워크에서는 이처럼 저소득 가정의 적극적 측면에 초점을 맞추고 사례관리 사업을 진행하였는데 아동의 심리·정서적 안정, 가족관계와 역동의 긍정적 변화, 아동보호와 양육기능의 향상, 자조능력의 향상 등 삶에 의미 있는 변화들을 이끌어냈다. 뿐만 아니라 프로그램을 통해 맺게 된 이웃과 관계를 종결이후에도 이어가며 자신의 삶에 긍정적 지지체계로 기능하도록 하는 성과도 확인할 수 있었다(우리아이희망네트워크 5주년 기념 사업보고대회 자료집, 2011).

종합해볼 때 저소득 가정의 빈곤 상황은 가정 내 다양한 어려움이 발생할 수 있는 가능성을 높이는 원인이며, 이에 대한 해결 방안 역시 절실하다. 그러나 저소득 가정에게 발생하는 문제에 초점을 맞추다보면 저소득 가정의 삶을 단편적으로 바라볼 뿐 아니라 수동적 지위에 위치시키게 된다. 이에 본 연구에서는 저소득 가정을 어려움을 헤쳐나가고자 하는 존재, 강점이 있는 존재로 바라보고자 한다. 이는 저소득 가정을 적극적 지위에 위치시키게 되고 편견을 감소시키는 개입이 가능하도록 한다.

Ⅲ. 연구방법

1. 연구문제(연구질문)

본 연구는 저소득 가정의 기독교 영성에 기반한 프로그램 참여 경험과 그 의미를 고찰하고자 하는 연구이며, 이를 토대로 기독교사회복지 프로그램의 방향을 모색하고자 한다. 구체적인 연구문제는 “저소득 가정의 기독교 영성에 기반한 프로그램 참여경험은 어떠한가?”이다.

2. 프로그램 소개

‘기독교 영성에 기반한 저소득 가정의 역량강화 프로그램 〈좋은 이웃 만들기 도담도담〉’은 저소득 가정의 부모-자녀 간 상호이해증진과 의사소통을 향상, 가족의 역량을 강화하여 소외된 이웃을 돕는 건강한 공동체 형성에 기여하는데 목적이 있다. 2013년부터 2015년까지 총 3년간 진행된 본 사업은 태화복지재단으로부터 사업비를 지원받아 총 12세대의 저소득 가정과 함께 사업을 진행하였다.

1) 프로그램 기획

태화기독교사회복지관은 복음전도, 여성교육, 사회사업을 설립정신으로 한 기독교 사회복지기관이다. 사명을 기반으로 한 기관 운영과 사업수행을 기본 원칙으로 함에도 불구하고 여전히 사회복지 실천현장에서는 기독교 정신만을 강조할 뿐 프로그램 계획과 수행, 평가 등의 과정과 접근 방법에 기독교사회복지를 구현하는데 어려움을 겪어 왔다. 그러나 본 태화복지재단의 섬김과 나눔 지원사업[5]의 주제선정 및 교육, 신청 과정을 통해 기관 내부 직원들은 그동안 인본주의적인 관점의 지식과 기술, 가치에 대해 깊게

---

5 본 사업은 태화복지재단의 ‘섬김과 나눔 지원사업’에 선정되어 2013년부터 2015년까지 3년간 지원을 받았다.

통찰할 수 있는 계기가 되었고 그 결과 실천가인 태화의 직원들이 기독교 관점의 인간관과 세계관으로 재구축(Reset)되지 않으면 그동안에 반복적으로 제기되었던 문제와 좌절감을 극복할 수 없으리라고 판단하였다. 이에 이론적으로는 불완전하지만, 누적된 실천적 경험을 공유하면서 기독교의 영성적 사랑은 경쟁적이거나 공격적이지 않으면서도 소외와 단절을 극복할 수 있으며, 공동체 구성원 상호 간에 관계와 소통이 이루어진다면 공생하는 지역사회를 형성(유장춘, 2010)할 수 있는 기반이 될 수 있다는 확신을 갖게 되었다. 또한 서비스 대상자가 아닌 이용 당사자의 자주성이 회복된다면 지역사회의 공생성이 자연스럽게 이루어질 수 있기 때문에 공동체의 가장 기초적인 단위인 가족공동체의 회복이 그러한 매개체의 역할로 중요함을 인식할 수 있었고 기독교사회복지실천을 위한 시도적인 프로그램으로 매우 의미가 있다고 판단되어 본 프로그램을 기획하였다.

또한 지역사회의 저소득 가정에 대한 지원과 개입의 필요성도 프로그램 기획 결정의 또 다른 사유가 되었다. 2012년도에 시도된 지역 내 저소득 가정을 위한 여가활동 및 가족응집력 지원프로그램〈Dream High Club〉은 총 35세대를 대상으로 가족 요리활동과 나들이, 아동수영, 부모교육 등의 프로그램이 진행되었다. 3월부터 12월까지 매월 진행되는 프로그램에서 대상자 중 6세대의 평가 의견결과 참여자의 90% 이상이 공통적으로 건강한 지역사회를 조성하기 위해서는 고립된 가정에 대한 개입이 절실하게 요청되는 상황이라는 것과 아동이나 부모를 분리하여 문제를 해결하는 프로그램의 제공이 아닌 가족을 단위로 하는 공동체 형성 프로그램이 필요함을 인식할 수 있었다, 또한 저소득 가정의 만성적이며 복합적인 문제해결은 일시적이거나 단편적으로 해결되지 않는 양상을 보였지만, 프로그램을 통해 가족응집력 증대와 가족 의사소통기회 확대, 문제해결력 증대 등 가족 본연의 힘이 확인되는 것을 발견할 수 있었기에 지속적인 생애주기에 따른 맞춤

형프로그램과 지지체계가 제공된다면 가족의 역량이 더욱 강화될 수 있으리라 판단하였다. 더 나아가서는 다른 가족과 이웃, 지역사회를 돌아볼 수 있는 사랑의 공동체를 형성하여 지역사회를 변화시킬 수 있는 주체가 될 수 있으리라는 신념을 갖게 되어 기획하게 되었다.

2) 프로그램 참여가족 홍보 및 모집

본 기관 홈페이지 및 지역 내 아파트 단지를 중심으로 프로그램 홍보를 진행하였으며, 프로그램 제목을 '기독교 영성에 기반한 저소득 가정의 역량강화 프로그램 좋은 이웃 만들기 도담도담'으로 하여 참여가족들이 기독교적 배경에서 프로그램이 진행됨을 사전에 이해하고 신청할 수 있도록 하였다. 실제 신청한 가족들에게는 본 프로그램의 내용과 함께 기독교적 배경 속에 운영됨을 한 번 더 설명하여 충분한 이해를 할 수 있도록 하였다. 또한 각 가족별 1~2회 상담을 통해 가족 내 어떤 욕구가 있는지 파악하는 시간을 가졌고 본 프로그램에 대해 어떤 기대를 하고 있는지 확인하는 시간을 가졌다. 이와 같은 과정을 통해 참여가족들은 기독교적 배경을 갖고 진행되는 프로그램 특성에 대해 사전에 합의할 수 있었고 프로그램의 내용에 대해서도 이해할 수 있었다.

3) 프로그램 진행 전략

'기독교 영성'이라는 아직까지 사회복지기관에서 실천으로 이어가기에 다소 생소한 개념을 갖고 시작한 본 사업은 예수 그리스도의 사랑이 각 가족들에게 자연스럽게 흘러가고 그 사랑이 지역사회로까지 뻗어나가길 소망했다. 〈표 1〉과 같은 프로그램을 통해 직접적으로 기독교적 메시지를 던지기보다는 기독교인 담당 실무자 및 자원봉사자의 자세와 태도, 말과 행동 가운데 예수그리스도의 사랑이 자연스럽게 전해지도록 하였다. 또한 헌신

〈표 1〉 프로그램 내용

프로그램 명		내용	실시년도
가족 프로그램	1. 가족오리엔테이션	프로그램 목적 및 방향성 공유, 사업일정안내, 건의사항을 수렴.	2013년~2015년
	2. 부모교육	집단상담, 강의, 토론 형태의 부모교육.	2013년~2015년
	3. 자녀교육	감사를 주제로 자신과 가족, 친구, 하나님께 감사 할 수 있는 프로그램.	2013년~2015년
	4. 테마가족여행	매년 가을, 참여가족들이 원하는 장소와 일정에 2박 3일 여행.	2013년~2015년
	5. 가족사례관리	각 가족별 욕구에 기반한 사례관리.	2013년~2015년
	6. 아동활동 : 아동수영 및 워십	참여아동 대상 수영 및 워십 프로그램.	2013년~2015년
	7. 가족텃밭가꾸기	밭 일구기, 작물심기, 수확하기 등의 텃밭활동.	2014년
	8. 가족기자단	그 동안 가족활동을 통해 남긴 기록들을 책자로 묶음.	2015년
	9. 기도모임	전체 프로그램과 각 가족을 위해 중보기도.	2013년~2015년
	10. 가족송년모임	한 해를 마무리하며 서로에게 감사하는 모임.	2013년~2015년
사랑의 공동체 활동	11. 쿠킹패밀리	가족 구성원들과 함께 다양한 메뉴의 요리를 만듦.	2013년
	12. 음식나눔	가족이 함께 음식을 만들어 자신의 주변 이웃들에게 나눔.	2013년~2015년
프로그램 평가	13. 참여가족 중간·최종 평가	중간·최종 평가를 통해 참여의 의미를 되새기도록 하며, 개인과 공동체의 성장을 확인. 참여가족들의 건의사항을 수렴.	2013년~2015년
	14. 일일평가회	담당 실무자와 자원봉사 간 기도회 및 평가회.	2013년~2015년
	15. 자원봉사자간담회	연초와 연말에 자원봉사자 간담회를 실시.	2013년~2015년

과 섬김의 바탕 속에 참여 가족들 간 공동체 의식을 키워갈 수 있도록 다양한 가족모임을 주선하였고, 지역사회를 향한 나눔의 방향성을 갖고 다양한 봉사를 실천함으로써 이웃사랑의 의미를 되새겨볼 수 있었다.

본 프로그램은 [그림 1]과 같이 논리모델에 따라 진행되었으며, 단기·중기·장기성과를 도출할 수 있었다. 특히 프로그램별 기획과 진행, 평과의 모든 과정에서 담당실무자는 참여가족들과 함께 회의하는 과정을 거쳤고 일부 가족송년모임, 쿠킹패밀리, 테마가족여행, 기도모임과 같은 프로그램은 참여가족들이 주체적으로 진행하였다. 이후 함께 평가하는 과정을 통해 각 프로그램별 의미를 찾아가는 과정이 있었다.

이처럼 참여가족들이 주체가 되어 진행되는 구조가 지속되는 가운데 마지막 3년차에는 참여가족들이 지역사회를 적극적으로 섬기는 활동을 하게 되었다. 이는 3년간 프로그램이 종결된 이후에도 의욕을 갖고 활동하는 가족봉사단으로 성장하는데 밑거름이 되었다.[6]

---

6 '좋은 이웃 만들기 도담도담' 프로그램이 종료된 2016년 이후에도 동일한 참여가족들이 '가족봉사단 도담도담' 이라는 명칭으로 지역사회 섬김 활동을 활발하게 진행하고 있다.

〈그림 1〉 논리모델에 따른 사업의 흐름

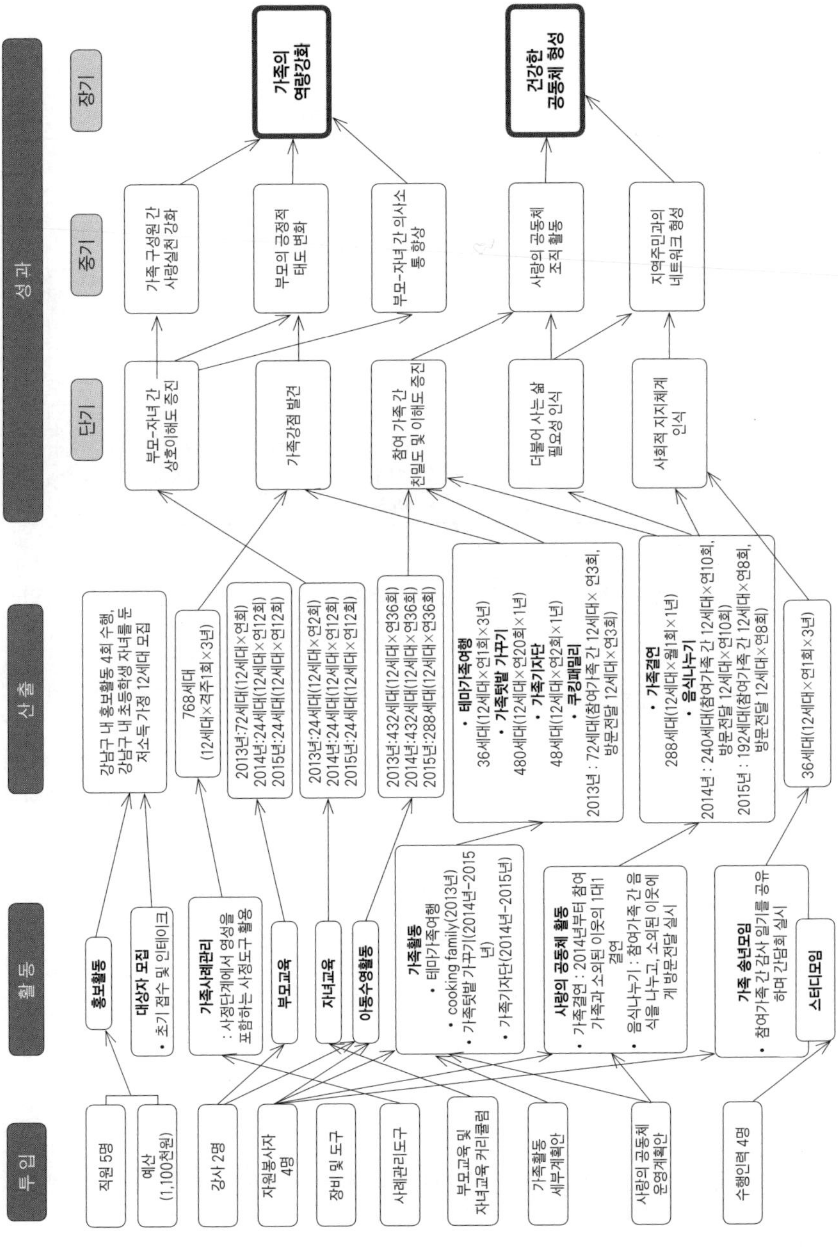

3. 자료수집

1) 연구 참여자

〈표 2〉 연구참여자의 특성

이름(가명)	성별	나이	프로그램 참여기간	종교	세대형태	보호구분[7]
하늘	여	45세	3년	기독교	일반세대	수급
바다	여	38세	3년	기독교	일반세대	수급
새싹	여	47세	2년 6개월	기독교	한부모세대	차상위
태양	남	48세	3년	기독교	일반세대	차상위
푸른	여	42세	3년	기독교	일반세대	차상위
꽃잎	여	40세	2년	기독교	일반세대	차상위
초원	여	42세	3년	기독교	일반세대	차상위
은혜	여	37세	3년	없음	일반세대	차상위
진실	여	40세	3년	기독교	일반세대	수급
온유	여	51세	2년 6개월	기독교	한부모세대	차상위
성실	여	38세	2년 6개월	기독교	일반세대	차상위

본 연구의 원자료는 프로그램 1년차인 2013년부터 마지막 3년차인 2015년까지 프로그램에 참여한 11명의 구성원에 대한 심층면접 자료이다. 연구 참여자들은 3년 간 프로그램 참여를 통해 연구자와 충분한 친밀감이 형성되어 있었다. 연구자는 연구 참여자들에게 전화 및 만남을 통해 본 연구의 목적에 대해 충분히 설명하였으며, 면접내용이 연구 외에 다른 곳에서 활용되지 않을 것을 설명 후 동의를 받았다. 또한 연구 참여자들의 이름이 가명으로 연구보고서가 작성될 것, 참여했던 프로그램명이 연구보고서에 명시될 것에 대해 설명 후 동의를 받았다. 심층면접은 4월 12일부터 4월 29일까지 약 2주 가량 진행되었으며, 한 사례 당 1시간 30분에서 2시간 정도 소요되었다. 개별면접으로 1회기씩 진행되었으며, 면접내용에 대해 확인할

---

7 보호구분은 1차년도(2013년) 기준이며, 프로그램에 참여하는 3년간 취업 등으로 인해 보호구분이 일부 변경된 세대도 있음.

필요가 있는 경우 전화면접을 활용하였다. 심층면접은 면접 초반 연구 참여자가 그 동안 자신이 참여했던 프로그램들을 기억할 수 있도록 연구자가 3년간 진행된 프로그램 내용을 정리하여 이야기하였다. 이후 각 연구 참여자별 프로그램의 참여의미들을 정리해 볼 수 있도록 기억할 만한 다양한 에피소드들을 이야기 하였고, 점차 반구조화 된 면접질문지를 통해 연구 참여자의 풍부한 진술을 이끌어 내고자 하였다. 연구자는 면접진행과정 가운데 연구에 필요하다고 판단되는 질문들은 자유롭게 추가하여 참여자에 대한 경험을 보다 심층적으로 파악하고자 하였고, 면접과정 가운데 연구 참여자의 이야기를 경청하고, 공감하며 필요하다고 보이는 비언어적 행동들은 노트에 기록하였다.

〈표 3〉 주요 면접질문

도담도담 1년차 경험은 어떠했나요? 2년차 경험은 어떠했나요? 3년차 경험은 어떠했나요? 도담도담 참여를 통하여 개인/가족은 무엇을 얻었나요? 도담도담 참여는 개인/가족의 삶에 어떠한 영향을 주었나요? 도담도담 참여는 개인/가족의 신앙에 어떠한 영향을 주었나요? 도담도담 담당 실무자나 복지관의 지원에 대해서 어떻게 생각(평가)하나요? 도담도담 참여는 당신에게 어떠한 의미인가요?

면접장소는 연구 참여자들과 합의를 통해 프로그램이 진행되었던 태화기독교사회복지관 상담실 내에서 진행되었으며, 집중된 심층면접을 위해 연구자 1인이 연구 참여자의 동의하에 녹음을 하며 진행하였다. 연구 참여자 11명에 대한 심층면접내용은 모두 녹음 후 컴퓨터에 저장하였으며, 별도의 유료봉사자 5명에 의해 녹취록을 문서화하여 보관하였다.

2) 프로그램 진행자

기독교 영성에 기반한 사회복지 프로그램을 진행하기 위해 담당 실무자는 사회복지사 1급 자격증을 소지한 기독교인으로 하였으며, 주 담당자와 보조 담당자 각 한 명씩을 세워 안정적으로 진행될 수 있도록 하였다. 주 담당자의 경우 프로그램 시작 당시 사례관리와 아동 및 청소년 프로그램, 가족프로그램 등 다양한 사업을 경험한 7년차 선임사회복지사였고, 보조 담당자의 경우 사례관리 및 지역사회보호사업을 경험한 2년차 사회복지사였다. 두 명의 담당자는 프로그램 진행과정 속에 가족사례관리 및 해결중심 접근에 대한 교육을 받아 사회복지전문성 유지를 위한 노력을 하였다. 또한 기독교 영성 관련 논문과 서적을 꾸준히 숙독하였고, 자문교수의 자문을 통해 기독교사회복지실천에 대한 의미에 대해 고민하고 실천하였다. 특히 기독교사회복지사로서 정체성과 하나님이 주시는 사명을 되새기며 매일 묵상을 하였고 월 1회 서로의 신앙적 삶을 나누는 시간을 가졌다. 이는 담당 실무자로서 영성을 계발하고, 다양한 상황 속에서도 중심을 갖고 나가는데 큰 힘이 되었으며, 주 담당자와 보조 담당자가 같은 방향으로 나가는데 긍정적인 영향을 미쳤다.

4. 자료분석

본 연구의 자료분석은 Strauss & Corbin이 제시한 지속적 비교(constant comparative)방법을 활용하여 이루어졌다(조흥식 외, 2010)에서 재인용. 기록을 반복하여 읽으면서 연구참여자가 말한 말의 의미와 상호작용의 맥락을 고려하여 연구의 목적에 맞는 의미있는 내용들을 추출하여 코딩하였다. 코딩된 내용을 지속적으로 비교하면서 유사점과 상이점을 발견하고자 하였으며, 그 결과를 바탕으로 개념을 구성하였다. 개념을 다시 유사점과 상이점을 발견하고자 비교하였으며, 유사한 내용끼리 묶어 하위범주로 구성하고 이를 다시 범주 영역으로 통합하여 구성하였다.

본 연구자는 질적 분석에 대해 한 학기 동안 대학원에서 '질적연구방법론' 강의를 수강하였으며, 질적 분석 관련 서적 및 연구지를 숙독하며 연구에 임하였다.

연구의 신뢰도를 확보하기 위해 결과 도출과정에 있어 함께 프로그램을 담당한 연구자의 수퍼바이저와 동료, 그리고 질적 연구 경험이 풍부한 자문 교수와 함께 검토하는 과정을 거쳤다. 또한 연구 참여자에게 개념단위로 구성한 면접 녹취문서를 보여주며 연구 참여자가 실제 의미한 개념이 맞는지 확인하는 과정을 거쳤다.

Ⅳ. 연구결과

프로그램에 참여했던 열 한 명의 연구 참여자들의 심층면접을 토대로 기독교 영성에 기반한 저소득 가정의 역량강화 프로그램 참여 경험을 분석한 결과는 〈표 4〉와 같다.

〈표 4〉 저소득 가정의 기독교 영성에 기반한 프로그램 참여경험

범주	하위 범주	개념
기독교 영성에 기반한 집단 프로그램 참여의 다양한 어려움	참여구성원 간 갈등을 경험함	참여구성원 간 힘의 불균형을 느낌
		참여구성원에 대한 부정적 감정을 느낌
	참여구성원들 간 상황이 다름으로 인해 프로그램 참여에 어려움을 느낌	상황이 다른 가족들과 함께 하는 것에 대해 어려움을 느낌
		참여가족들의 상황이 다양하게 변화함으로 인해 프로그램 참여에 어려움을 느낌
	참여구성원 중심 기독교 영성 프로그램 참여가 낯설고 어려움	참여구성원 중심의 의사소통 구조에 어려움을 느낌.
		프로그램의 초점이 참여가족들에게 충분히 공유되지 않음
		기독교적 색채를 더 강조해줬으면 하는 아쉬움을 느낌
관계를 바탕으로 한 공동체의 힘	함께함의 의미를 깨닫게 됨	서로가 강하게 연결되어 있음을 깨닫게 됨
		또 다른 가족으로 느껴짐
		이웃 간 폭넓은 관계를 갖게 됨

관계를 바탕으로 한 공동체의 힘	선한영향력을 주고 받음	이웃을 섬기고 자신도 섬김을 받는 경험을 함
		참여구성원들의 긍정적인 면을 보며 자극을 받음
		참여구성원 간 신뢰를 주고 받음
	평안과 위로를 얻음	프로그램에 부담 없이 참여함
		공동체로부터 위로를 받음
		진심으로 공감을 받음
		정서적 평안을 경험함
	교회보다 안전하고 평안한 공동체임을 느낌	자신을 솔직하게 드러내고 위로받기에 교회보다 편안함을 느낌
		사생활을 공개하는 것에 대해 교회보다 안전함을 느낌
기독교영성에 기반한 실무자와 기관의 가치	신뢰할 수 있는 신앙인으로서 실무자를 바라봄	실무자가 사명감 갖고 일한다는 것을 느낌
		실무자를 진정으로 신뢰하게 됨
		실무자가 성장하였다는 것을 느낌
		참여구성원에 대한 실무자의 섬김을 경험함
		실무자를 참 신앙인으로 보게 됨
	기독교사회복지 프로그램 운영구조의 중요성을 깨달음	정기적으로 모이는 프로그램의 중요성을 경험함
		꾸준한 보조인력의 중요성을 경험함
		자신들이 프로그램의 주체가 되는 경험을 함
		실무자를 향한 복지관의 믿음
개인과 가족의 변화와 성장	개인의 삶에 대한 내적 성찰을 함	삶의 힘이 되는 경험을 함
		자신을 성찰함
		삶의 자세가 변함
		자신감을 갖게 됨
		성취감을 경험하게 됨
		삶의 시각이 변함
		프로그램을 통해 자녀가 성장함을 느낌
		참여구성원의 성장을 확인함
		참여구성원들이 미래를 준비하게 됨
	가족관계의 증진을 경험함	남편의 변화를 통해 관계회복의 과정을 경험함
		부모와 자녀 간 관계가 증진됨
		가족에게 사랑을 실천함
		부모로서 성장함
		가족이 함께함
영적인 힘을 바탕으로 하는 진정한 지역공동체	영적인 영향력을 경험함	영적인 회복을 경험함
		하나님의 인도하심을 경험함
		영적인 분위기를 경험함
		기도의 힘을 경험함
		하나님이 주신 사명을 갖고 참여함
	섬김과 희생을 통해 진정한 이웃을 얻음	도담도담 공동체가 성숙하게 됨
		참여구성원들의 희생을 통해 도담도담 공동체가 온전해 질 수 있었음
		진정한 이웃을 얻게 됨

1. 기독교 영성에 기반한 집단 프로그램 참여의 다양한 어려움

연구참여자들은 프로그램 참여 가운데 참여구성원들 간 힘의 불균형과 부정적 감정으로 인해 갈등을 경험하였다. 생각과 상황이 다른 참여구성원들과 관계를 이루는 가운데 어려움을 느꼈고, 각 참여구성원들의 여러 상황이 변함으로 프로그램 참여에 어려움을 느꼈다. 또한 참여구성원 중심의 의사소통 구조에 대해 부담과 어려움을 느꼈고, 프로그램 초반부터 프로그램의 초점이 참여구성원들에게 충분히 공유되지 못하고 기독교적 색채가 더 강조되지 못한 아쉬움에 대해 언급하였다.

1) 참여구성원 간 갈등을 경험함

연구참여자들은 프로그램 참여 가운데 특정 구성원들이 힘을 갖고 공동체를 움직였던 경험과 일부 구성원의 이중적인 모습을 통해 불편한 감정을 느꼈었다.

(1) 참여구성원 간 힘의 불균형을 느낌

그런데 어떤 특정인들에 대한 약간 그런 소집단? 그리고 말이 좀 없는 사람들을 이렇게 같이 묻어가는 그런 집단? 그리고 약간 '힘이 있다.' 라는 표현은 그렇지만 약간 조금 더 파워가 있는 사람들의 세력이 조금씩, 조금씩 커지는 듯한 느낌? …(중략)… 그리고 1년차 때 되게 느낌이 좋았거든요. 근데 그때는 누군가에 의해서 이끌려 가는 그런 모임이라는 생각이 전혀 안 들었어요. 우리가 다 같이 만들어 가는 모임이라는 생각이 1년 차에는 되게 많이 들었어요. 그래서 저는 그게 너무 많이 좋았고 그렇게 하고 싶었어요. 그러니까 내가 힘은 없고, 말 빨도 없고 아무것도 없지만 그냥 같이 선생님하고 기도하면서 뭔가 모르게 이 안에서 약간의 하나님의 빛, 이런 것들이 조금씩 너무 그 사람들이 하나님에 대한 생각도 있기는 하지만 뭔가 부정적인 게 좀 강하니까 그런 것들을 그냥 조금이나마… 〈바다〉

(2) 참여구성원에 대한 부정적 감정을 느낌

음 그래서 이제 … '그 아줌마는 왜 이렇게 거짓말을 할까. 진실 되지 못할까.' 분명히 힘들고 재미없었을 텐데… 저는 솔직히 그러잖아요. 너무 힘… 음… 힘들었다는 식으로 이야기 했는데, 맨날 죽는 소리하면서 …(중략)… 참 왜 이렇게 저렇게 가식으로 살까? 왜 거짓말을 하면서 살까, 힘들다면서 저런 것을 하면서 희열을 느끼는 건가? 애들은 맨날 저렇게 내팽개치고 저렇게 돌아다니는 게 맞을까? 그러면서 여기 와서는 뭐 어쩌고… 〈초원〉

2) 참여구성원들 간 상황이 다름으로 인해 프로그램 참여에 어려움을 느낌

연구참여자들은 자녀양육 방식과 예의범절의 기준 등이 서로 달라 프로그램 속에서 관계를 맺어 가는데 어려움을 느꼈다. 또한 3년 간 진행되는 프로그램 기간 중에 자녀가 성장하는 상황, 1년 단위로 끊어서 진행되는 프로그램 구조, 자녀가 일정기간 프로그램에 참여하지 못하는 상황에 대한 불편함과 같은 여러 상황은 연구참여자들의 프로그램 참여에 어려움을 느끼도록 하였다.

(1) 상황이 다른 참여구성원들과 함께 하는 것에 대해 어려움을 느낌

다른 가정의 아이들이… 근데 딱 봤을 때 그냥 인간적인 생각이 너무 차이가 많이 나니까… 이걸 해야 될까? 그런 생각도 많이 들어요. 왜냐면 그러니까 가족모임이고 아이들을 기준으로 하는 가족모임인데 아이들의 그런 갭이 너무 다 특성이 너무 다르다보니까 이게 시간이 조금 의미가 없을… 좀 이렇게 무의미할 수도 있겠다 그런 생각이 들었어요. 그리고 나쁜 마음이긴 하지만 그러니까 저희 아이들의 성향과 너무 다르다보니까 오히려 좀 안좋은 영향을 오히려 받을 수 있지는 않을까 그런 좀 고민이 있긴 있었어요. 〈진실〉

캠프에서 좀 많이 싸우고 이런 일들이 있다 보니까, 애가 이제 어쨌든 주안이랑

도 놀고 싶고, 남자애들하고도 놀고 싶은데 주안이랑 정욱이랑 너무 또 이렇게 친하고 하니까 그 사이에 끼면서 약간 분란도 생기게 되고 그러니까 애가 처음에는 좋았다가, 형아 만나러 간다니까 좋다가 나중에는 점점점점 좀 '엄마 나 가기 싫어', '안가고 싶다.' 고 말했어요. 그거는 제 불찰도 있겠죠. 〈바다〉

(2) 참여구성원들의 상황이 다양하게 변화함으로 인해 프로그램 참여에 어려움을 느낌

그리고 제일 큰 거는 애들이 큼으로 인해서 이제 엄마를 따라가기 싫어하는 (웃음) 그런 거 있잖아요. …(중략)… 어렸을 때는 무조건 엄마를 막 쫓아가서 엄마랑 같은 공간에서 엄마도 마찬가지, 막 이렇게 끝나고 챙기고. 우리 애가 어리니까 막 챙겨야 되고, 이런 상황에 갔다가 애들이 크니까 애들도 '엄마! 나 집에서 TV보고 있을게, 게임하고 있을게.' 뭐 이런 상황에서 옛날 같으면 엄마들이 그래도 '야! 이리와! 따라와!' 해서 억지로 데려올 수 있는 상황이라 하면 이제는 크면서 그래도 안 쫓아오는 …(중략)… 막 이러다보니까 아이들이 큼으로 오는 그런 거에서 참여율이 좀 떨어지지 않았을까. 그리고 요즘에는 너무나 재미있고 그런 게 많다보니까. 사실 교회도 그렇거든요. 아이들이 흥미를 어떤 반짝반짝한 흥미를 주기는 사실 힘든 거 같고요. 〈새싹〉

2년차가 그래서 특별히 솔직히 2년차는 하긴 많이 한 거 같은데 남는 게 없는 거 같아요. 제 마음 속에 솔직히 그래서 왜 그런가 생각을 해보니깐 2년차 징크스라고 그럴까요 좀 그런게 있었던거 같아요. 1년차는 좀 신선하게 생각하고 가족들이 열심을 가졌는데 2년차에 좀 뭐라 해야 할까요? 좀 대게 복지관 프로그램에 참여하는 가족들이 그런 경향이 있더라구요. 제가 볼 때에는 보통 1년 단위로 프로그램을 하다보니깐 1년 끝나면 식상하고 좀 막 '아 다했으니깐 그만해야지.' 이런 마음들이 생기는 가족들이 있더라구요. 그래서 그런 게 좀 작용을 해서 몇 몇 가정이 떨어져 나가고 그런 것들이 역할을 했던 거 같고 도중에 새로 참여하는 가정들이고 그렇다보니깐 과도기가 되다보니깐 혼란스러운 것들도 있고 이거를 처리하는 과정에서 또 위기가 좀 왔던 것 같아요. 그래서 저희도 이 문제 때문에 고민을 많이 하고 기도도 많이 했는데 물론 결과적으로 놓고 봤을 때는 이것 때문에 기도하게 되고 응집되는 효과를 얻기는 했지만 결과적으로 전 그렇다고 보는데 개개인적으로 2년차 단순히 하나만을 놓고 봐서는 좀 많이 힘들었던 편이였지 않았나 싶어요. 〈태양〉

지선이가 참석 못 한다는 거 때문에 제가 자꾸 위축이 되었고, 다른 엄마들한테 눈치가 보였고 프로그램에 같이 못하니깐 더군다나 이제 연말 되어가지고 아이들 출석이라든가 이런 거 해가지고 시상하고 이럴 때 조금 그랬어요. 그래서 불편함도 많았고, 그런데 또 그럼에도 불구하고 또 제 귀에 이제, 처음에는 제가 그렇게 느꼈던 건데 두 번째는 제 귀에까지 그런 말들이 들어오니깐, 그런데 그게 조금 마음이 서로가 조금씩만 봐도 못 본척하고 '아 나름대로 이런 이유가 있겠지. 그럴만한 상황이 있겠지.' 이해하고 넘어가주고 그러길 바라는데… 〈온유〉

3) 참여구성원 중심의 기독교 영성 프로그램 참여가 낯설고 어려움

연구참여자들은 처음 접해보는 프로그램 운영방식과 내용에 낯설고 어려움을 느꼈다. 특히 프로그램 초반에 준비가 안 된 상태에서 프로그램 내 참여구성원들과 다양한 의사결정을 해야 하는 것에 대해 어려움을 느꼈다. 또한 기독교 영성의 의미에 대한 불명확함, 프로그램의 지향점이 프로그램 초반부터 충분히 공유되지 못한 것에 대해 어려움, 기독교적 색채를 더 강조해줬으면 하는 아쉬움을 느끼고 있었다.

(1) 참여구성원 중심의 의사소통 구조에 어려움을 느낌

처음 저는 처음에 놀랐던게 너무 우리한테 의견을 내고 다 알아서 하라 뭐 이렇게 하는 것들이 처음엔 좀 불만이었어요. 너무 시간 낭비인거 같다는 생각이 드는거예요. 뭔가 이렇게 좀 얘기가 되면은 잡아주고 이렇게 했으면 좋았을텐데, 너무 이렇게 풀어주니까, 저희들은 준비가 안되어 있는데 계속 충돌이 나잖아요. 그러니까 그 서운함이 실무자한테 가더라구요. 아니 우리는 이렇게 회의를 할 수 있는 준비가 안되어 있는데, 마음들이 다 안 열려 있는데, 네 그리고 또 저는 나이가 어리니까 제 주장을 막 이렇게 피면 또 그 나이 드신 분들 앞에 또 말하고 나서 또 좀 미안하더라구요. 〈진실〉

또 처음에 이제 제가 여기 왔을때는 아까 이제 복지사님이 말씀하신 것처럼 모든 계획을 세우고 진행하고 평가하는 것 까지도 이제 부모님, 그러니까 우리 가족들이 다 하는 거였잖아요? 처음에는 그게 너무 혼란스러운 거예요 저는. 잡아주는 사람이 없이 여기 저기 갔을 때, 그걸 누가 잡아줄 것이며 어떻게 진행을 할 것이며 이런 것들이 왜 그럴까? 이런 생각을 되게 많이 했었거든요? 길을 넓혀주고 가라 하지, 길도 만들어 주지 않는 상태에서 같이 공동체 활동하는 사람들끼리 만들어가고 이끌어 가야된다는 것에 대한 부담감이 너무 많은 거예요. 〈꽃잎〉

(2) 프로그램의 초점이 참여가족들에게 충분히 공유되지 않음.

아까 기독교 영성에 입각한 좋은 이웃 만들기 '도담도담'이 제목이잖아요. 여기서 이제 이름 속에 나타난 게 뭐냐면, 기독교 영성이라는 면이 있고, 좋은 이웃이라는 면이 있고, '도담도담'이라는 면들이 얘기를 해요. 그런데 이제 거기서 느낀게 뭐냐면 이 기독교 영성이라는 것을 바라보는 그 관점이랄까요. 그런 부분들에 대한 것이 출발 할 때 명확하지 않았던 거 같다는 느낌이 좀 들었어요 솔직히…(중략)… 그러니깐 결국 지향하는 바가 이걸 통해서 스스로 자립해서 스스로 자립공동체로서 지역사회를 향해서 나갈 수 있는지 그게 사실은 지향점이 되었잖아요. 3년을 향후 해서는 그래서 그게 어느 정도 인식이 되었는데 시작하는 시점에서는 그 부분이 참여한 가족들이 전혀 그런 인식이 안되있었던 거 같아요 제가 느끼기에는. 그 이유가 나름대로 뭐랄까 여러 복합적인 이유가 있었던거 같은데 그 이게 명확하게 전달이 안 되었던 거 같고, 그 이유가 제가 생각하기에는 그걸 생각 할만치 그런 가족들이 여유가 없었던 거 같아요. 그냥 모여가지고 이야기해가지고 눈물, 콧물 빼면서 그러기에도 급급했던 거 같

고, 첫해는 그랬던 거 같고, 〈태양〉

(3) 기독교적 색채를 더 강조해줬으면 하는 아쉬움을 느낌

기독교복지관이면 교회적인 면에 대한 것을 좀 더 받아들이고 교회는 좀 더 복지관처럼 뭐랄까 객관적이고 좀 뭐랄까 물러나서 바라볼 수 있는 제 3자의 관점 같은 거죠. 받아들이고 배워서 서로가 서로를 좀 뭐랄까 배우면서 나간다면 서로서로 좀 발전할 수 있는 계기가 되지 않을까 하는 생각이 들어요. 〈태양〉

2. 관계를 바탕으로 한 공동체의 힘

연구참여자들은 프로그램에 참여하며 자신의 가족 및 공동체 구성원들과 관계 속에 강한 연대를 경험하였다. 또한 서로를 동반자로서 섬기고 신뢰하는 가운데 삶의 변화를 이끌어내는 긍정적 자극제가 되었다. 특히 신뢰를 바탕으로 한 공동체의 위로와 공감은 공동체 안에서는 상처받지 않을 것이라는 생각을 하도록 하였다. 이 같은 공동체의 분위기는 연구참여자들로 하여금 안전함을 느끼게 하였고 평안함을 경험하게 하였는데, 삶의 어려움을 내놓았을 때 획일적인 반응이거나 비밀이 보장되지 못할 것이라고 생각되는 교회와는 차이가 있었다.

1) 함께함의 의미를 깨닫게 됨

연구참여자들에게 공동체와 함께 했던 프로그램 참여 경험은 큰 의미로 다가왔다. 우선 그 동안 다양한 이유로 각자의 역할을 하지 못했던 가족들이 프로그램을 매개로 함께 시간을 보내고 식사하게 되었고, 이를 통해 가족 구성원 각자에게 주어진 역할을 자연스럽게 감당하였기 때문이다. 두 번째로 공동체 구성원 간 각자의 상황을 진심으로 이해하게 되고, 서로를 붙잡아주는 가운데 강하게 연결되는 경험을 하게 되었는데 이와 같은 과정은 연구참여자들이 공동체를 또 다른 가족으로 느끼게 하였다.

(1) 서로가 강하게 연결되어 있음을 깨닫게 됨

'도담도담'의 가장 큰 메리트가 함께 무언가를 준비할 수 있다는 것 같아요. 부족하면 부족한대로 또 이렇게 하면서 함께 어울리고 함께 무언가를 준비하고 또 우리가 한 거를 또 아이들도 주고 이렇게 하면서 할 수 있었던 거 그런 것들이 좀 좋았던 것 같고… 〈바다〉

물론 강사를 초빙해서 많은 것을 배우기 전에 실질적으로 한쪽으로 듣고 한쪽으로 흘려버리거든요. 그런데 엄마들의 경험과 '이럴 경우에는 이런 식으로 함께 살면 좋다.' 이렇게 자기 경험들을 얘기했던 것 그럼으로써 더 진실 된 이야기를 했던 것 같아요. 〈초원〉

어쨌든 함께 뭔가를 계속 여행을 하고 어떤 거를 또 계획을 세워서 그거를 시작부터 중간 과정, 그다음 끝났을 때의 어떤 결실 그런 거를 보면서 항상 이게 나 혼자만의 삶으로는 느낄 수 없는 그런 거 있잖아요. 협동심. …(중략)… 지금 생각하면 추억으로만 다 남아요. 사실은 지금은. '아! 그때 맞아. 그런게 있었는데. 그때 뭐 어땠지. 어땠지' 하는데 사실 그 과정 속에서 쭉 오면서 그 날 송년모임 할 때는 만감이 막 교차를 하더라고요(웃음). 즐거웠던 부분, 참 힘들었던 부분. 이게 공동적으로 협력해서 무언가를 잘 한다는 거 자체가 굉장히 어려운 과정이구나. 그럼에도 불구하고 3년을 참 잘 버텼다(웃음). 〈새싹〉

공동체라는 것을 다시 한 번 생각하게 하는 거예요. 개별 프로그램이 아닌 공동체 활동을 통해서 뭘 끌어낼 것인가. 공동적으로 추구하는 바가 뭔가를 생각을 한 번 다시금 해 볼 수 있는 계기가 된 것 같구요. 그렇죠. 사람이라는 거예요. 사람 안에서 모든 일들이 일어나고, 그 안에서 갈등을 겪음으로써 해결하는 방법들을 또 그 안에서 찾는거잖아요? 그래서 사람 안에서 행할 수 있는 일들은 희노애락을 찾는게 아닐까 싶기도 하고. 〈꽃잎〉

그 집단 상담이 엄마들끼리 모여서 자기들의 아픔을 이야기하고 살아온 과정이 다 있었잖아요. 모양만 다를 뿐이고. 그걸 통해서 이렇게 빨리 이렇게 응집되고, 빨리 서로를 알아갈 수 있는… 엄마들도 이야기보따리를 털어놔야… 이야기를 나누어야 '아 그래 나도 이렇게 힘들었는데 너도 힘들었니?' 그러면서 부둥켜안아 주면서 같이 울어보면서, 같이 공감하면서, 아파하면서 '아 이 사람도 내 마음.' 이제 그… 상처라고 해야 하나요? 그거를 '같이 공감해주는구나.' 더 빨리 친해질 수 있었던 것 같아요. …(중략)… 그러니까 엄마들끼리는 이게 많이 단합도 더 되고, '아 그래 이게 가족이라는 거구나.' 또 다른 가족, 혈연으로 된 가족이 아닌 또 다른 가족… 그냥 마음이 엄마가 이야기 한 대로 '가족', '가족'이 아니라 그래. 우리는 이렇게 어쨌든 하나님 믿는 사람들끼리 복지관에서 만난 가족들 같이 서로 돌아보고 같이 또 힘든 부분 있으면 기도해주고 하는 그런 것들. 그런게 좀… 어… 많이 생긴 것 같아요. 저도 그렇고. 서로 더 챙기게 되고. 내 아이 뿐 만 아니라, 그 '도담'에 속해 있는 아이들 또 어디서 만나든 다 챙기게 되는 그런 부분. 그 마음이 바로 가족이 아닌가 싶어요. 〈푸른〉

(2) 또 다른 가족으로 느껴짐

가족의 개념과 비슷한… 예를 들면 가족은 아니지만 실질적인 가족은 아니지만 그런 개념이죠. 지금도 마찬가지에요. 저번에 모였을 때도 너무 익숙하고 서로가 너무 익숙하고 오랜만에 만났는데도 그동안의 일들을 막 쏟아놓을 수 있는 거 있잖아요. 예를 들면, 복지사님이 뭔가 말을 해야 되는데 우리가 하도 수다를 떨어서 (웃음) 초입에 시작을 잘 못했을 정도로. '어떻게 지냈어. 뭐 그랬어. 누구는 어떻고.' 이렇게 이야기할 수 있었던 그런걸 보면서 '아~이게 너무나 자연스럽구나.' …(중략)… 그냥 나를 생각해주는 아니면 나를 진심으로 염려해주는 그런 사람들이 주위에 많이 있다. 예를 들면 옛날에는 뭐 가족, 친지… 친지도 사실 잘 얘기 못하거든요? 그런 건데. 그냥 나를 아는 누구. 나의 모든 거를 다 아는 사람. 그리고 내가 어떤 힘든 과정이나 어려움을 얘기해도 전혀 내가 부담스럽지 않은 사람들이 여러 명 있다. 한 사람이 아니고.. 그럼으로 인해서 에워쌈을 당하는 그런… 에워싸 주는 듯한 느낌 있잖아요. 이렇게 둘레해서. 그런 든든함이 있죠. 〈새싹〉

1년차에는 눈물, 콧물 빼면서도 사실 가장 속 깊이 있던 것은 내놓지 못했었어요. 근데 그거를 자연스럽게 이야기 할 수 있는 분위기며 그리고 지금도 욕구들이 제가 느끼기에는 좀 모이면 뭘 하고 싶은가 이렇게 가족들을 보면 느끼는 게 나누고 싶어하는 걸 제가 느껴요 눈에 보이거든요. 그래서 그게 가장 좋은 큰 열매라고 할까요? 그게 아닌가 싶은 생각이 들어요. 〈태양〉

잊지 못하겠어요. 안면도에서 하늘에서 별 보면서 그 엄마들하고 막… 그때는… 물론 해마다, 갈 때마다 밤에 우리 방에 모여서 이야기를 나누고 했는데 그때는 정말 많은, 거의 다 모여가지고… 다 모르니까. 아 누가 얼마나 상황에 어려움이 있는지, 누가 남편 때문에 힘든지, 막 이런 이야기 다 나누면서 했었거든요, 그때 정말. 그때가 제일 좋… 그게 제일 기억에 남아요. …(중략)… 그게 약간의 가면을 써요. 학교 엄마들은. 왜냐하면 '내가 이런 속 이야기까지 다 하면 그 엄마가 우리 애를 이렇게 볼까?' 이런 게 있나 봐요. 그래서 되게 뭐 좋은 척만 하고… 좀 척 하거든요. 학교 엄마들 만나면. 그래서 '어유 저 엄마는 저러니까 애가 저러지.' 이럴 수도 있단 말이에요. 그래서 이제 엄마들, 학교 엄마들한테는 속 얘기 잘 이야기 안 해요. 그리고 또 이게 학년이 바뀌면 또 달라지잖아요. 그럼 그 애… 막 다 알게 될 까봐. 이야기 많이 안 하거든. 근데 '도담'은 그런 게 아니라 .…(중략)‥그게 진짜 시너지 효과라고 해야 되나... 그렇게 확 타오른 것 같아. 다른 데서 할 수 없는 이야기. 교회 가서도 이런 이야기는 할 시간도 없고, 하지 않을 것 같아. …(중략)…응. 근데 '도담'에서는 그 밥 먹는 시간. 밥 먹으면서도 우리 이야기 많이 나누고 했으니까. 진짜 식구죠, 식구. 같이 밥 먹었으니까. 〈하늘〉

(3) 이웃 간 폭넓은 관계를 갖게 됨

중요한 현장 그게 이제 '도담도담'에 있어서는 제 개인적인 의미라고 할 수 있겠고, 제 가족적인 의미로 봐서는 많은 좋은 가족들을 만나서 그래서 만남의 폭을 넓힐 수 있는 그런 장이였다라고 생각을 해요. 〈태양〉

2) 선한 영향력을 주고받음

연구참여자들은 다양한 세부 프로그램을 매개로 한 지속적 만남 속에 서로에 대한 섬김을 경험하였다. 힘든 상황 속에서도 함께 뛸 수 있는 동반자로서 섬김을 받았고, 다른 가족과 이웃을 섬기는 경험을 하기도 하였다. 이 같은 섬김은 서로를 포기하지 않으며 서로를 지켜주는 신뢰로 이어졌다. 신뢰를 바탕으로 각 공동체 구성원들이 살아가는 삶의 방식들을 알아가며 서로에게 긍정적인 자극을 받는 경험을 하였다.

(1) 이웃을 섬기고 자신도 섬김을 받는 경험을 함

살아가는 원동력을 시작하기 위한, 스타트 업을 하기 위한 그거? 라고 생각이 드는데. …(중략)… 제가 처음에 말했었잖아요. 처음에 벼랑 끝에서 다시 시작하려고 스타트업을 하는데 출발선에서 저를 밀어주는? 그것을 뭐라고 하죠? 러너 할 때 같이 달려주는 사람 있잖아요? 그 전에는 스타트 업을 해서, 지금은 러너를 해서 러너 옆에 같이 가는 동반자처럼… 가는 것 같아요. 〈성실〉

엄마들한테 정말 은혜 1년차 때 맨 날 '이혼한다, 이혼한다.' 달고 살았는데 그 말 다 없어지고… 제가 이제 늘 은혜하고 이야기 많이 나누고, 타일러주고, 다독여주고, 남자들 다 그런 거다… 하면서 제 경험… 또 진짜 언니로써 걔 되게 다독이고 아꼈거든요. 그래서… 그런 말 쏙 들어가고 지금, 은혜 잘 지내고 있고. 뭐… 또 이제 그 보육교사도 제가 이렇게 막 하라고 해가지고 했지, 푸른이네 부부도 그 사회복지랑 공부하고 계시지. 초원이 했지, 되게 뿌듯했어요. 그러니까 이제 이 '도담도담' 안에서의 '역동'이 많이 일어난 거잖아요. 〈하늘〉

그 다음에 거기 청소하시는 분들 이런데다가 야식이나 이런 거 식사하실 때 드시라고 그 김장통을 갖다가 나르면서 굉장히 감사하는 마음이 들었어요. 그래서 '도담'을 통해서, 태화를 통해서 텃밭 가꾸기하고 김장을 하고 또 그걸 통해서 엄마들하고 서로 같이 이렇게 품앗이도 하고, 그렇게 하면서 또 다른 이웃들한테 나눠 줄 수 있었다는 것 때문에 그게 굉장히 저는 지금도 감사하게 생각하고 있고요. 그 분들이 경비직이라는게 고층아파트 하고 틀려서 저희 사는 거주지는 다른 환경이잖아요. 4단지 같은 경우에는 재건축이 앞서져 있고 옛날 오래된 노후 된 아파트에 또 지금 경비직이라는 직업이 그렇게 편한 직업은 아니고, 낮밤 거꾸로 사시면서 연세드시는 분들이 모시는 상황인데 그 분들한테 그 김장통을 갖다 줬을 때 반응이 굉장히 진짜 그 분들도 굉장히 좋아하셨고, 또 그걸 통해서 라면을 끓여드시던 밥을 드시던 찌개를 해 드시던 그렇게 하고 학교 보안실까지 제가 다 돌렸는데 그렇게 해가지고 그게 진짜 소중한 감사거리였어요. 〈온유〉

이제 뭐 저는 직접적이지는 않지만 하늘 엄마가 이야기를 해 올 때 기도하면서 같이 이렇게 하면서 서로서로 가족을 돌아보는 그 마음으로 인해서, 그리고 그 프로그램 자체도 본인은 직접 교회 다니지 않고 그 교회에 대해서 거부감도 있고 했지만, 결과적으로는 진행하시는 복지사님이나 또 이렇게 함께 어울리는 멤버들의 좋은 면들… 말하자면 향기? 어… 그 향기를 맡고 '아. 나도 교회를 다녀야겠다.' 라는 그런 이제… 어… 마음의 다짐을 하시고 교회를 다니신 것 같아요. 그것도 어떻게 보면 '도담도담' 이… '도담도담' 프로그램 통해서 한 영혼을 …(중략)… 꽃잎이 엄마 그러신다니까. 미리미리 자기가 이제 동네 사람들 많이 아니까, 알고 있으니까 자기가 그… 혜택 받을 수 있는 거를 전화를 줘요. '이런, 이런 일이 있는데 이거 신청하면 돈 나오니까.' 어, 그거. 그런 거. 미리 이야기를 해 주고, 그리고 문화놀이카드 이것도 몰랐는데 뭐 이렇게 복지관에서, 그 뭐야 주민센터에서 뭐 이렇게 행사 있거나 저소득층들 위해서. 미리 미리 이야기를 해주고, 문자를 주고 어… 그런 것도 섬겨주는… 응, 섬김을 많이 받은 것 같아요.(웃음) 〈푸른〉

(2) 참여구성원들의 긍정적인 면을 보며 자극을 받음

근데 이렇게 공식적인 자리에서 걔가 기도하는 모습이나 그런 거를 봤을 때, 걔의 또 다른 모습을 보면서 또 그때 한 번 느낀 거죠. '보여주는 게 다는 아니구나.' 저 사람이 이렇게 저런 신앙심을 갖고, 그렇게 어려운 상황이… 진짜 진실이 남편이 암에 걸렸잖아요. 근데 그거를 정말 꿋꿋하게 이겨, 뭐 제 앞에서만 그런 건지는 모르겠지만, 눈물 흘리지도 않고 정말 그 신앙의 힘으로 이겨 가더라고요. 그 모습을 봤을 때. …(중략)… 초원이랑 저랑 늘 나누는 이야기인데, '가식이다, 사람이 어떻게 저럴 수가 있냐.' 막 이랬는데 이렇게 대해보고, 사귀어보니 그게 가식이 아니었고, 진심이었고, 정말 그냥 일반 사람, 신앙심이 없는 사람들은 할 수 없는 어… 그런 모습들을 많이 보여서 그 부분은 정말 음… 훌륭하고 이렇게 진짜 사람을 겉모습이나 경제적, 그니까 보여지는 모든 것에, 이게 진짜 다가 아니라는 거. 그런 거를 제가 많이 느꼈어요. 이거 하면서 정말 그 내면에 아름다움을 볼 수 있는, 조금은? 그거를 다 보면 내가 사람이 아니겠죠. (웃음) 그니까 그런 거를 좀 보는 힘을(가지게 됐다?) 네네. 이 프로그램 하면서 그런 거 같아요, 제일. 제일 가장 제가 그런 거는 보이는 게다가 아니고, 음… 내면의 아름다움을 볼 수 있는 힘? 힘을 조금이라도 가지게 됐다? 〈하늘〉

하늘씨 같은 경우는 이제 진취적이고 되게 외향적이고 그런 모습들이 많잖아요. 그래서 저도 그러고 싶은 거예요. 내 안에는 내성적이고 그냥 조용하고 정적인게 보이는 거랑은 다르게 그런 모습들이 많이 있는 거예요 내 안에. 그게 이제 제가 장애를 가져서 속내, 그런 거예요. 보여지기는 그렇지는 않지만 내 마음은 그런 거예요. 내면적으로는 내가 어디 움츠리고, 숨기고 싶고, 들어가고 싶고, 막 그런 것들이 되게 많았었는데, 그 언니나 아니면 다른 언니들을 보면서 나를 조금 드러내고 싶은 생각들이 많았고, 조금 더 생각, 어떤 일에 대해서 생각할 때, 긍정적인 생각? 아니면은 나아갈 방향에 대해서 조금 더 크게 포부를 잡는다던지 그런 것들. 그래서 이제 그들하고 친해지고 싶고, 막 연락도 하고, 만나고, 그런 것들. 만났을 때 막 나도 끼워줘. 막 이렇게 하고 먼저 다가가고 싶은 마음이 많은 거예요. 그래서 또 서스럼 없이 잘 하잖아요 사람들한테도. 그게 너무 부러웠었거든요. 그래서 나도 언니처럼 조금 그렇게 한 번 해보고 싶다는 생각도 많이 했고. 계속 그게 좀 변화된 것 같아요. 〈꽃잎〉

그러니까 늘 제 안에 '왜 나만 손해 봐야 해?', '왜 나만 이렇게 힘들어야 해?' 이런 생각이 있었는데 여기 와보니까 '아, 그렇지가 않다.' 라는 생각이 일단 많이 들었어요. 그래서 내 생각 자체가 '나만 힘든 게 아니구나, 나보다 더 한 사람들도 더 많이 섬겨주고, 손해보고 더 참아주고 더 잘 이렇게 견디고 있구나.' 그런 거에서 좀 생각이 많이 바뀌었어요. 좀 도전도 많이 받았고, 남편들한테 하는 행동 이런 것들도 또 보면서, '아 저렇게 해야 하는 구나' 이런 것들도 배우고… 〈바다〉

(3) 참여구성원 간 신뢰를 주고받음

그래서 '아! 나는 너무 힘들어서 이러이러한 환경 때문에 너무 힘들다.' 는 거를 조금 누가 알아줬으면 좋겠다는 거? 그런 거, 보상심리 같은 면에서도 또 얘기를 할 수 있었던 거고, 아니면 이제 2년 동안 계속 해왔던 믿음 있는 사람들이기 때문에, 아 이런 말을 했을 때 그대들이 다른 시각이 아닌 그냥 있는 그대로 받아줄 수 있겠거니 하고 이제 그 엄마들을 믿고 얘기를 했던 거고, 진솔하게 이야기가 나왔던 거 같아요. 〈꽃잎〉

상대방이 막 어리광 부리면서도 나를 포기하지 않을 거라는 게 뭐냐면 상대방이 희생을 할 것이라는 것을 믿는 거죠. 희생을 전제한 믿음이죠. 상대방의 희생. 누군가의 희생이 그건 어느 누구만의 희생이 아니라 우리 전체 멤버들의 순간순간 희생을 보면서 '아, 이 사람은 절대로 날 포기하지 않을 거야 그러니깐 개인적으로 날 포기하지 않을거야.' 라고 하는 믿음이 있는 거죠. 희생에 근거한, 상대방의 희생에 근거한 믿음이다. 〈태양〉

그니까 그 정도로 이 안에서 늘 '우리는 우리의 비밀은 지켜 준다.' 우리가 서로, 서로의 비밀 공유를 해도 그거에 대해서 불안감은 없는 거죠. 그니까… 어. 그런, 그런 마음. 그게 제일 서로 간에 신뢰를 만들어 가는데 가장 작용한 것 같아요. 〈하늘〉

3) 평안과 위로를 얻음

연구참여자들은 프로그램 초반 자기 삶의 영역을 벗어나 처음 알게 되는 사람들과 만남 속에 동질감을 느끼게 되었고 부담 없이 참여하게 되었다. 이후 구성원 간 신뢰를 쌓아가는 가운데 진심으로 서로를 위로하게 되었고, 공감을 받았다. 이 같은 과정은 연구참여자들이 공동체 안에서는 상처받지 않을 것이라는 평안함을 경험하게 하였다.

(1) 프로그램에 부담 없이 참여함

일단은 이제 서로 간에 어려움이 있을 때, 도와주려고, 어느 누구보다 도와주려고, 들어주려고 애를 써준 것도 너무 고맙고, 그리고 굳이 어려움이 아니라 하더라도 항상 물어주고 이렇게 찾아와주는 이웃이 있는 게 되게 고마운 거더라구요. 제가 이렇게 되게 생활이 편안하고 뭐 직장을 활발하게 다니고 이럴 때, 주위에 사람이 많은 거는 당연한 거라고 생각을 했는데, 어느 순간 제가 그냥 동굴 속에 제 스스로 들어오고 나서 딱 이렇게 편안하게 사람들을 만날 수 있는 거는 큰거더라구요. 〈진실〉

일단은 그때 누가 한 번 이야기를 했었는데, 모르는 사람들이 모였잖아요. 일단은 그러니까 내 아이도 모르고 내 이런, 내가 가까이에서 막 보고 이런 게 아니니까 불편함을 이야기해도 별로 거리낌이 없어요. 그래서 조금 그런 게, 처음에는 좋았던 것 같아요. 에, 나를 모르는 사람이니까. 그리고 나를 처음 보는 사람이니까. 〈바다〉

그 말을 이해를 못했는데, 친하면 친할수록 더 괴리감이 생기더라고요. 그런데 이 안에서는 서로 안아주고, 보듬어주고… 다 비슷비슷한 환경이기 때문에 더 친해지지… 괴리감이 없이 더 친해지지 않았나. 〈초원〉

'도담'에 왔을 때에는 일단은 학교 바운더리가 아니고 제 아파트 바운더리가 아니었기 때문에 그렇지만 내 지역 사회이기 때문에 그러니깐 여기에를 온 거는 학교 학부모나 학교 공동체가 아니고, 제 아파트 제 주변의 사람 제 공동체가 아니니깐 마음 편하게 올 수 있었고, 그러면서도 한편은 지지를 할 수 있었던 거는 내가 사는 지역사회이니깐은 내가 마음을 놓고 의지를 할 수 있었던 거 같아요.(눈물을 흘림) 〈온유〉

(2) 공동체로부터 위로를 받음

그래서 정확하게 기억은 안 나지만 저는… 그래서 그때도 수련회(캠프) 갔을 때도 편지 읽을 때 그 부모교육이 좋았다고 이야기를 했잖아요. 그 강사분의 표정이며 그 강사분이 우리를 바라보는 그 따뜻한 이런 것들이나 그냥 그분이 말해주는 것, 그냥 뭔지 이 사람은 나를 다 수용해 주는 것 같고, 내가 괜찮은 사람이라고 이야기해 주는 것 같고, '그냥 그런 거는 괜찮은 거예요.' 이렇게 말해주는 것 같았어요. 꼭 그분이 그렇게 말하지 않았을 지라도. 제 느낌에. 그래서 전 되게 좋았던 것 같아요. …(중략)… 네 진짜 너무 좋았어요. 그러니까 같이 이렇게 이 사람에 대해서 이야기를 듣고 나만 힘들다고 생각했는데, 이 사람이 이야기를 들으면서 '아, 내 문제가 이렇게 무거운 게 아니다.'라는 가벼운 마음들이 들고. 〈바다〉

그냥 사람들이 다 서로의 마음을 읽고, 같이… 그러니까 이 모임 자체가 외로운 사람들의 모임인 것 같아요. 외롭고 힘들고 하니까 이제… 음… 그래서 와가지고 했던 과정을 '저희들끼리 치유하면서 만들어갔던 프로그램이 아닌가?' 그런 생각이 들어요. …(중략)… 그냥 외로워서 나왔던 것 같아요. 나와서 이야기하고, 듣고, 마음을 소통할 수 있는 친구들이 있어서 나왔던 것 같아요. …(중략)… 딸하고 처음하고 끝까지 다 해준 친구들이 참 고마웠던 것 같아요. 같이 와서 우리 딸이 힘들게 했는데도 엄마들이 다 감싸주고, …(중략)… 감싸주고 서로 이해해주고 그랬던 게 참 고마웠던 것 같아요. 어디를 딸을 데리고 온다는 게 늘 참 힘들었어요. 어딜 가든지 눈치를 보고 했는데, 여기 와서는 그런 게 없어서 참 편했던 것 같았어요. 끝까지 우리 딸을 장례식장에서 도와준다는데…

밤새준다는데, 일손이 많아서 그럴 필요 없어서 가라고 했던 거… 참 고마웠던 거… 저도 해본 적이 없는데 하늘이 언니랑 진실이랑 애기엄마… 은혜 엄마랑 밤 샌다고 와서 그러더라고요. 아니라고 괜찮다고 고맙다고 해서… 고마운 친구들인 것 같아요. 나머지들도 그렇지만. 〈초원〉

오히려 나도 힘들고 어려운 상황이지만 또 내가 도와줘야 될 부분도 참 많겠다. 다른 사람을? 물론 내가 뭐 어떤 경제적인 지원 이런 건 아니지만. 내 상황을 같이 공유하면서 또 그 사람들의 그런 것도 공유하면서 서로가 좀 많이 위로가 되고 나누… 서로의 그런 부족한 점들을 좀 나눌 수 있겠다. 그런 생각을 그 때 했어요. 〈새싹〉

그러다보니깐 사람들 만나서 같이 이야기 하는 게 저한테는 가장 위로가 되고 정서적으로 안정을 이룰 수 있고 또 저에게 자극이 되어서 도전이 되고 …(중략)… 큰 도움이 되었죠. 〈태양〉

또 위로를 받았던 거예요. 나한텐 이러이러한 모습이 있었고, 내 이런 과거가 있었어. 이렇게 했을 때, 죄책하거나 비난하지 않고 그거에 대해서 지금 현재 상황에 대해서 잘 얘기를 해주고, 잘하고 있어, 앞으로도 잘 할 거야. 이런 격려나 아니면 믿음을 줬기 때문에, 한 번 더 다짐하고 각오가 새로워지는 계기가 됐던 거 같아요. …(중략)… 엄마들한테 많이 받았던 거 같아요. 네, 따로도 저희가 이제 만났었고, 그런 것들을 통해서 조금 더 치유도 됐었던 계기가 됐던 거 같아요. 〈꽃잎〉

'아, 나보다 더 힘든 사람이 어디 있어. 나 이렇게 힘들었는데...' 막 이랬는데 더 힘든 사람도 많이 있다는 것도 알게 되었어요. 다른 가족들하고 대화하고, 막 집단 상담 하고 그런 과정에서 그니까 가장 큰 그거는… 그런 거 같아. 그니까 남의 아픔을 보면서 스스로 자가치유가 되는 것 있잖아요. '나는 저 정도는 아니니까. 나는 살 수 있어.' 막 이런 거… 그리고 뭐 감사하는 마음. 〈하늘〉

(3) 진심으로 공감을 받음

만약에 다른 뭐… 예를 들어 공무원이거나 그니까 주민센터거나 다른데, 학교다 이러면 이렇게까지는 안 나올 것 같아요. …(중략)… 그 진심이라기보다 행정적인 측면을 볼 거 아니에요. 그러니까 그렇게 쉽게 우리를 공감해 주지는 않죠. (복지관)선생님들은 그래도 우리를 많이 돌봐주고, 같이… 같이 호흡했다. 그렇게 표현해도 되죠? 저는 맞다고 생각하는데… 〈하늘〉

(4) 정서적 평안을 경험함

그러니까 그게 뭐 법적인 측면 이런 보호가 아니라, 정서적인 보호죠. 마음이 안정… 늘 그래도 복지관이라 하면 내가 가서 편히 이용하고 내가 원하는 대로, 내가 하고 싶은 거 할 수 있다… 늘. 여기가 벌써 20년이 넘었잖아요. 그러니까 늘 한, 그 자리에 있는 곳이니까 '여기서는 내가 절대 상처받을 일이 생기지 않을 거다.' 라는 믿음이 있죠. 〈하늘〉

그러니깐 기독교 재단에서 사회복지도 놔주고 최초의 우리나라의 최초의 복지관인데 기독교 영성에서 시작한 거잖아요. 감리교회에서… 그것 때문에도 그렇고 일단은 명칭이 '태화기독교사회복지관'이라는 명칭은 알게 모르게 여기 모든 사회복지사 선생님들부터 시작해서 모든 직원들조차도 우선적으로는 '아마 믿는 사람일꺼야. 믿는 사람위주로 뽑혀서 근무를 하실 거야.' 라고 생각을 했고, 믿는 사람이기 때문에 업무 처리 하나하나도 그래도 '기도하면서 시작할 거야.' 라고 생각했고, 하나님 안에서 움직일 거라고 생각했기 때문에 그게 태화복지관을 선택한 1순위고, 또 여기 와서 마음을 놓을 수 있었던 1순위이고, 그러면서 제가 또 확인이 되었던 게, 제가 오전에 무엇 때문에 왔을 때, 5층에서 예배를 드리고, 찬양 소리 때문에 그런데 그게 직원들 예배라는 소리에 너무 감사했어요. 예배로 출근하셔가지고 예배로 하루를 시작하고, 이렇게 업무를 보신다는 거에 제가 굉장히 친정 엄마 같은 느낌. 〈온유〉

4) 교회보다 안전하고 평안한 공동체임을 느낌

연구참여자들은 교회 내에서 삶으로부터 오는 고민이나 어려움들을 꺼내 놓았을 때 획일적인 반응을 통해 불편한 마음을 경험하였다. 그러나 공동체 내에서는 동일한 상황에서 위로를 받을 수 있고 자신의 마음에 와 닿는 대답을 들을 수 있기에 편안함을 느낀다고 말하였다. 특히 연구참여자의 사생활을 공개하는 부분에 있어 교회보다는 공동체를 더욱 신뢰하였다. 이는 교회 내 자신의 사생활을 공개하였을 때 기도제목을 나눈다는 명목으로 자신이 공개하고 싶지 않은 성도들에게 자신의 사생활이 공개되는 것에 대한 불편함, 자주 바뀌는 교역자 및 구역의 구조로 인해 안전하지 못할 것이라고 생각하였다. 하지만 공동체에서는 구성원들로부터 이미 신뢰를 경험하였기에 자신이 안전할 것이라고 생각하였고 마음을 더 주게 된다고 하였다.

(1) 자신을 솔직하게 드러내고 위로받기에 교회보다 편안함을 느낌

다양성… 아니, 아니에요 (웃음) 다양성을 좀 인정하지 않고 거의 교회가 교회 특성 상 좀 획일적이잖아요. 무조건 '기도하겠습니다.' 뭐 이렇게 되는데, 어… 그렇게 나왔다면 되려 거부반응이 생길 수도 있는데 복지관은 또… 복지관은 교회가 아니잖아요. 〈푸른〉

근데 교회에서 말하지 못하는 그런 것들을 여기에선 조금 더 편하더라구요. 왜냐하면 제가 교회에서 그런 만약에 제가 고민을 내놓으면 항상 답은 똑같아요. 하나님이 답을 주실 것이다. 뭐 그러니까 너무 생각이 편협적인 거죠. 그래서 제가 이분들하고 안 맞을 수도 있어요. 근데 여기 오면 그런 생활적인 것도 그렇고, 근데 그걸 다 수용하는 건 아니지만, 아 그러니까 제 나름대로 그냥 조금 그런 고민을 얘기했을 때도 조금 현명하게 좀 들을 수 있는 것도 있는 거 같아요. 〈진실〉

(2) 사생활을 공개하는 것에 대해 교회보다 안전함을 느낌

(교회는)서로의 사생활을 너무 알고, 그 사생활이 다른 사람으로 전파가 되는 거예요. 그래서 말하기가 싫어요. 사실은… 근데 이 모임은 어쨌든 거리가 좀 멀잖아요. 예를 들면, 교회는 연속적으로 계속 그 주위에 사람들을 계속 끼고 있어야 되는 상황인 거예요. 근데 이거는 그렇지 않아요. 그래서 그냥 이거는 약간의 별개? 별개이고. 내가 이렇게 얘기해도 나의… 사실 교회생활에 굉장히 교회에서 이런 생활을 하면 교회생활에 굉장히 나쁜 영향을 줘요, 나한테. 근데 그거는 아닌 것 같아요. 그래서 교회에서는 굉장히 말조심도 하고 될 수 있으면 안 드러내려고 해요. 이상하게 교회에서는 그게 연속이더라고요. 그래서 '그런 건 안했으면 좋겠다.' 라는 생각을 (웃음) 많이 하거든요? 〈새싹〉

일단… 그 바탕은 태화기독교사회복지관일 것 같아요. 다른 어떠한, 다른 모임에서는 그렇게 안 돼요, 사실. 복지관이니까 그게 가능한 것 같아요. 왜냐하면, 뭐 학교 모임이라든가 솔직히 교회 모임에서도 이렇게 마음 열지 않거든요. 교회도 솔직히, 교회라는 조직도 말만 조직이잖아요, 사실. 내가 이 말해서 소문날까봐 두렵기도 하고 그렇거든요. 근데 여기서는 그런 게 없잖아요. 아마 지금 문득 생각한 건데 그런 것 같아요. 그것일 것 같아요. …(중략)… 네네. 그니까 내가 이렇다고 해서 저 사람이 나를, 그니까 일단은 복지관 테두리 안에 있으니까 우리는 여기서 보호받는다고 생각하는 것 같아요. 그런 것 같아요. 그러니까 더 믿을 수도 있고, 선생님들도 마찬가지로… 〈하늘〉

교회에서 이 프로그램을 했다 하면은 100%, 지금 '도담' 처럼 100%의 마음은 안 갈 거예요. 왜냐하면 교회라는 특성이고 신앙공동체라는 것 때문에 거기서는 보여져야 된다는 그런 게 있잖아요. 그래서 권사님들이든 장로님들이든, 내가 장로이기 때문에 내가 권사이기 때문에 내가 목회자이기 때문에 하는 그런 페르소나를 갖고서는 시작하기 때문에 별로 '도담' 이라는 이 지역사회 공동체만큼 그렇게까지는 효과를 못 볼 거라고 저는 봐요. …(중략)… 저 또한 교회서는 제 가정사를 몰라요. 저희 교구장님이 여러 차례 바뀌고 하지만 제가 내색

안하니깐 모르거든요. 그러니깐 제가 어떤 상황인지 집에 쌀이 떨어져 가지고 밥을 굶는 상황이라도 교회서는 몰라요 제가 내색 안하면요. 그리고 안 알리고 싶고요. 그리고 결국은 그거를 통해서 중보기도를 부탁하고 예를 들어 권사님들 목회자님한테 오픈을 한다 하면 결국은 글쎄요. 저희 제 이제 제 신앙생활에 있어서 볼 때에는 제 교회 같은 경우에는 교회가 크다 보니깐 교역자가 한 사람이 평생 가는 게 아니잖아요. 그러니깐 저를 위해서 기도를 한다 하고, 우리 가정에서 기도를 한다 하더라도 이게 작은 교회처럼 그런 개념이 아니기 때문에 2~3년 있으면 3년 있으면 교역자가 또 바뀌어 버리고 바뀌어 버리고 할 때, 제가 초창기에 가정의 어려움, 가정에 문제가 있어서 이혼하기 전에 기도제목을 이렇게 몇 번 하면은 3년 정도 하면 교역자가 바뀌어버리고 2년마다 바뀌어 버리고 할 때마다 그 심방 오실 때 제 가정사를 다시 이렇게 꺼낸다는 게 사실 수치고, 싫어요. 싫은데 이렇게 (교역자가)바뀌다 보니깐 제가 어느 순간에 마음을 닫아 버리더라고요. '아, 이분들도 어느 순간에 가실 분인데.' 하고 '결국은 나와 하나님과의 문제지, 뭐 이 분한테 굳이 기도제목을 꺼낼 필요는 없겠다.' 라는 생각이 들고, 제가 지금 교회에서 일본어 예배 후에 설교팀에서 찬양 섬기고 있고, 봉사도 하고 있지만 거기서 상담실에서든 어디서든 제 가정환경 아무도 몰라요. 〈온유〉

3. 기독교 영성에 기반한 실무자와 기관의 가치

연구참여자들은 실무자를 신뢰할 수 있는 동역자, 신앙인으로 바라봤다. 또한 자신들이 주체가 되어 정기적으로 모이는 프로그램의 구조, 꾸준히 함께 하는 보조인력은 공동체 구성원 간 깊이 있는 관계를 형성하는데 중요한 요소로 작용한다는 것을 경험하였다. 특히 프로그램의 운영구조 및 내용 등에 있어 실무자가 권한을 갖고 프로그램을 이끌어 나가도록 복지관에서 믿어준 부분은 전체 프로그램이 실적 등에 치우치지 않고 근본적인 목적대로 나가는데 중요한 작용을 했다고 말하고 있다.

1) 신뢰할 수 있는 신앙인으로서 실무자를 바라봄

연구참여자들은 실무자와 관계에 있어서 담당자와 클라이언트의 관계가 아닌 동역자로 인식하고 있었다. 또한 실무자가 사명감과 책임감을 갖고 연구참여자들을 섬기려한다는 것을 느끼고 있었으며, 이로 인해 실무자를 신뢰하였고 신앙인으로 바라보고 있었다.

(1) 실무자가 사명감을 갖고 일한다는 것을 느낌

끝까지 이렇게 잡고 가려고 하는데 그것도 정말 쉽지 않은 거라는 생각이 들더라구요. 일일이 그렇게 상담을 하고, 그 생각이 없는 사람을 이렇게 설득하고 이런 것들이 정말 힘들 거란 생각이 들었는데, 끝까지 그렇게 끌고 가려고 하는 거가 조금 대단하게 생각이 됐어요. …(중략)… 다 끌고 가려고 하시잖아요. 본인이 'NO' 할 때까지. 그런 거보면 사명감을 가지고 하신 건지… 〈진실〉

내 가족 외에 이렇게 저희들을 위해서 시간을… 직업적이기는 하겠지만 그런 직업도 사명감이 있어야하고 소명감이 있어야 된다고 생각하기 때문에 뭐라 그럴까 긍정적인 마인드랄까? 그리고 때로는 제가 모난 부분이 있어서 바늘처럼 콕콕 찌를 때도 있었고, 마음에 안 들어서 제가 쉽게 이렇게 따라가는 생각하시는 대로 따라가 주지 않았을 부분도 있었을 텐데도 불구하고 모든 어머니들이 개성이 다 다른데도 불구하고 그걸 다 수용하시는걸 보면서 아 진짜 참 감사하게 생각했고, 좋은 성품을 가지신 분이라는 생각을 했고, 주희 선생님도 굉장히 열심히 해주시고, 항상 밝으시고 네. 그래서 모든 게 편안했어요. 선생님이나 주희 선생님이 굉장히 좀 안락한 쇼파? 그리고 불편한 점, 싫은 점 없어요. 모든 게 다 감사하고, 좋은 복지사라고 해서 다 좋은 성품은 아니거든요? 〈온유〉

(2) 실무자를 진정으로 신뢰하게 됨

불편하고, 그냥 이분은 내 담당 이런 생각만 있었는데요, 점점 지나면서 불현듯 2년이 넘어갔을 때였나, 어느 날 갑자기 '이분이 나를 위해서 기도를 많이 하는

구나.' 그냥 뭔가 모를 그냥 그런 느낌이 든 적이 있었어요. 2년 넘어 한 3년 차였나, 언제였나 잘 모르겠는데 그냥… 여기가 되게 불편하고 오기 싫은 곳이 맞았는데, 근데 여기를 오면 뭔가 모를 편안함이 있었거든요. 근데 그게 아, 어느 날 갑자기 '아, 선생님이 우리를 위해서 정말 기도를 많이 하시는구나. 선생님의 기도가 진짜 좀 능력이 있나보다.' 이런 생각을 한 적이 있었어요. 그러니까 그러면서 조금 달라졌던 것 같아요. 〈바다〉

사실 저희 어려운 사람들 붙들고 얘기하기가 쉽지는 않거든요. 무슨 말을 해줘야 될지 아니면 얼마만큼을 수용을 해야 될지, 또 항상 우리가 무슨 말하면 '아, 저 분들한테 어떻게 도움을 좀 줘야하는데.' 라는 고민을 늘상 하게 되잖아요. 그런 책임감을 (웃음) 갖고서 저희를 대하는 모습을 항상 봤던 것 같아요. 우리가 항상 이야기할 때 '그래. 그건 네 얘기고.' (웃음) 이렇게 됐으면 아무리 복지에 관련된 일을 하시더라도 그 부분을 동감하고 이렇게 하지 않으면 예를 들면 아무리 말을 예쁘게 아름답게 잘한다 할지라도 그 마음이 전달이 되거든요. 근데 이제 우리의 어떤 부분들을 노출을 하면서 얘기를 하게 됐을 때 잘 소통을 하시려고 노력을 많이 하셨다는 거. 또 책임감을 많이 갖고 계셨다는 걸 그런 걸 쭉 느낄 수 있었죠. 감사합니다(웃음). 〈새싹〉

그냥… 똑같이 생각했어요, 저도. 가족처럼. 우리 '도담'의 일원이라고 생각했지, 그냥 딱히 뭐 '우리랑 별개, 우리를 이끌어주는 지도자라던가' 뭐 이렇게 별개로 생각은 안 했어요. 저는 선생님보다 같은 일원이라고 생각을 했어가지고, 늘 안 보면 보고 싶고 궁금하고 (웃음) 그… 그리고 또 저를 늘 이렇게 세워주셨잖아요. 저한테도 의미… 역할… 부여해 주시고, 힘을 실어주시고 그니까… 그 부분이 좀 필요했던 것 같기는 해요. …(중략)… 선생님들 또한 그 가족의 일원이라고 생각했지, 또… 저희… 뭐… 그 실무자라고 생각하고 좀 어렵게 생각했으면 이렇게 3년을 한 결 같이 못 왔을 것 같아요. 어려워하고 부담스러워 했으면… 〈하늘〉

3) 실무자가 성장하였다는 것을 느낌

'복지사님도 많이 단단해졌구나.' 를 느꼈어요. 처음에는 엄마들한테 이끌리고 좀 어리버리 했는데, '가면 갈수록 아, 이러면 안 되겠구나.' 를 많이 깨달으신 것 같아요. 점점 커 가시는 모습을 제가 보게 됐던 것 같고… 안타까운 건 술자리를 못했다는 거.(웃음) 〈초원〉

(4) 참여구성원에 대한 실무자의 섬김을 경험함

저희 같은 경우에는 간혹 가다 집이 한 번씩 뒤집어 지는데 큰 애 문제 이런 것 때문에 그러다보면 제가 그로기 상태도 있고 그러는데 선생님이 전화, 심방 때문에 또 주일날 서둘러 생각도 하는 것처럼 선생님이 이렇게 전화를 넣어주시잖아요. 전화 넣어주시고 이렇게 안부 전화도 하시고, 카톡방에 이렇게 하는데 그게 토요일마다 나올 수 있는 끈이었던 거 같아요. 안 그러면은 이 핑계, 저 핑계로 사실은 토요일 날 안 나올 수도 있어서 진짜 한 달에 한 번 나올 수도 있고, 빠지는 날이 더 많았을 수 있는데 선생님이 전화 쭉 돌리시고 그런 부분이 그게 굉장히 2년 반 동안 나올 수 있었던 하나의 또 계기가 되지 않았나. 전화 심방 너무 좋아요.(웃음) 〈온유〉

(5) 실무자를 참 신앙인으로 보게 됨

일단은 복지사님하고 굉장히 다른 복지사님들에 비해서 이거는 또 다른 이야기일 수 있는데, 굉장히 순진하시고, 열정적이고, 어… '신앙 안에서 이 복지사의 일을 감당하려고 하는 것 같다.' 라는 그런… 그리고 어쨌든 복지사님한테도 이것도 뭐 이 '도담도담' 프로그램에 대한 아이디어나 이런 것도 또 '임장현 복지사님이기 때문에 하나님이 하나씩 이 '도담' 프로그램을 이끌어가게 하시지 않았나.' 라는 생각이 저는 개인적으로 들거든요. 다른 복지사님이 아니라 만약에 '다른 분들이었다면 이렇게까지 그런 결과물이 나올 수 있었을까?' 라는 저 개인적으로… 〈푸른〉

2) 기독교사회복지 프로그램 운영구조의 중요성을 깨달음

연구참여자들은 주 1회 정기적으로 모이는 프로그램 구조가 구성원 간 깊이 있는 관계를 형성하는데 중요하다는 것을 경험하였다. 또한 변경되지 않고 꾸준히 함께 할 수 있는 자원봉사자와 모임 내 리더를 맡아줄 구성원 역시 집중도 있게 프로그램에 참여하는데 중요하다는 것을 경험하였다. 연구참여자들이 프로그램에 주체가 되어 참여했던 구조는 신선하였고 관계의 장이 넓어지는 경험을 하였다. 연구참여자 〈새싹〉은 모든 것이 실무자에 대한 복지관의 믿음이 있었기 때문이라고 말한다. 프로그램에 대한 실적보다도 기독교영성에 기반한 프로그램 근본 목적에 맞게 진행할 수 있도록 복지관은 실무자를 신뢰하고 있다는 것을 느꼈다고 말한다.

(1) 정기적으로 모이는 프로그램의 중요성을 경험함

일단 나는 정기적인 모임. 정기적으로 매주라도 잘 참석 못할 때는 2주라도 한 번 모여서 서로 일단은 모이고, 교육을 어떤 교육적인 거에 그러니까 그냥 만나면 수다에 끝나는 건데 어떤 주제나 이런 걸 통해서 교육을 받으면서 공통된 주제를 나누는 것. 나누면서 또 서로 알지 못했던 걸 이야기하고 듣고 그런 부분 정기적인 모임이 일단 되게 중요했던 것 같고요. 부담스럽고 힘들었지만, 정기적인 모임으로 같이 먹고, 같이 여행하고, 그 다음에 어려움이 있을 때 같이 위문도 가주고 병문안 이런 거 같이 좀 해주고 그러면서 그런 울타리가 된 거죠. 도담도담 같은 경우는. 만약에 그런 게 정기적으로 지속된 만남이 없다 하면 유지하기는 되게 힘든 것 같아요. 〈새싹〉

그니까 믿음과 신뢰가 쌓여가니까 서로 공감… 막 계속 공감해 달라고 같이 울기도 하고 우리 그랬잖아요. 그니까 그게… 계속 파고 들어가면 그건 거 같아. 이런 복지관 안에서의 모임, 프로그램이 아니었다면 좀… 그건 힘들 것 같아요. 〈하늘〉

프로그램도 일단은 장이 마련된 거잖아요~ 복지관에서. 그게 큰 거죠. 복지관에서 그 장을 마련해 주지 않았다면, 다양한 사람들을 만날 수가 없었죠. 〈푸른〉

(2) 꾸준한 보조인력의 중요성을 경험함

자원봉사자 선생님, 회기를 진행할 때마다 변하지 않는 자원봉사 선생님들이 이제 계속 쭉 해 왔던 거고 1년차, 2년차, 3년차. 그런 관계 속에서도 이제 봉사자 선생님들도 아이들의 특성이나 성향들을 파악했을 거예요. 그리고 아이들도 이제 또 선생님들만의 고유한 그런 것들을 알고 따라가는 게 좀 더 수월하고 편했던 거 같아서 그런 건 있었어요. 〈꽃잎〉

그 과정에 하늘 어머님의… 리더분이 있었기 때문에 이렇게 왔던 것 같아요. 뭔가 모임에서는 리더 한 명이 이끌어줄 사람이 필요하다는 걸 절실히 느꼈어요. 누군가가 진행자가 있어야 되는 거고, 그래서 여행도 다 하늘 어머님이 결정해 주시고 해서 일사천리 됐던 것 같고, 거기서 많은 걸 또 배우게 되고. 〈은혜〉

(3) 자신들이 프로그램의 주체가 되는 경험을 함

만약에 복지사님이, 그니까 엄마들이 너무 이렇게 획일적으로 틀을 만들어서 하지 않았다는 게 굉장히 불만일 수도 있는데 지금 복지사님이 그렇게 하지 않았기 때문에 그 관계의 장이 더 넓어질 수 있었거든요. 근데 그 부분을 이제 보시는 분이 계신지 안 계신지 모르겠지만, 그니까 그게 굉장히 큰 거거든요.…(중략)… 하나님이… 우리는 기독교 영성, 방금 말씀하셨던 것처럼 기독교 영성 아래서 하는 거고, 하나님을 믿는 믿음 그거를 전제로 하는 건데 그걸 복지사님이 그런 스타일이 아닌 다른 스타일로 했다면 이게 그냥 '팍' 틀에 갇혀서 이 아래서만 할 수 있기 때문에 이런… 그럴 수도 있어요. 〈푸른〉

너무 딱 지시형이 아니잖아요. 이렇게 하는 거에 대해서는 되게 신선하지 않았나. 어떤 모임에 가면 '뭐 하세요.' 이렇게 하는 거에 대해서 따라주는 입장인데 여기에서는 스스로가 '어떻습니까?' 하고 많은 의견을 구하고 또 거기에서 시행착오도 있고 그런 부분에서는 되게 마음이 어렵지 않고, 와서 편하게 말할 수 있는 그러지 않았을까. 무거운 마음으로 오지는 않았던 것 같아요. 가벼운 마음으로 충분히 얘기해주면 거기에 대해서 의견도 생각해주고, 수용도 해주고, 거

기에 대한 그런 부분? 〈은혜〉

(4) 실무자를 향한 복지관의 믿음

일단은 태화복지관 자체 내에서 일단 권한을 많이 주지 않으셨을까. 모임을 계획하고 진행하는데 있어서 그거를 너무 강압하거나 어떤 결론을 유도하거나 그랬으면 아무래도 저희도 좀 푸쉬를 당하고 그랬을 텐데 일단은 좀 책임자한테 잘 꾸려나갈 수 있도록 자율권을 잘 주지 않았을까 그런 느낌은 제가 가졌어요. 〈새싹〉

5. 개인과 가족의 변화와 성장

연구참여자들은 프로그램 참여를 지속하는 가운데 개인과 가족의 점차적인 변화와 성장을 하게 되었다. 자신에 대해서는 삶의 힘이 되는 경험, 자신감과 성취감을 얻게 되고, 삶의 시각이 변화하게 되는 것 뿐만 아니라 각자의 미래를 준비하게 되는 등 삶에 대한 내적성찰을 하게 되었다. 가족에 대해서는 남편의 변화를 보게 되었고, 부모로서 성장, 이를 통한 부모 자녀간 관계 증진 등을 통해 전체 가족관계의 증진을 경험하였다.

1) 개인이 삶에 대한 내적성찰을 함

연구참여자들은 특정 세부프로그램보다는 다양한 세부프로그램 참여를 통해 성공경험을 하기도 하고, 자신감을 갖게 되는 계기를 경험하기도 하며 버텨낼 수 있는 힘을 얻기도 하였다. 때로는 다양한 상황에서 힘들어하는 자신의 삶을 위해 교육을 받았고, 깊이 고민하기도 하는데 이는 진실된 자신을 직면하게 되는 시간이었다.

이 같은 경험은 자신과 타인의 삶을 여유 있게 바라보게 하였고, 감사하는 삶으로 변화하게 되는 계기가 되었을 뿐만 아니라 자신의 미래를 준비하는 시간이 되었다.

(1) 삶의 힘이 되는 경험을 함

아, 선생님하고 그 영적상담 했던 것도. …(중략)… 그러면서 선생님하고 했던 그거 가지고 애들한테도 '예수님이 영접했다, 뭐 어쨌다.' 이런 이야기를 우리 애들한테도 좀 하고 그랬었거든요. 그러고 또 이제 꼭 그때 그거 플러스 또 사생활 이야기도 많이 했잖아요. 제 이야기, 또 선생님 이야기도 하셨고… 그 힘들었던 거. 일주일 지나면서 힘들었던 얘기 이런 것도 많이 나눴잖아요. 그러면서 저 또한 역시… 그니까 어떠한 상담 프로그램보다 더 많은 도움이 됐던 것 같아요. 내가 하고 싶은 이야기 그냥 막 할 수 있었고, 또 그거에다가 복음에 관한 이야기도 이렇게 해주셔가지고 되게 좋았던 것 같아요. 〈하늘〉

(2) 자신을 성찰함

'아 내가 너무 나를 이렇게 오픈하지 않고, 내가 약간 나를 방어하고 있구나. 약간 나를 조금 그러고 있구나.' 라는 생각들이 들면서 '이거를 일단 거둬내자.' 그런 생각들을 조금 했어요. 〈바다〉

(3) 삶의 자세가 변함

저도 사회복지와 그런 사역과 그리고 이제는 좀 큰 틀에서의 그런 뭐랄까 하나님 앞에서의 큰 틀에서의 삶의 대한 문제라든지 사역에 대한 것들이 정리가 되었어요. 그래서 두 분과의 그런 것들이 뭐라고 딱 이야기할 수는 없지만 도움이 많이 되었던 것 같아요. 〈태양〉

그랬는데 딸한테 "엄마는 어렸을 때 그렇게 자라서, 그런 환경에서 자라지 못했기 때문에 그런 말이 어려워." 옛날에는 대화 자체가 이렇게 못했죠? "이런 말이 어려워. 그런데 네가 엄마한테 엄마 싸가지 없다는 말은 너무 나쁜 말이니까 하지 말고, '엄마, 말을 부드럽게 해주었으면 좋겠어.' 그 말을 해주면 엄마가 고쳐볼게." 라고 어제 저녁에 얘기를 했거든요. 이렇게 대화가 바뀌었어요. 예전에는 그런 이야기를 들어본 적이 없기 때문에 저 혼자 갇혀서 저 혼자 상상의 나래를 펼쳐서 애들을 막 몰았었는데, 이제 주변에서 비교가 되잖아요. 〈성실〉

(4) 자신감을 갖게 됨

너무 뭐지? 너무 제 자신을 움츠리고 있었던 것 같아요. 10년 동안 자꾸 작아지는 내 자신? 그 속에서 계속 움츠리고 있다가… 음… 학교? 학교는 아니지만… 뭐랄까 이런 공동체 생활을 해 본적이 없어요. …(중략)… 그냥 자신감이 생겼던 것 같아요. 회의에서 제 자신이 그래가지고 제 의견도 내놓게 되고. 〈초원〉

(5) 성취감을 경험하게 됨

하여튼 그때 그게 형상화가 되어서... 뭔가 저는 하다말고 하다말고 그게 좀 많아요. 이것 들다가 말고, 끝까지 가보는게 없었거든요. 왜냐면 체력도 딸리고, 자존감도 낮기 때문에 뭔가를 "저것 할 수 있을까?" 금방 포기하고 하는데, 옆에서 (텃밭활동을)다 하니까... 같이 오고, 나만 안할 수는 없고.. 그래서 힘든데도 갔는데, 그게 참 뭐랄까. "아 나도 이렇게 할 수 있구나." 〈성실〉

어떻게 보면 잘 버텼다 그런 생각이 많이 들더라고요. 오! 너무 잘 버텼어 중간에 이탈 안하고(웃음). …(중략)… 이탈하지 않고 그냥 송년모임까지 잘 왔다는 것에 대해서는 스스로 '대단해~' 막 이렇게.(웃음) 〈새싹〉

(6) 삶의 시각이 변함

아, 제가 항상 투덜이이거든요. 불만이 되게 많아요. 그리고 남 탓하기 바빠요. 아직도 그 습관은 못 고치고 있고 그런데, 제 입에서 투덜거리고 불평만 하던 제가 감사하다는 말을 할 수 있다는 그게 제일 컸던 것 같아요. …(중략)… 크게 한 가지 프로그램 때문에 된 것은 아니고요. 감사가 있었고, 감사교육이 있었고 그리고 내면에 나를 바라보는 과정이 있었고 그리고 그것을 다른 나눔을 해서, 그것을 내가 실천하는 과정이 있었기 때문에 다 어우러져서 된 거지 어느 한 과정 때문에 이게 일어났다고 생각하지는 않아요. 〈성실〉

그런 것도 인정하고, 그 사람들의 성격도 나와 같을 순 없을 거라는 것을 인정했고, 연령도 그 사람과 저는 이미 살아왔지만 그만큼 또 살아오지 않은 상황 상황이었기 그 나름의 가정환경을 그냥 그 자체를 인정해주고 싶었어요. 〈온유〉

내 입장에서 이 사람의 문제를 봤을 때, 내 관점 내 가치관 내 삶의 그런 저기로 봤을 때는 이런데 이 사람은 또 이렇게, 내 것만 옳은 게 아니잖아요. '아 그래 나는 이렇게 바라보는데, 이 사람의 인생의 그거를… 관점… 이 사람은 또 이렇게 바라보는구나' 하면서 다양한 관점으로 바라볼 수 있는 그런… 계기가 됐던 것 같아요. '아 내 것만 옳은 게 아니고.' 음… 그런 부분에 있어서 또 폭이 넓어지고, 깊어지고. 〈푸른〉

그러니깐 항상 상대적인 거고 항상 나는 내 입장이 변할 수 있고 또 '내가 항상 여기에 틀에 고정되지 않는다.' 라는 거를 느낀다는 거죠. 나도 그렇고 복지사님도 그렇고 누구나 다 그런 거 같아요. 그래서 그런 과정 가운데서 언제나 적응할 수 있는 뭐랄까 여유랄까요. 그런 것들을 좀 가져야 되는구나. 내가 하나님 앞에서의 나는 한마디로 표현하지만, 하나님 앞에서의 나의 모습은 너무 다양하잖아요. 너무 다양해요. 그런데 그 과정 가운데 한 틀에만 딱 얽매여서 너무 고집하다보면 관계를 해칠 수가 있어요. 그럴 때에 얽매이지 않고 그 삶 가운데서 하나님이 나에게 원하시는 역할이나 나의 모습이 뭔가를 그때 순간순간마다 생각하고 '그 부분에 적응해 나가는게 나의 인생이구나.' 라고 그런 생각을 하는 거죠. 〈태양〉

(7) 프로그램을 통해 자녀가 성장함을 느낌

놀이를 통해서 이제 저희가 따로 밖에서 만났을 때, 놀이하는 모습을 보면은 그때랑은 조금 많이 다른. 아이들이 이제 한 살을 먹어감으로 인해서 본인이 나이가 들어서 학년이 올라가면서 변화되는 모습도 있지만, 그 안에서 뭐 사건 사고를 통해서 조금 변화되는 모습도 있는 것 같아요. 조금 큰 것 같아요. 애들이 또 질서를 지켜야 되고, 뭐 기준이 있으면 규칙을 지켜야 되고, 서로서로 그런 것들은 많이 좋아진 걸 다른 곳은 접해보지 않고 토요일마다 도담도담을 통해서만 그게 형성을 하다 보니까 그런 것들은 도담도담을 통해서 아이들이 발전된 모습이라고 볼 수 있어요. 〈꽃잎〉

(8) 참여구성원의 성장을 확인함

태양님 아들이 성장하는게 제 눈에는 보였거든요. 그런데 굉장히 많이 좋아진 거 같기도 하고, 또 신체적으로도 성장했지만 아이가 많이 좀 다른 어머니들이 생각하는 그런 것보다도 상태도 많이 제가 볼 때에는 많이 좋아진 것 같고, 아버님하고 기쁨이하고도 좋아진 것 같고 그러다보니깐 그런 게 보이고. 〈온유〉

그런 것들을 또 잘 극복해 나가셔서 이제 서로가 서로에게 복지사님은 복지사님 대로 저는, 우리는 우리대로, 참여자들은 참여자들대로 이렇게 이만큼 씩 큰 것 같아요. 저는 저대로 이 만큼 크고, …(중략)… (온유 엄마도) 복지관에서 교회가 아닌 복지관에서 또 이렇게.... 어... 다양한 사람들을 만나서 본인 스스로도 절제하는 것도 좀 배우신 것 같고. 그분도 내적으로 굉장히 하나님이 성숙시키셨고. 또 저기 누구야 새싹 엄마도 그렇고, 다. 또 은혜 엄마는 은혜 엄마 나름대로. 이제 많이 배우고 기독교 문화에 대해서... 겉에서만 봤던 기독교 문화를 복지관 안에서 이 사람, 저 사람 보면서 음... 배우신 것 같고. 〈푸른〉

(9) 참여구성원들이 미래를 준비하게 됨

이번에 예술 융합 하면서 교육, 미술, 그 다음에 무용, 연극 이런 걸 통찰적으로 음악하고 같이 하는 거였는데 도움이 많이 됐어요. 그래서 도담도담도 했고 그래서 이런 것들을 많이 나의 어떤 자료로 갖고 있으면서 나중에 어떤 걸 하게 될 때 모든 게 다 도움이 될 것 같아요. 도담도담에서 활동했던 것들, 단체 활동했던 것들 이런 것도 같이 넣어볼 수 있는 자원이 아닐까. 〈새싹〉

그랬죠. 어쨌든 (보육)실습 나가는 것도 하늘 어머니가 했고. 거기 초원 엄마가 했었던 곳도 제가 했던 곳이잖아요. 영향이 있었죠. 충분히 제가 (보육실습)그런 걸 하게끔 발판을 만들어주고, 도움을 받았다고 하는 거잖아요. 〈은혜〉

2) 가족 관계의 증진을 경험함

프로그램 참여는 자녀가 성숙하게 변화되는 시간이자 남편이 가정적으로 변화되는 시간이었다. 또한 자녀와 대화를 회복하고 자녀가 자신을 존경하게 되는 일을 통해 자녀와 관계가 회복되는 경험을 하게 된다. 부모 스스로도 자녀를 바라보는 관점의 변화로 인해 자녀와 관계회복의 실마리를 찾을 수 있었고, 가족 구성원 전체가 함께하는 가운데 각자의 역할을 찾을 수 있는 시간이었다. 특히 가족과 안아주고 사랑한다고 말 할 수 있게 되는 변화는 연구참여자들에게 지난 3년의 시간을 더욱 의미 있게 해준다.

(1) 남편의 변화를 통해 관계회복의 과정을 경험함

여기는 그런 게 아니다 보니까 남편도 조금 다른 분야의 사람을 만나보니까 어떻게 행동, 대처해야하는지 가족들한테 어떻게 한다는 방향이 좀 다른 시각으로 보지 않았나. 그러면서 가족이 잘 어떻게 해야 하는 건지도 좀 배우지 않았을까. 뭐 나타나지 않았지만, 이 가족도 있고, 저 가족도 있는데 남편들이 어떻게 해왔는지 그런 것들. 남편이 좀 바뀌지지 않았나? 그러면서 살면서 시간이 지나서 지금에 있어서 내가 나아졌다고 하는 거 보면 남편도 뭔가 바뀌었기 때문에 그러지 않았나. 어쨌든 나쁘게 변한 건 아니고 좋게 변했으니까 충분히 도담도담 3년이 그냥 그게 아니고 의미 있는 시간이지 않았을까요? …(중략)… 근데 지금은 술을 그렇게까지 인사불성으로, 집에 못 들어올 정도로 마시지도 않고. 가정적으로 참여를 많이 해요. 집안일을 도와준다던가, 애들이 이제 대화가 되고 하다보니까 애들하고 좀 활동하는 시간이 많아지면서 바뀐 건 사실이거든요. 주말에도 항상.. 평일에는 회사생활 했으니까 피곤해서 집에 들어오면 주말에는 쉬었었는데 지금은 주말도 애들과 같이 하려는 노력? 애들이 커서 그럴 수도 있고. 같이 하려고도 하고 그 당시에는 주말에는 잤었거든요. 왜냐하면 자기 몸이 아프고 하면 자기를 먼저 생각하지 애들을 먼저 생각하는 스타일은 아니었는데 지금은 먼저 자려고 생각 안하고 애들이 자면 그때 자고. 행동이 좀 변화가 된 것 같아요. 〈은혜〉

(2) 부모와 자녀 간 관계가 증진됨

숙제도 '그래! 니가 해. 하고 난 뒤에 검사. 내가 채점해줄게.' 외에는 그러다보면 이 채점이라는 거는 실갱이를 벌여야 되는 시간이다 보니까 자녀들이랑 이렇게 자유롭게 앉아서 팥이니 콩이니 이런 쓸데없는 얘기를 가지고서도 얘기를 같이 앉아서 얘기할 수 있는 시간이 거의 없었어요, 사실은 대화시간이. 근데 그런 거를 통해서 서로의 조금 낯설고, 자식인데도 굉장히 그런 분위기가 낯설고… (웃음) 어디 놀러가고 먹으러가고 이런 거는 서로 기분이 좋기 때문에 자연스럽게 그냥 먹는 거고. 늘상 애들은 핸드폰을 보면서 먹고, 핸드폰을 보면서 뭘 하고 그러다 이런 시간이 없잖아요. 그런게 아무것도 없는 정말 실체만을 가지고서 모여서 얘기할 수 있었다는 게 되게 좋은 거 같아요. 〈새싹〉

거기에 썼는데, 엄마의 모습을 썼더라구요. '엄마가 태화의 어떤 프로그램, '도담도담' 프로그램 하는데 거기서 엄마가 여러 사람한테 존경받고 사랑받고 있는 모습을 보고 정말 뿌듯했다, 자랑스러웠다.' 그러면서 그거 보니까 '아 내가 늘 집에서는 잔소리쟁이 엄마이지만, 그래도 아이한테 존경심을 줬구나. 아… 아이가 엄마를 자랑스러워하게 되었구나.' 이 생각 하니까 저희 가족 내에서도… 〈하늘〉

(3) 가족에게 사랑을 실천함

그런 것도 좀 실천해 보려고 많이 해요. 그래서 많이 안아주고요, 저 원래 애정표현 잘 못하는데 되게 많이 안아주고 사랑한다고도 많이 해주고 그런 게 조금 바뀐 거 같아요. 애들한테 맨 날 지적하고 이랬던 것들을 조금 줄였어요. 그리고 그런 것들을 조금 저는 나름대로 또 했다고 생각을 하고… 〈바다〉

그 다음에 아들이나 딸 하고 여기서 이제 그 부모교육을 하고 난 뒤 과제를 내주실 때마다 그래도 그것 때문에라도 과제를 수행하기 위해서라도(웃음) 허그를 한다던가 더 이제 그런 거를 이렇게 한 템포 한 템포 전진할 수 있었던 거 그러고 아들하고도 조금씩 대화를 할 수 있는 계기가 되었던 게 좋았던 거 같아요. 그리고 '도담'을 다니면서 '도담'이 있기에 아이들한테 짜증을 덜 낼 수 있었던 거 같고요.(웃음) 〈온유〉

(4) 부모로서 성장함

아이들 을 바라볼 때 뭐 이렇게 항상 나쁜 점이지만 '좋은 쪽으로 보려고 할 수 있다.' 라는 그런 다른 시각을 가졌다 라는게 저는 조금 좀 충격이었이요. 움지이지 않고 게으른 아이한테 '너는 꾸준히 이렇게 할 수 있는 일을 잘 할 수 있겠구나.' 이렇게 볼 수 있다는 게… 그래서 제가 그때부터 조금 생각이 좀 달라졌던 거 같아요. 〈진실〉

(5) 가족이 함께함

저한테는 가족과 함께 하는 일은 다 좋거든요. 근데 그렇게 생각하는데 하도 남편이 밖에서 재미를 찾다보니까. 그게 제일 중요하게 생각했던 거잖아요? 근데 가족들이 텃밭을 같이 하면서 남편과도 같이 한 거잖아요. 그것 자체가 의미가 있고, 그것만으로 좋았는데 누군가가 제가 좋아하는 사람하고 가족하고 같이 텃밭에 관련되면서 거기서 의미 있는 시간, 같이 함께 밥을 먹고, 고기도 구워먹고 했잖아요? 그게 저한테는 더 말로 표현 못… 이것도 좋은데 거기에 저한테 더 좋은 일이 생긴 거기 때문에. 좋아하는 사람들하고 그건 말로 표현할 수 없을 정도로 좋죠. …(중략)… 그렇게 가족이 할 수 있는 그런 많은 것 중에 그게 텃밭이었던 거잖아요. 저한테는 그게 제일 중요했던 것 같아요. 텃밭이. 어떻게 보면 가족여행도 중요하긴 한데 뭔가 내가 스스로, 남편이 뭔가 자기가 할 일을, 역할이 주어지고 같이 스며들게 했던 것 중에 텃밭이 제일 좋았던 것 같아요. 〈은혜〉

5. 영적인 힘을 바탕으로 하는 진정한 지역공동체

연구참여자들은 프로그램 내 다양한 과정을 통해 영적인 영향력을 경험하게 되었고 이는 결국 서로에 대한 섬김과 희생을 할 수 있도록 하여 서로가 서로에게 진정한 이웃이 되도록 하였다.

1) 영적인 영향력을 경험함

연구참여자들은 프로그램 참여가운데 많은 어려움이 있었으나 하나님의 인도하심과 개인의 영적인 회복을 경험하였다. 또한 지속적인 기도모임을 통해 공동체 내 갈등상황을 해결해 나가는 경험을 하였고, 신앙에 대해서 자연스럽게 이야기 나눌 수 있는 영적인 분위기를 경험하였다. 이와 같은 경험 뒤에는 하나님이 주신 사명을 갖고 참여한 이들의 섬김도 있었다.

(1) 영적인 회복을 경험함

네. 굳이 이렇게 항상 예배나 기도나 뭐 이런 이런 걸 통해서 이제 분위기를 하는 것도 좋긴 하지만, 그냥 이런 교제를 통해서 간증을 하고 서로서로 좀 도와주고 이런 것들이 그렇게 해서 좀 좋았던 거 같아요. …(중략)… 제 영혼에 너무 되게 그늘이 많았어요. 그늘이 많아서 하나님을 제 그늘 속에서 봤어요. 그래서 항상 서운함만 가득 찼었는데 그렇게 자꾸 이렇게 간증을, 내가 받은 간증을 얘기를 하고 막 자꾸 풀어내다 보니까 제가 나름 지금은 이뤄놓은게 없는데 하나님과의 관계에 있어서 내가 많은 복을 받았구나. 그런 생각이 드니까 또 그런 면에서 좀 회복이 되더라고요. …(중략)… 그래도 이제 평상시보다는 좀 더 영적인 생활이 조금 조금씩 이렇게 관심을 갖게 되는 거 같아요. 또 이제 토요일에 또 와서 기도제목을 내놓고 이러면 또 그렇게 하고 나면 또 일주일이 또 그 기도 생각이 나서 또 하나님 앞에 좀 더 기도하게 되고, 그러니까 지금 삶을 보니까 그때가 더 하나님이랑 가까웠던 거 같아요. 〈진실〉

영적으로는 나의 교만함을 많이 보게 된 거죠. '나만 이렇게 사는구나, 나만 이렇게 했구나.' 이런 교만함에서 조금 벗어나서 '아, 내가 나의 힘으로 내 의지로 한 게 아니라 그 마저도 하나님이 도와주셔서 했던 거였구나.' 그런 생각들을 하면서 조금 더 겸손하게, 그분의 힘을 더 의지하게 되고 더 이제 낮아짐으로 섬겨주어야겠단 생각도 좀 많이 들긴 해요. 〈바다〉

푸른 어머니도 그렇고 저기 새싹 언니. 저희 동네 살면서 같이 부딪치기도 하고,

얼굴도 보고, 또 그 언니 삶을 통해서 하나님께 이렇게 하면서, 그런 모습들을 보면서 아 하나님은 살아계시는구나. 하나님은 내 안에 계시는구나. 그리고 기도에 응답을 하시는구나. 이런 것들을 실질적으로 옆에서 지켜본 거예요. 〈꽃잎〉 그니까 저도, 저는 늘 시작하면서부터 '초 신자다.' 계속 신앙이 그렇게 깊지 않은 상태에서 이거를 해 가지고 또 되게 닮고 싶은 분들도 많았고, 정말 나도 이제 '하나님 앞에 가고 싶다, 더 가까워지고 싶다, 믿고 싶다.' 이런 생각들을 굉장히 많이 갖게 하는 시간, 그런, 그니까 이 프로그램을 하면서 그런 경험 많이, 그런 생각을 많이 갖게 했어요 …(중략)… 우리 '도담' 식구들, 전부. 전부 그런 믿음 생활을 하고 있으니까... 그게, 만약 그 모습들이 좋지 않았으면 제가 그런 마음도 안 갖죠. 다 좋아 보이고, 저 그니까... 저한테 선한 영향력을 준 거죠. 신앙 쪽에서, 믿음 쪽에서. 〈하늘〉

그거를 회복을 못해가지고 내 안에서 굉장히 갈등하고 아등바등하고 그러니깐 드러 누운채로 소가 엎어지면은 바둥바둥하는데 몸이 안 세워지잖아요. 내 영적인 신앙 상태가 그런 상태였다라고 치면은 진실 엄마나 아니면 꽃잎 어머니 두 분을 통해서 두 분은 항상 말씀할 때 하나님과 가까이 있다는 거를 제가 많이 느꼈기 때문에 '아 저 사람들 이렇게 저렇게 하나님 앞에 있는데 나도 회복이 되야지.' 라는 도전도 받게 되고, 그 사람들 말 한마디 한마디가 믿음의 사람이 주변에 있으면 저도 그런 영향력을 받듯이 그 두 분 그 분들이 저한테 뭘 어떻게 해주고 무슨 말을 해주고 이게 아니라 그 사람들이 자기들 살아가면서 '삶 속에서 하나님이 그 안에 있다.' 라는게 저도 회복이 되는데 많은 도움이 되었던 것 같아요. 〈온유〉

(2) 하나님의 인도하심을 경험함

밖에서도 굉장히 서로 전화통화 하면서 굉장히 좀 복잡했는데, 그래도 서로를 챙겨주는 그 마음. 그리고 리더자가 또 나가려고 했을 때, 서로 붙들어주는 그 마음. 그게 어… 어떻게 보면 '신앙 안에서 나온 그런 마음이었다.' 그런 생각이 들어요, 전. 만약에 일반이었으면 그냥 이렇게 하나님을 모르는 사람들… 그런 프로그램 같이 참여하는 사람이었다면, 그렇게까지 끈끈하게 잡아 당겨주고 밀어주고 이렇게 해서 어쨌든 막 흐트러졌지만 또 다시 모아서 같이 '그래 한 번 같이 가자.' 이런 시간들이었는데, 그런 어려움을 극복할 수 있었던 것도 하나의 어… '하나님을 믿는 그런 어떤 신앙이 있었기 때문에 그랬…지, 그렇게 극복할 수 있지 않나.' 라는 생각이 들고…. 〈푸른〉

은혜 엄마나 이런 사람들이 저랑 또 남편의 문제나 이런 비슷한 부분이 있으니까 마지막 3년차에 저녁에 둘이 같이 그거 끝나고 잠깐 이야기를 할 기회가 있었거든요. 그러면서 제가 그때 편지를 읽었을 때 '아니 어떻게 남편이 이렇게 미웠던 남편이 좋아 보일 수가 있냐.' 이런 부분에 대해서 이야기를 할 때, 그러니까 '아 나한테 이게 너무 상처였고, 나한테 너무 힘든 부분이었는데 이게 누군가에게는 도움이 되는 이야기가 될 수 있구나.' 그러면서 같이 이야기하고 그러면서 되게 감사하더라구요. 그리고 지금도 그 엄마가 가끔 생각이 나고, 기도도 하게 되고 그러면서 '아, 하나님이 조금씩 나에게 지경을 넓혀 주셨구나.' 이런 생각들도 좀 들고 그런 것들은 저한테 좀 좋았던 것 같아요. 〈바다〉

잔잔하게… 그냥 확 다가오진 않지만 잔잔하게 하나님이라는 것을 그냥 느끼게 해주는 것 같아요. 잔잔하게. 잔잔하게 바다에 돌맹이 하나를 던졌을 때 점점 퍼지는 그런 것 있잖아요. 잔잔하게… …(중략)… 교육도 그렇고 마무리로 기도를 했던 그런 것도 있고, '사람은 사람의 힘으로 할 수가 없구나.' 하는 것을 느끼게 돼서 …(중략)… 음, 다 하나님의 뜻이고… …(중략)… 3년 동안 엄마들이 '싫다, 어쨌다.' 할퀴고 뜯고 하지만 그게 아줌마들의 재미이거든요. 어쨌거나 그 안에서 이제 수다방을 열게 해주신 도담도담 태화기독교사회복지관이 너무너무 고맙고 감사하고, 다 이게 하나님의 뜻이겠죠. 모이게 된 것도… 결론은 하나님의 뜻인 것 같아요. 이게 괜히 그냥 스치고 지나갈 사람인데 어떻게 여기 오게 됐고, 3년 이라는 것을 어떻게 이끌어갔고, 미래는 어떻게 될 건지도 다 하나님의 뜻이지 우리 힘으로는 될 수 없다고 생각을… 〈초원〉

그래요 글쎄 그냥 한마디로 은혜인 것 같아요. 제가 '도담'에 처음에 엘리베이터 광고지를 보고 문의를 했던 그런 것도 그렇고, 3년 동안 중간에 처음에(눈물 흘림) 어제나 오늘이나 오늘도 동일하신 하나님. 다시 한 번 생각하게 되었고, 처음에 제가 그 전단지를 보고 문을 두드린 거부터 시작해서 지금 이 자리까지도 다 하나님이 이미 계획하셨던 부분이고, 그것 또한 제가 우연히 본 게 아니고 하나님이 예비하시고 인도하셨던 부분이라는 생각이 들고요, 그냥 한마디로 표현을 하면, 그냥 은혜 그 자체인 것 같아요. 그러니깐 '도담'을 통해서 하나님 앞에 신앙적으로 더 감사가 아니라 이미 '도담'을 가게끔 하나님이 인도하셨던 것 같고, 그만큼 하나님은 제가 지쳐있거나 제가 자빠져 있는 상황에서도 저를 포기하지 않으시고 제 옆에서 우리 가족을 위해서 항상 함께해 주셨고, 제가 하루 속히 빨리 회복되기를 제일 먼저 바라셨던 분이고, 우리 가정이 회복되기를 가장 안타깝게 바라보고 계셨던 것 같아요.(눈물 흘림) …(중략)… 지금부터 살아갈 수 있는 아까 말씀 드렸잖아요. 영양제 주사 맞은 거 같다고. 그러니깐 앞으로 살아가는 에너지와 그리고 긍정적으로 살아갈 수 있는 힘? 그런 것 같아요. 최종적으로 그냥 한마디로 하면 은혜고 감사예요. 이 모든 게 제가 선택한 게 아니라 하나님의 계획 하에 다 하나하나가 시간들이 다 하나님 인도하심이었다는 거. 그게 제일 중요한 것이지요. 〈온유〉

(3) 영적인 분위기를 경험함

근데 나중에 끝날 때 시점에는 자연스럽게 받아주는 그리고 자기도 본인도 '교회에 한번 나가봐야 되겠다.' 그런 얘기를 좀 들은 것 같아요. 그래서 그게 색깔이 처음부터 어떤 색깔을 가지고 탁 나서지는 못했지만 같이 공통적으로 무슨 3년 동안 쭉 유지해오면서 자연스럽게 이렇게 얘기 하게 되는 거 신앙적인 문제. 우리도 신앙인이니까 나도 어려웠다 하면 그래도 하나님의 은혜로 이렇게 이렇게 돼서 아들이 이렇게 잘된 것도 어떻게 보면 하나님의 축복 속에서, 섭리 속에서 그냥 이런 얘기를 자연스럽게 하다보면 안 믿는 사람이지만 뭔가가 있구나, 사람들이 다 '너도 한번 예수 믿어봐. 교회 한번 나가봐.' 라는 얘기를 자연스럽게 할 수 있죠. 친근감이 이렇게 들어와 있는 상태이기 때문에 그런 얘기를

'재 또 나한테 저 얘기 해.' 이런 상태는 아니거든요? '한번 가봐, 가보고서 너는 정말 하나님을 의지해야 돼. 이런 상황이면.' 이렇게 그냥 자연스럽게 이야기할 수 있었던 기회도 되게 많았던 것 같아요. …(중략)… 그러다보니까 서로 신앙의 조언을 좀 할 수도 있고, 들을 수도 있고. 하다못해 '나 교회를 옮기고 싶어.' 라고 얘기했을 때 '어떤 어떤 목사님이 좋아. 설교를 잘하시는데.' 아니면 그렇게 서로 신앙적인 문제에 대해서 조언을 할 수도 있는 그런 상황이잖아요. 〈새싹〉

(4) 기도의 힘을 경험함

1년차 이제 우리 기도회를 시작한 게 1년차 때 시작했나요? 제가 볼 땐 그게 큰 역할을 하지 않았나 생각을 해요. 근데 이제 복지관이 가지고 있는 아까도 잠깐 얘기하면서 직접 얘기가 나오진 않았지만 가지고 있는 한계가 있잖아요. 근데 그 한계를 나름대로 커버할 수 있었던 게 기도회 모임이 아니었나 생각이 들어요. 그래서 뒤에서 기도를 하니깐 그게 물 흐르듯이 자연스럽게 이런 것들이 과정들이 흘러서 이렇게 맞아 떨어졌던 것 같아요. 왜냐하면 그때 그때 위기가 상당히 있었거든요. 그래서 몇몇 가정들이 이제 흔들어 놓기도 하고, 빠지기도 하고, 또 충돌도 있었고 그랬는데 그런 것들 이렇게 감싸줬던 게 아마 기도회 모임이 아니었나 생각이 들어요. 그래서 그 위기를 통해서 이제 조금씩 조금씩 좀 다졌었단 생각이 들었어요. 〈태양〉

(5) 하나님이 주신 사명을 갖고 참여함

이러면서 이걸로 '도와주자.' 라는 마음이 강했던 것 같아요. 태양 아빠랑 저랑… 이제 개인적으로도 가정을 세우는 사역을 하나님이 기뻐하신다고 생각하니까 이제 복지사님이 또 이렇게 어… 프로그램 진행하시는 거를 또 중요하죠. 그것도 굉장히 중요했고, 저는 또 저 나름대로 우리는 또 우리 나름대로 하나님이 이제 일대일로 만나서 삶을 나눠야 될 부분이 있기 때문에 그런 것들 이야기하면서 이제 보람을 느꼈어요. 굉장히 저희는… 〈푸른〉

저희 경우에는 그런 거죠. 이게 저희 사역이라고 생각하니깐. 그러니깐 이걸 다른 말로하면 저는 제 인생의 가치관이 그거잖아요. 하나님이 가라하시면 가고 멈추라시면 멈추라는 건데 제가 지금 과정을 거치면서 계속 느꼈던 게 하나님이 여기서 해라 하라하는 게 하나님께서 제게 원하시는 하나님의 뜻이라고 저는 확신하기 때문에 그것이 제게는 매력이죠. 말하자면. 그러니깐 그것을 위해서 희생을 한 거죠. 만약에 희생을 했다면 저 같은 경우는 그랬죠. 〈태양〉

2) 섬김과 희생을 통해 진정한 이웃을 얻음

연구참여자들은 프로그램 참여를 통해 다른 곳에서는 얻을 수 없는 진정한 이웃을 얻는 경험을 하였다. 이와 같은 경험을 할 수 있었던 이유에 대해서는 참여구성원들 간에 희생과 헌신으로 인함이라고 고백하고 있다.

(1) 도담도담 공동체가 성숙하게 됨

처음에는 표현도 잘 못했는데 가면 갈수록 제 자신도 표현을 많이 했고, 그리고 회의 같은 경우도 물론 충돌이 있기도 했지만 그 안에서 나름대로 우리끼리 해결을 찾아갔던 모습들이 참 좋았던 것 같아요. 〈초원〉

(캠프로 인해) 가족들이 하나 될 수 있는 좋은 계기가 되었고, 다 그때 참석했던 참여했던 멤버들이 지금까지 남지는 않았지만 그래도 그때를 계기로 해서 마음들이 많이 열려졌던 것 같아서 한 번 제일 그런 것 같고, 이제 이면에는 기도회가 그걸 뒷받침했던 것 같고, 그 두 가지가 1년차에 가장 중요하지 않았나. 〈태양〉

그니까 막 1차년도 때 그렇게 막 진짜 말도 많고, 막 회의를 하면 몇 주를 거쳐야 하잖아요. 결론을 내려면. 그랬는데 그게... 이제 계속 그게... 시행착오였던 거지. 2차 년도에 조금 더 성숙해지고, 3차 년도에 진짜 많이 성숙해지고... 그래서 남의 이야기를 들을 줄도 알고, 자기의 의견을 자기 스스로가 조율해서 낼 줄도 알아진 것 같아요. …(중략)… 그것도 역시 해를 거듭하면서, 이제 해를 거듭하면서 많이 성숙해 갔죠. 이제 3년차 때 진짜 아이들이... 저는 좀 그거는 처음에 애들이 산만하고 못 할 거라고 저는 회의 때 반대했었거든요. 반대했는데, 애들이 아주 그래도 잘 의젓하게 해 내는 모습을 보니까 되게 뿌듯하더라고요. 해 보지도 않고 반대하지 말고 일단은 시도해보고, 연습시간도 짧았는데도 그렇게 가서 애들이 하는 거 보니까 너무 예뻤죠. 너무 좋았고. 감동의 순간이었어요, 그게 정말 〈하늘〉

그 다음에 의견차이가 이리저리 분분하게 났을 때, 그거를 정말 나를 조금 내려놓고, 아니면 내 생각에 콱 박혀있던 그런 걸 내려놓고 남의 생각을 좀 받아들임으로써 훨씬 더 사람들과의 관계가 조금 더 진전되는 거. 그렇다고 갈등이 없을 수는 없지만..…(중략)…갈등 속에서 또 새로운 것을.. 새로운 화합을 찾게 되는 것 같아요. 그래서 그런 부분은 되게 좋았어요. 그러니까 갈등이 갈등처럼 느껴지지 않았고, 그냥 '다 살아온 삶의 방법이 달랐기 때문에 충분히 지금 이 시점에 와있을 수도 있겠다.' 라는 생각을 했고, 그 다음에 갈등을 해결할 때는 내가 그 삶을 잘 모르기는 하지만, 그래도 거기에 조금 유사하게 내가 거기에 접근을 한다면이라는 생각으로 그렇게 사람들을 받아들이면 훨씬 사람들이 마음의 문을 잘 열어줬던 것 같아요. 〈새싹〉

(2) 참여구성원들의 희생을 통해 도담도담 공동체가 온전해 질 수 있었음

한마디로 희생이죠. 그 희생이라는 게 어느 한 사람의 희생이 아니라 그 과정 과정마다 각 가정의 구성원들 간의 그 순간순간 희생했던 분들이 있잖아요. 그 순간순간 희생했던 분들의 희생이 모여서 과정을 만들어 낸 거고, 그 과정이 결국은 공동체를 만들었던 거죠. …(중략)… 현대사회에 있어서 복지관 사역을 보면서 제가 느끼는 게 희생을 그 다른데 보면 일방적으로 희생을 요구해요. 그러다보니깐 좀 도덕 윤리적으로 좀 뭐랄까 다운이 되어가지고 무조건 일방적인 희생을 기대하고 요구를 하는데 그게 이제 '도담도담' 안에서는 어느 누구만의 희생이 아니라 서로가 서로에 대해서 조금씩 조금씩 때로는 크게 할 수도 있겠죠. 그런 희생들이 이렇게 서로가 서로를 하다보니깐 다른 프로그램들과는 달

리 내가 그것을 희생하는 사람이 되기도 하고, 그 희생으로 인해서 내가 혜택을 받는 수혜자가 되기도 하고, 그런 것들이 신뢰를 쌓아가게 된 거죠. 그러니깐 어떻게 보면 다른 프로그램들하고의 가장 큰 차이점이 그런 거죠. 일방적인 희생을 하는 수혜자의 입장이 아니라 때로는 내가 수혜자가 되고, 때로는 내가 제공자가 되고, 그럴 수 있는 그런 장을 마련해주지 않았나 그런 생각을 하는 거죠. …(중략)… 그게 '도담도담'이 만들어준 거죠. 그리고 이거는 조금 다른 프로그램과 조금 다르다 할까요? 좀 다를 수 있는 부분을 굳이 이야기한다면, 멤버들이 좋은 멤버들이였던 것도 큰 몫을 했어요 사실은. 그건 아마 부인 못할 거예요. 멤버들이 아마 기본적으로 희생하는 마음이 있는 멤버들이 좀 기본적으로 시작할 때 그렇지 않은 분들도 있었겠지만, 같이 하다보니깐 영향을 받는 거예요. 〈태양〉

애들 데리고 아침에 이렇게 나오는 게. 어, 근데 그럼에도 불구하고 아빠가 성실하게 참여를 잘 해줘서 저는… 그게 제일 제가 '도담'에서 엄마들과 관계도 그렇고, 프로그램도 잘 참여할 수 있었던 것 같아요. 아빠 힘인 것 같아요 솔직히. 아빠가 말없이, 자기가 그 시간에 자기만의 시간을 가질 수도 있었는데도 불구하고 헌신적으로 이렇게 음… 평일 날에도 애들 이렇게 도와주지만 이렇게 '도담' 모임에 참여할 수 있도록, 아빠가 안 움직였으면 못 왔죠. 솔직히. …(중략)… 아빠가 잘 해주셔서 저는 그게 너무 감사하고, 또 제가 또 아빠의 헌신으로 인해서 많이 성장했다고 해야 되나요? 성숙했다고 해야 되나요? 뭐 하여튼간 이제 그런 것 같아요. 〈푸른〉

그냥… 뒤에서 정말 이렇게 말없이 섬겨주시고, 들어주시고. 네. 되게 많이 보듬어주시고 음… 같이 이렇게 기도도 해 주려고 많이 애쓰시고 영적으로도 이렇게 좋은 말도 해 주시고, 또 집을 오픈해서 사람들 불러다가 해 주시고, 그니까 진짜 가족처럼, 자기 아이들처럼 다른 아이들도 품어주시고… 정말 그게 저는 대단하신 것 같아요. 그 섬김이… 〈바다〉

(텃밭에 꾸준히 나올 수 있었던 것은)그냥 상황이 그냥 나 아니면 할 사람이 없겠구나. 그게 강했죠. 〈진실〉

(3) 진정한 이웃을 얻게 됨

저는 첫째도 딸, 둘째도 딸. 딸을 많이 배려해 줬기 때문에 좋은 이웃이 되지 않았을까 싶어요. …(중략)… 그냥 딸 행동 하나하나도 자연스럽게 잘 받아주고, '너 왜 그래. 그러면 안 돼.' 그러지 않고 '이러면 다른 친구가 아프잖아. 그러면 안 돼' 설명을 해주면서 딸을 대해줬다는 것. 다른 사람들은 '너는 이런 애니까 나빠.' 제 동생은 뻔히 언니가 뭐 때문에 힘들어 하는지 알면서도, ADHD 애들이나 그런 것에 대해서 굉장히 배척을 하더라고요. …(중략)… 가족도 이해를 못해주는데 이렇게… 하물며 이해해주는 것 자체가 너무 고맙고 감사했던 것 같아요. 편안한 마음으로 같이 놀러도 가고, 편안한 마음으로 이야기도 나눴던 것 같아요. 〈초원〉

그러니까 이웃들의 항상 관심이죠. …(중략)… 서로에게. 서로에게 관심을 주고. 사실 '어떻게 지내?' 라는 말이 너무나 상투적인 말이기는 하지만, '어떻게 지내? 언니 요즘 뭐하고 있어? 애들은 어때? 요즘은 힘들어, 안 힘들어.' 라는 얘기를 이렇게 할 수 있는.. 물론 인사치레라고 할 수도 있는데 우리 가족들한테는 그게 이제 인사치레는 아니고 정말 관심 있어서 물어보는 거예요. 교회에서 일할 때는 '어머 집사님, 어떻게 지내세요?' 이렇게 말할 때는 '그냥 잘 지내요.' 이렇게 인사로 한다하면, 우리 가족끼리는 '어떻게 지냈어?' 하면 나 이래이래.. …(중략)… 솔직히 쭉 얘기를 할 수 있죠. '언니, 힘들었겠다. 나는 뭐 요즘에 어떻게 지내는데.' 이렇게 서로가 어떻게 지내는 지에 대해 진심으로 물어보기도 하고 정말 대답도 진심으로 하고 인사로 끝나지 않고 그랬던 것 같아요. 〈새싹〉
전 그렇게 생각해요. 가족의 신뢰라는 말의 의미는 뭐냐하면 가족과 가족이 아닌 사람과의 차이는 딱 하나예요. 야단을 치되 포기를 안해요 이게 가족이거든요. 그러니깐 이 사람이 나한테서 안 좋은 소리를 하고 좀 갈등이 일어나도 절대로 포기는 않을 것이라는 것에 대한 믿음이 있는 게 그게 신뢰거든요. 그러니깐 예를 들어 아무리 충만이를 야단치고, 하영이를 야단치더라도 충만이는 제 아들이고, 하영이는 제 딸 이예요. 이건 절대로 변하지 않아요. 그게 가족이거든요. 그것에 대한 믿음이 있었던 것 같아요. 그러니깐 아무리 내가 때로는 어리광도 부려보고, 때로는 막 갈등도 생기고 부딪쳐도 보고 실제로 싸움들이 일어났죠. 실제로 싸움이 일어났지만 그럼에도 불구하고 절대로 포기하지 않을 것이라는 거에 대한 믿음이 있었던 거죠. 그러니깐 가족이라는 표현을 썼던거 같아요. …(중략)… 때로는 '휴.' 하는 감정을 가짐에도 불구하고, 내일이 되면 또 다시 전화하고 연락하고 같이 기도하고 '해보자.' 그게 가족 아니겠어요. 〈태양〉

우리가족한테 너를 위해서 충고를 하지만 그것을 충고로 받아들이는 게 아니라 나를 공격한다고 받아들이는 그런 상황인데… 여기는 단지 너를 정말 이해해주는 사람들이 '정말 너를 공격하려는 게 아니야. 너를 공격하려는 게 아니라 너한테 이점만 고치면 너는 더 좋아질 수 있어.' 라고… 공격이 아니라 더 좋아질 수 있어라고 얘기해주는 그런 게 좀 있었던 것 같아요. 그게 좀 달랐던 것 같아요. 왜냐하면 가족은 얘기를 하게 되면, 충고를 하게 되면 '너 나한테 배려 안 한다.' 생각부터 시작해서 싸움이 될 수 있거든요. 조언을 조언으로 받아들이지 않아요. 그런 게 조금 더… 그것 때문에 더 친밀감 있게 느껴지는 것 같아요. 〈성실〉

그게, 이제 '그냥 평범한 일상적이 아니라 이제 기독교 영성을 바탕으로 했기 때문에, 더 진솔하게 열려지지 않았을까? 마음이?' 뭐 그런 생각 좀 들었어요, 하면서. 늘 생각했던 게 '우리는 정말, 이 프로그램 정말 특별하다. 어디에도 이런 건 없을 거다.' 아, 이렇게. 그런 생각했어요. 〈하늘〉

그니까 왜 오픈하는 마음이 생겼냐면, 그 사람에 대한 신뢰감이 있으니까 그런 거 아닐까요. 내가 이런 거를 오픈했을 때 이 사람이 나를 뭐 이렇게 어… 받아줄 것이라는 신뢰…감 없이는 오픈 할 수 없는 거고, 어… 그리고 그게 있는 것 같아요. 다 진행하시는 복지사님이나 우리는 이제 그… 기독교라는 그… 뭐라고 그 울타리가 있잖아요. 그냥 같은 하나님 믿는 사람들이니까 어… 이렇게 하는 그런 마음이 기본 베이스가 있으니까 '쉽게 오픈할 수 있지 않을까?' 라는 생각도 들고. 〈푸른〉

도담도담하면서 마음이 또 달라진 거는 일단은 의지할 사람이 있잖아요. 내가 의지할 사람이 없다고 하면 되게 힘들었을 텐데 그래도 어느 누군가는 내가 이 사람 중에 나 개인적으로 힘들다고 하면 동네사람들하고는 처음부터 끝까지 얘기해야 되는데 어쨌든 기본 밑바탕에 깔려 있으니까 언제든 누구든 이 많은 사람들 중에 한명이라도 전화해서 나 오늘 힘드니까 잠깐 나와라하면 한명쯤은 나오지 않을까?(웃음) …(중략)… 그것만으로도 요즘은 충분히 해결되는 것 같아요. 말만 들어줘도 그 다음날 되면 아무렇지도 않게 되거든요. 그러니까 누군가가 있다는 거? 〈은혜〉

V. 결론 및 함의

본 연구에서는 저소득 가정의 기독교 영성에 기반한 프로그램 참여 경험과 그 의미를 고찰하고자 "저소득 가정의 기독교 영성에 기반한 프로그램 참여경험은 어떠한가?"를 연구문제로 설정하였다. 2년 6개월 혹은 3년의 기간 동안 꾸준히 본 프로그램에 참여했던 부모 11명을 대상으로 심층면접을 진행하였으며 참여경험에 대한 심층면접 내용을 문서화한 원자료를 바탕으로 지속적 비교(constant comparative)방법을 활용하여 분석하였다. 그 결과 '기독교 영성에 기반한 집단 프로그램 참여의 다양한 어려움, 관계를 바탕으로 한 공동체의 힘, 기독교영성에 기반한 실무자와 기관의 가치, 개인·가족 공동체의 변화와 성장, 영적인 힘을 바탕으로 하는 진정한 지역공동체'까지 총 5개 범주에서 13개 하위범주와 50개 개념이 도출되었다.

본 연구의 결과를 토대로 정리하면 다음과 같다.

첫째, 연구참여자들은 기독교 영성에 기반한 집단 프로그램에 참여하는 동안 다양한 어려움을 경험하였다. 우선 참여 구성원 간 갈등과 어려움을 경험하였는데, 특정 구성원들이 힘을 갖고 공동체를 움직였던 경험과 일부 구성원의 이중적인 모습을 통해 불편한 감정을 느꼈었다. 또한 다양한 환경 속에서 자라온 각 구성원들이 함께 모여 공동체를 이뤄나가는 과정 속에서 자녀 양육방식이 다르고, 예의범절의 수준이 다르다보니 다양한 형태로 갈등 상황이 발생했다. 이 같은 상황 속에서 모든 프로그램의 기획, 진행, 평가가 참여구성원들과 함께 논의되는 의사소통 구조는 참여구성원들에게 낯설음과 부담으로 다가왔다. 기독교 영성이라는 프로그램의 초점이 명확하지 않은 것, 기독교적 색채를 더 강조해주지 못하는 것에 대한 아쉬움 역시 일부 참여구성원들에게는 어려운 경험으로 다가왔다.

기독교 영성에 기반한 프로그램을 진행함에 있어 모든 구성원들이 균형적인 힘을 갖고 참여할 수 있도록 운영하는 부분은 매우 중요할 것이다. 갈 3:28[8]에도 나와 있듯이 모든 인간은 평등하기에 특정구성원에게 힘이 집중되는 것은 고려되어야 할 사항이다. 또한 지속되는 구성원 간 갈등 역시 화합과 연합이라는 기독교 정신에 비춰볼 때 늘 염두에 두어야 할 사항이다.

분명한 것은 기독교사회복지 프로그램을 운영함에 있어 다양하게 일어나는 갈등상황을 참여구성원 간 관계가 형성되는 과정으로 보고 자연스럽게 받아들여야 한다는 것이다. 그리고 이를 염두에 두고 프로그램 전반에 걸쳐 관계형성에 힘을 쏟아야 한다는 것이다. 본 프로그램에서는 서로의

---

8 갈 3:28 너희는 유대인이나 헬라인이나 종이나 자유인이나 남자나 여자나 다 그리스도 예수 안에서 하나이니라.

삶을 이해할 수 있고 이를 통해 각자의 마음을 열 수 있는 집단상담, 캠프 등을 실시하였다. 참여구성원들 간 관계의 매개가 되었던 각 프로그램들은 참여구성원 간 동질감을 느끼게 해주었고 서로에 대한 각별함을 느끼도록 해주었다. 이와 같은 과정 속에서 참여구성원 중심의 의사소통 구조가 맞물려질 때 비로소 구성원들이 초반에 느끼는 어려움을 줄이고 자연스러워질 수 있었다. 결국 서로에 대한 관계형성을 염두에 두고 운영해 갈 때 지속되는 갈등들이 점차 공동체의 힘으로 변화될 수 있었다.

단, 연구참여자들이 언급한 기독교 영성에 기반한 프로그램이 어떤 것을 지향하는지에 대한 명확성, 기독교적 색채를 조금 더 강조하지 못하는 부분은 앞으로 고민해봐야 할 것이다. 담당 실무자이자 연구자인 본인 역시 이에 대해 생각한 바를 신앙고백 수준으로 연구참여자에게 설명하였다. 과연 기독교사회복지실천이란 무엇이고, 이에 대한 실천은 어떤 형태로 구분될 수 있는지에 대해서는 더 많은 고민과 연구를 통해 정리하고 정의할 필요가 있다고 생각된다. 이제 관념적인 의미를 넘어 실제적인 실천의 단계로 들어가기 위해서는 지속적인 후속 연구가 필요할 것이다.

둘째, 구성원 간 선한 영향력을 주고받는 경험을 하였다. 연구참여자들은 앞서 언급한 프로그램 초기에 다양한 어려움을 경험하고 있었으나 다양한 프로그램을 매개로 지속적으로 만나는 가운데 각자의 상황을 진심으로 이해하게 되었고, 서로를 붙잡아주는 과정 속에서 강하게 연결되는 경험을 하였다. 이는 서로를 섬기는 과정으로 이어졌으며, 힘든 상황 속에서도 서로를 포기하지 않고 지켜주는 신뢰로 이어졌다. 이 같은 결과는 기독교 영성에 기반한 프로그램이 인간 간에 관계를 고민하며 접근해야 한다는 것을 의미한다. 창 2:18[9]에 인간은 혼자 살도록 창조되지 않았으며, 가정과 집단

9 창 2:18 여호와 하나님이 이르시되 사람이 혼자 사는 것이 좋지 아니하니 내가 그를 위하

을 이루고 공동체생활을 하도록 지음 받았다. 인간 간에 관계를 중심으로 살아가도록 창조하셨다는 의미다. 분석결과에서도 볼 수 있듯이 관계를 중심에 둔 프로그램을 통해 연구참여자들이 경험한 것은 섬김과 신뢰였고, 어떤 상황에서도 자신을 포기하지 않고 지켜주는 이웃을 얻게 하였다. 이를 통해 기독교 영성에 기반한 프로그램은 창 2:18의 말씀을 중심에 두고 섬김과 신뢰를 경험할 수 있는 구성원 간 관계에 초점을 두고 접근해야 한다는 것을 알 수 있다.

셋째, 연구참여자들은 공동체 내에서 평안함과 위로를 얻었다. 이는 서로에 대한 동질감 속에 진심으로 공감해주고 비밀을 보장해주는 공동체 구성원들에 기인한다. 다시 말해 자신과 경제적인 부분이나 가족구성이 비슷한 상황에 있는 구성원, 연구참여자의 근접생활권(학교, 교회 등)에 속해 있지 않은 공동체의 존재는 연구참여자가 프로그램 속에서 자신의 비밀을 내어놓을 수 있도록 하였다. 동질집단이기에 서로에 대한 이해와 공감을 주고받는 경험을 하였고 그 가운데 서로에게 편안함과 위로를 받으며 힘을 얻었다.

주목할 만 한 점은 대부분이 교회에 출석하고 있는 연구참여자들은 교회에 비해 본 프로그램 공동체에서 더 안전함과 평안함을 느낀다는 것이다. 연구자는 본 프로그램 기획 단계에서 교회에서 하는 기독교사회복지 프로그램과 복지관에서 하는 기독교사회복지 프로그램이 실행 주체 외에 어떤 차이가 있을지 고민하였다. 어떤 측면에서는 교회가 더 잘 할 것이라는 생각도 하였다. 그러나 본 연구를 진행하는 가운데 복지관과 교회에서 하는 기독교사회복지 프로그램에는 분명 차이가 있음을 알게 되었다. 연구참여자들은 근접생활권 내에서 만나는 구성원에게는 솔직한 이야기를 하기 힘

여 돕는 배필을 지으리라 하시니라.

들어하였다. 특히 삶으로부터 오는 고민이나 어려움들을 교회 내에서 꺼내 놓았을 때 '기도합시다.' 등의 획일적인 반응으로 인해 불편한 마음을 경험하였고, 교회 내 자신의 사생활을 공개하였을 때 기도제목을 나눈다는 명목으로 자신이 공개하고 싶지 않은 성도들에게 자신의 사생활이 공개되는 것에 대한 불편함을 경험하였으며, 자주 바뀌는 교역자 및 구역의 구조로 인해 안전하지 못할 것이라고 생각하고 있었다. 반면 복지관은 이들에게 근접생활권이 아니고 동질집단 간 공동체 형성이 가능한 곳이 되기에 더욱 위로를 받을 수 있고 안전함을 느껴 자신의 마음을 열 수 있었다고 말한다. 이와 같은 내용은 교회와 복지관이 기독교사회복지 프로그램을 진행함에 있어 어떤 운영구조를 갖고 운영해 나가야 할지 생각하게 한다. 교회의 경우 사회복지프로그램을 진행함에 있어 기존의 틀을 벗어나 다양한 시도를 해야 할 것이다. 일부 교회에서는 의미 있는 시도들을 하고 있으나 근접생활권이라는 부분과 지속적으로 변경되는 교역자 운영구조는 한계로 지적될 수 있다. 교회 운영구조의 변화 혹은 지역 내 복지기관들과 연합하는 방법 등을 통해 지적된 한계를 넘어설 수 있어야 할 것이다.[10]

넷째, 연구참여자들은 프로그램 참여 가운데 기관과 실무자의 중요성을 경험하였다. 프로그램을 운영하다 보면 기관입장에서 실적이 중요할 때가 있다. 하지만 당장 가시적인 성과가 나타나지 않는 기독교사회복지실천을 위해서는 실무자에 대한 기관의 신뢰가 필요하다. 실제 기독교 영성에 기반한 프로그램의 근본 목적에 맞게 진행할 수 있도록 복지관은 실무자를 신뢰하였고 3년의 과정 속에 의미 있는 과정과 성과를 확인하였다. 복지관에서 기독교사회복지를 통한 실적을 어떤 것으로 볼 것인지에 대한 부분은

---

10 본 연구의 분석자료가 일부 구성원에 심층면접에 국한되어 있기에 일반화하기에 어려움이 있을 수 있다. 이 역시 후속연구로서 깊이 있는 고찰이 필요한 부분일 것이다.

매우 중요한 것으로 보여진다. 기독교사회복지 관련 척도개발이 활발하지 않은 상황에서 일반적인 숫자보다는 개인의 행동 변화와 공동체 내 관계 가운데 발생되는 사건들을 성과로 보며 의미를 찾아야 할 것이다. 기존의 관점보다는 기독교사회복지관의 정체성에 맞는 관점전환이 필요할 것이다.

실무자의 중요성을 경험한 것과 관련, 연구참여자들은 실무자가 사명감과 책임감을 갖고 자신들을 섬기려한다는 것을 느끼게 되었다. 이는 실무자와 관계에 있어서 동역자로 인식하게 되는 계기가 되었고 실무자를 신뢰하게 되었으며, 신앙인으로 바라보게 되었다. 이처럼 기독교 영성에 기반한 프로그램에 있어 실무자의 중심은 중요하다. 늘 실무자의 중심이 예수 그리스도의 사랑과 하나님의 소원(마 28:16-20, 행 1:8)에 있을 때 다양한 형태로 이루어지는 참여구성원들과의 만남 속에 이에 대한 부분이 자연스럽게 전달될 수 있기 때문이다. 또한 이 같은 중심이 실무자에 있을 때만이 진정한 섬김의 실천이 가능하고 이를 통해 구성원과 신뢰관계가 형성될 수 있다.

다섯째, 연구참여자들은 기독교 영성에 기반한 프로그램 참여를 통해 개인·가족의 변화와 성장을 경험하였다. 기존에는 자신과 가족을 온전히 돌아볼 수 없었으나 프로그램을 매개로 이에 대해 변화하고 성장하는 경험을 하였다. 프로그램 내 다양한 경험을 통해 솔직한 자신의 내면을 직면하며 부모로서 변화하였고, 성공경험을 통해 자기 삶에 자신감을 갖게 되었다. 변화하지 않을 것 같던 가족구성원들과의 관계가 증진되며 사랑을 표현하였고, 미래를 준비하는 경험을 하였다. 특히 개인과 가족은 변화와 성장을 위해 지속적으로 고민하고 노력하는 과정을 겪었는데, 이는 근본적으로 이상적인 모습을 회복하고 싶은 개인과 가족의 마음을 프로그램 내에서 다뤄줬기 때문에 가능했던 것으로 해석된다. 이는 이현아(2002)의 연구와 맥락을 같이하는데 기독교 영성에 기반한 프로그램은 이상적인 모습을 회복하고 싶은 마음, 즉 인간다운 삶을 회복하고자 하는 마음을 다양한 매개와 자극을 통해 다뤄줘야 한다는 것이다. 이 같은 결과는 저소득 가정이 빈곤상황 속에 다양한 문제로 어려움에 처해있을 수 있으나 하나님의 형상을 가진 인간이기에 이상적인 모습을 회복하고 싶은 마음, 즉 인간다운 삶을 회복하고자 하는 마음이 있으며 이러한 마음을 프로그램 내 다양한 매개와 자극을 통해 도와줄 때 충분히 변화와 성장이 가능하다는 것을 의미한다.

여섯째, 연구참여자들은 인간의 힘을 넘어서는 영적인 힘을 경험하였다. 개인이 영적인 회복을 하였고, 공동체 가운데 하나님의 인도하심을 경험하였다. 때론 기도모임을 통해 갈등상황을 넘어서기도 하고 영적 분위기를 형성하는 가운데 다른 공동체에서는 경험할 수 없는 영적 대화들을 나눌 수 있었다. 이 같은 공동체의 경험은 성숙한 공동체로서 서로를 위한 희생으로 연결되었고 진정한 이웃을 얻게 되는 결과까지 이어졌다. 일반적인 공동체에서는 개인이 희생을 하려하지도 않고 누군가 희생하는 모습도 보기 힘들다. 그러나 본 프로그램 공동체 내에서는 영적인 힘을 바탕으로 희생적 관계들이 형성되었기에 '또 다른 가족'이라고 불려질만한 이웃관계가 형성되었다. 이 같은 결과에서도 볼 수 있듯이 기독교 영성에 기반한 프로그램으로서 영적인 분위기를 형성하는 것, 하나님의 인도하심을 경험토록 돕는 것은 매우 중요하다. 영적인 힘이 배경된 공동체는 일반적인 공동체에서 할 수 없는 희생이 가능하고 갈등을 넘어서며, 구성원 간 관계에 있어 일반적 수준의 관계를 넘어선다.

이를 종합해볼 때, 저소득 가정의 기독교 영성에 기반한 프로그램 참여경험에 따른 그 의미는 다음과 같다.

연구참여자들은 프로그램 내 다양한 어려움, 즉 구성원 간 갈등이나 구성원들 간 차이로 인한 어려움과 같은 일반적 집단에서 나타나는 문제를 경험하였고 참여자 중심의 기독교 영성 프로그램이라는 특성에 기인한 문제들을 경험하였다. 그러나 연구참여자들이 관계를 바탕으로 하는 공동체의 힘과 기독교 영성에 기반한 실무자와 기관의 가치를 경험함으로써 개인과 가족이 변화와 성장을 할 수 있었고, 이를 통해 앞서 언급한 문제들을 넘어 영성을 바탕으로 하는 진정한 지역공동체를 이루는 경험을 할 수 있었다.

참고문헌

강기정·박수선. (2013). 저소득 여성 한부모가족 사례관리 실천 경험 연구. 한국가족자원경영학회지, 17(1), 39-61.

강춘근. (2004). 기독교 사회복지학을 어떻게 할 것인가? 신앙과학문, 9, 41-85.

고경환. (2006). 한국 종교계의 사회복지시설 지원금 실태 분석. 보건복지포럼, 115, 65-73.

김성호. (2015). 기독교 사회복지의 정체성과 나아갈 방향 연구: 미래 지역사회 공동체 개념을 중심으로. 기독교사회윤리, 31, 121-149.

김영란. (2005). 한국의 신빈곤 현상과 탈빈곤 정책에 관한 연구. 근로빈곤층의 실태를 중심으로. 한국사회복지학, 57(2), 41-69.

김영자. (2002). 저소득모자가정과 함께 하는 사회사업실천모형의 탐색: 생태체계관점 및 강점관점을 중심으로. 이화사회복지연구, 2, 201-228.

김영희. (1998). 요보호 모자세대의 자립과정에 관한 연구. 이화여자대학교 대학원 석사학위논문.

김진숙·이혁구. (2012). 신빈곤층 개인의 빈곤고착경험에 대한 질적사례연구. 한국사회복지질적연구, 6(2), 35-65.

김희수·양혜원. (2008). 기독교 사회복지사의 실천 경험에 대한 탐색적 연구. 신앙과 학문, 13, 115-164.

류정순. (2004). 신용불량 신빈곤층 실태와 대안. 아세안 연구, 47(2), 19-60.

민하영·김경화. (2007). 저소득 가정과 일반 가정 아동의 우울성향에 대한 부모간 갈등과 양육행동의 영향. 한국가정관리학회지, 25(6), 33-41.

박정숙. (2002). 도시 저소득층 알코올 사용장애의 위험 및 보호요인에 관한 연구. 서울여자대학교 대학원 박사학위논문.

양미진·남은영·이수림·이자영·허자영. (2010). 저소득 가정의 부모교육 프로그램 개발 및 효과검증. 청소년상담연구, 18(1), 113-141.

양혜원. (2007). 기독교사회복지의 개념과 실천모델에 대한 기초연구. 총신대 논총, 27, 147-171.

유장춘. (2010). 기독교사회복지의 영성적 실천과 인간성 회복. 교회사회사업, 14, 29-61.

윤석. (2016). 사회적 배제 관점에서 본 기독교 사회복지 역할에 관한 연구. 한국기독교신학논총, 100(4), 303-332.

이성호. (2008). 신빈곤층 사회적 네트워크의 해체와 대응전략: 전주시 노동빈곤층을 중심으로. 한국사회역사학회, 10(4), 239-273.

이현아. (2002). 사회복지와 기독교의 관계성 연구. 신학과 선교, 27, 241-265.

장지연·안재진. (2013). 빈곤이 아동의 자아개념과 가정 내 부부갈등을 통해 학교적응에 미치는 영향. 한국아동복지학, 42, 1-28.

전광현. (2007). 한국 기독교사회복지의 활동과 과제. 종교문화학보, 4, 61-94.

최광수. (2012). 기독교세계관에 근거한 기독교사회복지 정체성 척도 개발에 관한 연구. 신앙과학문, 17, 249-285.

최무열. (2004). 한국교회와 사회복지. 서울: 나눔의집.

하춘광·김효순. (2015). 사회적 기업에서 일하는 저소득 한부모 여성 가장의 노동경험. 한국사회복지질적연구, 9(2), 143-166.

첨부 자료

1. 참여가족 오리엔테이션

2. 부모교육

3. 자녀교육

4. 쿠킹패밀리

5. 가족캠프(안면도)

6. 가족캠프(속초)

7. 가족텃밭 활동

8. 김장활동

9. 가족체육대회

10. 사랑의 공동체 활동(1)

11. 사랑의 공동체 활동(2)

12. 아동활동

일반논문

노인의 죽음수용 정도와 죽음준비가 자아통합감에 미치는 영향[1]

김민주(새빛부부가족심리상담센터 센터장)

〈국문초록〉

인간은 노인이 되면서 과거와 현재, 미래를 통합하며, 자신의 전 생애를 후회 없이 받아들이고 자아통합을 이루며, 궁극적으로 죽음에 대한 공포도 없는 상태가 되어야 한다. 본 연구는 노인들이 자신의 죽음을 수용하는 정도와 죽음 준비가 자아통합에 어떠한 영향을 미치는지를 분석하여, 이들의 자아통합감을 높이는 방안을 제시하는 것이다.

본 연구의 대상은 전라북도에 거주하면서 노인복지관을 이용하는 65세 이상의 남녀노인 514명이었다. 이들을 대상으로 죽음수용 정도, 죽음준비도, 자아통합감에 대한 설문조사를 실시하여 다음과 같은 결과를 도출하였다.

첫째, 죽음수용 정도에서 중립적 수용, 접근적 수용은 자아통합감에 정적인 영향을 미치며, 탈출적 수용은 부적인 영향을 미치는 것으로 나타났다. 둘째, 죽음준비 정도에서 심리적 죽음준비는 자아통합에 정적인 영향을 미치는 것으로 나타났다. 심리적으로 죽음을 인정하고 받아들임을 통

1 본 논문은 필자의 석사학위논문(2017)을 수정·요약한 것임.

해 자아통합감이 높아진다는 것을 알 수 있었다. 셋째, 물리적 죽음준비와 사후죽음준비는 노인들의 자아통합에 유의미한 영향을 미치지 않는 것으로 나타났다.

노인들의 죽음과 관련하여 이들의 자아통합감을 높이기 위하여서는 물리적 죽음준비와 사후준비보다는 심리적 죽음준비를 체계적으로 제공하여야 할 것이다. 심리적으로 죽음에 대한 이해와 현실적인 수용을 단계적으로 받아들이는 죽음교육프로그램을 통하여 노인들의 자아통합이 향상될 것이며, 나아가 노인들의 삶의 질이 높아질 수 있을 것이다.

주제어 : 죽음수용, 죽음준비, 자아통합감

Ⅰ. 서 론

인간은 생존을 위해 농사를 지었고, 전쟁과 혁명을 통해 산업을 발달시켜 안전에 대한 보상을 얻고, 질병의 고통을 없애기 위해 생약을 연구해 보급함으로서 고통의 해소와 함께 생존의 욕구, 안전에 대한 욕구, 사랑에 대한 욕구 등 인간에게 필요한 조건이 충족되면서 인간의 평균수명이 급속하게 늘어나게 되고 죽음을 부정하고 있다. 여기에 사회적인 현상이 가세하면서 죽지 않기 위해 쉬지 않고 노력하고 있으며, 죽음으로부터 피할 수 있다면 무엇이든 하며 살아가고 있다. 그러나 그 누구도 죽음은 막을 수 없는 현실이고 진실이다. 또한 노화의 진행이 늦어지면서 20~30년 전의 노인들과 현재의 노인들은 신체적인 부분과 정서적인 부분에서 전혀 다른 변화된 모습을 보이고 있다. 이렇듯 노인이 되어서도 젊음을 유지하기 위해서 다양한 노력을 하고 있으며 죽음에 대한 거부와 부정을 보여 주고 있다.

노년기를 맞이하는 노인들의 평균수명과 기대수명에 만족할 수 있는 삶을 위해서 죽음에 대한 올바른 인식과 긍정적인 사고로 죽음의 고통과 불안과 두려움에서 벗어나 현재의 삶의 질을 향상시킬 수 있는 태도와 습관을 갖는 것이 필요하다고 하겠다.

우리나라는 아직도 정서적, 사회적으로 각 개인의 문제라고 인식하고 있는 경향이 강하기 때문에 죽음에 대하여 계획한다든지 죽음에 대하여 누군가의 도움을 받아 죽음을 준비해야 한다는 정서가 부족하다. 인간은 누구라도 죽음을 피할 수 없고 모든 인간은 언젠가는 반드시 죽는다. 그러므로 죽음은 거부하거나 부정하거나, 회피하고 달아나서 해결할 수 있다고 생각할 것이 아니라 당연한 사실로 인정하고 받아들이면서 긍정적인 죽음 태도를 갖는 마음이 중요하다.

많은 노인들은 자신 안에 내재되어 있는 죽음에 대한 불안과 공포 때문에 죽음준비는 미처 생각조차 못하면서 인생의 끝을 불안과 공포로 맞이하고 있다. 이렇게 죽음에 대한 두려움은 죽음이라는 사건적 현실과 죽어가고 있는 순간으로부터 인간에게 나타나는 두려움, 억울함, 분노, 회피, 투정 등의 부정적 감정을 생성하는 심리적인 단계라고 본다(서혜정, 2007; 김충진, 2015, 재인용).

결국 노인들은 죽음을 인정하고 받아들이기 위해서 죽음을 직접 말로 표현하고, 현재의 삶에 대한 강한 애착을 버리려고 하며, 죽음을 준비하기 위해 인간관계 및 주변을 정리하고, 가족에게 정체감을 확인 받고, 묏자리 등을 정하면서 죽음에 대해 생각하고 정리하는 시간을 갖도록 하는 것이 반드시 필요하다고 할 것이다.

죽음에 대한 연구의 필요성으로 중요한 것은 죽음 인정이다. 죽음 인정이란 '삶의 마지막을 준비하는 것' 으로 건강한 사람이 죽음을 인정하는 심리적인 준비를 의미한다(Neimeyer, 1994).

죽음을 삶의 연속으로 받아들인다면 죽음은 자연스러운 자아통합과 삶의 마무리로 자각할 수 있으므로 삶을 보다 의미 있고 가치 있게 살 수 있게 할 것이며, 죽음을 보다 인간답고 품격 있게 맞이할 수 있는 삶을 살 것이다. 또한 "죽음은 삶의 연속이다."라고 죽음을 수용하고 준비할 때 우리 삶은 더 여유 있고 풍성하며 행복할 수 있을 것이다. 언제든지 죽음을 맞이하게 되는 당연함을 인정한다면 우리는 삶의 내용에 많은 의미와 가치를 두고 두려움 없는 삶을 살 것이다.

우리에게 죽음이 얼마 남지 않았다는 것을 알게 된다면 시간을 낭비하는 의미 없는 삶보다는 그동안 해 보고 싶었지만 못했던 일들을 실천한다든지 보다 더 삶에 의미가 부여된 자아를 성숙시키면서 자연스럽게 죽음을 긍정적으로 받아들이는 변화도 기대할 수 있을 것이다.

인간은 삶속에서 의미와 가치를 부여하며 살아가야 한다. 인간은 부부의 사랑의 결실로 잉태되는 그 순간부터 '나'라는 존재로서의 기쁨과 사랑과 축복 속에서 육체와 정신은 성장하게 되고, 성장과정 동안 '나'라는 존재 가치의 의미에 초점을 맞추며 살아가는 동안에 육체의 성장은 한계를 보이지만, 정신의 성장은 더욱 커지게 되고 내 안의 내면을 깊게 들여다 볼 줄 아는 통찰을 통해 삶과 죽음의 연속성을 깨닫게 될 것이다. 그러나 그저 일상의 삶에 파묻혀 아무런 존재적 삶의 의미를 부여하지 못한 채 하루하루를 연명하듯이 이어가는 삶 속에서 죽음을 망각하거나 죽음은 단절 또는 끝으로 인식을 한다면 죽음은 공포의 대상일 뿐이다.

반드시 찾아오는 죽음에 대한 강한 거부와 삶에 대한 미련과 집착은 불행한 삶을 만들고 결국은 후회와 절망으로 삶을 마무리 할 것이다. 시한부 생명의 환자가 무의미한 생명연장술에 남은 여생의 의미를 부여하고 삶의 마지막을 정리하지 못한 상태에서 아무런 가치와 의미를 갖지 못한 채 죽음을 맞이한다면 인간의 존엄조차 훼손된 허무한 결과를 가져올 것이다.

이러한 관점으로 볼 때 죽음을 받아들이지 못하고 기피하고 거부하면, 현실의 삶도 부정적인 면이 더 많아져 심리적인 건강에도 악 영향을 끼친다. Erikson의 심리사회적발달이론에서 인생주기의 단계는 유아기, 아동기, 청년기, 장년기, 노년기까지의 발달과정으로 인생 주기별 각 단계에는 그 단계별로 우월하게 도출되는 최고의 시기가 있고 각각의 단계가 계획대로 이루어 질 때 완성되며 전체인 하나로 통합되어 기능하게 된다(Erikson, 1978; 고종향, 2015, 재인용). Erikson은 노년기 발달과업으로 제시한 자아통합은 1단계에서 7단계까지를 통합하는 과정이며, 8단계 노년기는 신체적, 사회적 상실에 직면하며, 노화가 일어나며 배우자의 죽음이나 친구, 동료의 죽음으로 상실감을 경험할 수 있고, 발달과업을 완수하는 사람은 죽음을 두려워하지 않는 자아통합이 이루어지나, 지나온 인생을 후회하며 죽음을 두려워한다면 절망감을 경험한다고 강조했다.

따라서 본 연구는 인지적 측면의 죽음수용과 심리적·물질적 측면의 죽음준비도가 자아통합에 어떠한 영향력을 미치는가를 분석하여 죽음을 긍정적으로 받아들이고 자아통합의 향상에 기여하여 이들의 삶의 질의 향상에 기여하고자 한다.

Ⅱ. 이론적 배경

1. 노인의 특성

노인이란 '생리적, 신체적 기능의 퇴화와 더불어 심리적인 변화가 일어나 개인의 자기 유지기능과 사회적 역할 기능이 약화되고 있는 사람'이라고 규정 하고 있다(최성재·장인협, 2002; 김충진, 2015 재인용). Breen(1960)은 "노인이란 생리적 및 신체적으로 변화기에 있는 사람, 심리적인 면에서 정신기능과 성격이 변화되고 있는 사람, 사회적인 면에서 지위와 역할이 상실되어 가고 있는 사람"이라고 정의하고 있다.

한편, 한국사회에서의 노인이란, 노화에 따라 신체적·정신적인 노쇠와 사회적 역할의 감소로 의존적이며 이를 사회문화적으로 "효"라는 개념으로 보장하여 연장자로서의 권위를 갖는 사람이라고 할 수 있다(사회복지총서, 1980)고 하였다(이강호, 2003; 심정자, 2015 재인용).

노년의 신체적 특성은 신체적인 변화가 급격하게 시작된다. 피부는 건조해지며 피부색은 어두워지고 근육의 탄력성이 떨어져 늘어지며 신체적으로 불균형이 된다. 운동신경과 동작 영역, 작업영역이 급격하게 줄며, 시각, 미각, 청각, 촉각, 후각의 기능이 약화되고 뼈의 골밀도가 낮아져 쉽게 골절상에 노출된다. 시각기능의 저하로 진하고 밝은 색의 옷을 선호하거나 청각기능의 저하로 높은 주파수로 TV시청을 하거나 고성으로 대화가 가능해지며 미각의 기능저하는 음식 맛을 잃어 건강의 악화로 진행될 수 있으며, 후각의 기능저하는 냄새에 둔감함으로 청결을 유지하지 못하거나 위험을 인지하는 능력이 떨어져 갖가지 위험에 노출이 되어 대처방안이 요구된다.

노인의 정신적·심리적 특성은 특히, 오감의 기능저하로 자신감 저하와 소외감으로 우울증 경향이 높게 나타난다. 기억력, 사고력, 창의력이 감퇴하여 순발력이나 판단력이 느려지며 스스로를 고립하며 상실감과 무기력으로 행동 위축현상이 나타나기도 한다. 이로 인해 긴장과 경직감이 증가하여 과거에 고착되려는 경향으로 과거 애착으로 소극적인 사회생활로 이어지며, 판단력이나 감정, 사고의 융통성은 저해되어 강한 고집성을 보이는 경향이 높아진다.

노인의 사회적 특성은 직장에서의 은퇴로 지위와 역할을 상실하고, 경제력 소멸이 발생한다. 남성 노인의 경우에는 사회에서나 가정에서의 권위나 위상도 약화되어 작아지는 존재감은 사회적 고립으로 이어지게 된다. 또한 생활 영역의 축소는 신체적이나 정신적·심리적으로 급격하게 질병으로 연결되어 주변의 도움을 필요로 한다.

노인의 특성이 고려된 환경과 주택이 개발되어야 하며, 사회적인 역할이 개발되어 적극적으로 사회에 참여할 수 있는 제도가 요구된다.

2. 죽음에 대한 이해

1) 죽음의 정의

우리나라는 대한의학협회(1983)에서 죽음을 '장 기능 및 호흡 기능과 뇌반사의 불가역적 정지 또는 소실'이라고 정의하였고, 1989년 죽음을 '장, 폐 기능의 불가역적 정지 또는 뇌간을 포함한 전 뇌기능의 소실인 뇌사로서 판단 한다.' 고 그 정의를 확대하여 뇌사를 죽음으로 인정한 바 있다.

세계보건기구(WHO)의 정의를 보면 "소생할 구 없는 삶의 영원한 종말"이라고 하였고, 한국어 대사전에는 "사(死), 입몰, 사망, 사세, 끝장, 죽는 일, 생물의 생명이 없어지는 현상, 세포내에 생리적인 변화가 불가역적으로 되어 정지되는 상태"라고 기록되어 있다.

소크라테스(Socrates)와 플라톤(Platon)은 죽음을 '출생과 더불어 영혼은 육체의 감옥에 갇히고 죽음에 이르러 육체를 떠난다.' 라고 주장했고, 비치(Veatch, 1976: 299)는 죽음을 '생체액 유동의 불가역적 정지, 육체에서 영혼의 불가역적 이탈, 육체적 통합 능력의 불가역적 상실, 사회적 상호 작용 능력의 불가역적 상실'의 네 가지로 구분하였고(Veatch, 1976: 최웅열, 2012: 재인용), 첸크(Schenck, 2009) 등은 유한성을 지니며 직면을 피할 수 없고 고통을 수반하며 영적인 마침까지 포함하는 것이 죽음이라고 현실적으로 제시했다(정운경, 2015). 즉, 인간은 태어나면서 삶의 본능(eros)과 죽음의 본능(thanatos)을 가지고 태어난다는 것이다. 죽음에 대한 소망(death wish)으로 표현되기도 하는 죽음의 본능은 인간을 위험한 상태에 빠지게 하거나 참여하는 등 간접적으로 나타나기도 한다. 그러나 일반적으로 삶의 본능은 죽음에 대한 소망이 직접적으로 나타나는 것을 방해하기 때문에 죽음의 소망은 삶의 본능의 반대작용으로 인해 직접적인 자기 파괴로 진행되지 않는다. 그렇지만 이 에너지는 어떤 방식으로든 방출되어야만(임찬란, 2005) 한다고 하는 등 다양하게 죽음을 정의하고 있다(김충진, 2005 재인용).

2) 죽음의 수용

노인의 죽음에 대한 태도는 생활환경에서 습득하게 되고 그 태도는 노인의 생활환경과 상호작용을 하게 되므로 노인에게 근본적인 죽음태도를 습득하게 하기 위한 환경적인 노력은 무엇보다도 의미 있는 일이다. 노인에게 죽음은 생애주기의 마지막 도전이므로(하선미, 2014), 위기의 인생 과업을 성공하기 위해서는 자연스러우면서도 반복적인 학습이 이루어질 수 있는 환경적인 요소도 필수라고 하겠다.

죽음수용이란 죽음을 진지하게 통찰하고 죽는 운명을 편안함으로 승화 할 수 있는 것이다. 죽음을 수용하는 자세는 역설적으로 죽음의 불가피성에 순응하며 오히려 보람된 인생 설계를 다시 만들며, 인간의 자연현상을 이해하고, 삶의 자유로움과 숭고함을 인식하는 것이다. Wong(1994)이 말한 죽음의 세 요소는 중립적 수용, 접근적 수용, 탈출적 수용이다(하선미, 2014). 중립적 수용은 죽음이란 삶의 필수요소이며 살아 있다는 것은 곧 죽음을 포함하는 것이라고 수용하는 입장이며, 죽음에 대한 가장 성숙한 조망으로 평가된다.(하선미, 2014). 접근적 수용은 행복한 내세에 대한 믿음으로 죽음을 수용하는 것으로 이 조망의 개인들은 보상으로서의 사후 세계를 기대하기 때문에 죽음을 수용한다(하선미, 2014). 탈출적 수용은 삶이 고통스럽고 괴로울 때 삶으로부터의 탈출로 죽음을 수용하는 것에 해당한다(한보영, 2012; 이평화, 2016, 재인용). 특히 고통에 시달릴 때 그리고 그 고통으로부터 벗어날 수 있는 가능성이 거의 없을 때 죽음은 유일한 탈출구가 되므로 죽음은 삶의 고통으로부터 벗어나거나 해방되는 비상구 역할을 하기도 한다(하선미, 2014; 이평화, 2016, 재인용).

노년기에 죽음에 대한 태도로 죽음을 부정하거나 수용하는데 죽음 부정은 대부분 축적된 재산이 많거나 억울한 인생에 대한 보상으로 죽음을 거부하며 공포와 불안으로 죽음을 부정하거나 큰 두려움 없이 담담하게 죽음을 받아들이며 죽음 직면과 죽음 통합으로 죽음을 수용하는 태도가 있다. 인간은 태어나면서부터 죽어 가는 것으로 의식적으로 죽음을 인식하여 긍정적으로 소화시키는 것으로 죽음을 수용한다.

죽음수용은 자신의 인생을 지혜롭게 바라보고 조합하며 지나온 과거에 대한 불만과 후회가 아닌 성취감과 만족감을 나타내며 자아통합감을 이루어내어 다가올 미래에 대한 두려움이나 후회 없이 자신의 삶으로 받아들여 그동안의 노고를 치하하며 죽음을 수용한다.

3. 자아통합에 대한 이해

자아통합감을 이루어낸 사람은 성숙하여 과거의 습관이나 생활태도, 환경을 받아들이고 지속적인 자아실현을 위해 노력하며, 실수하거나 실패한 경험보다는 해내거나 성공한 경험에 초점을 맞추어, 그 노력과 성취에 행복함과 감사함으로 긍정적인 만족감을 갖는다.

자아통합감은 개인에게 개인의 사랑과 질서에 관한 신념을 갖게 하며 자기 삶에 중심이 되며 어떤 상황에서도 대처할 수 있는 건강한 힘을 주며 삶의 소중함을 알게 한다. 또한 자아통합감을 이루어내면 과거와 현재, 미래 전체에서 인생의 의미와 질서, 가치를 갖는다. 자아통합은 죽음과 직면해도 인생의 의식이 흔들리지 않는 분별력이 생긴다. 그러므로 진정한 삶의 의미를 볼 수 있는 자아통합감을 성취한 사람은 지금 이 순간을 사실 그대로 수용하는 사랑과 행복, 그리고 진정한 자유를 통해 후회하지 않는 사람이다.

Erikson(1980)은 인생의 발달단계를 8단계로 나누어 설명하면서 노년기 발달단계의 특징을 자아통합감 대 절망감으로 표현하고 있다.

자아통합감은 인생의 후반기인 노년기에 정신적으로나 육체적으로나 건강하고 평안한 상태이며 인생전반에 걸친 포괄적인 개념으로 인생 후반기인 노년기에는 자아가 통합감과 절망감 사이에 갈등을 하게 한다고 하였다. 이러한 자아의 양가적 갈등은 심리적으로나 사회적으로 위기이며, 이 위기로부터 긍정적 결과가 도출되는 과정이 자아통합감을 이루어낸 것이라 할 수 있으며 자연스럽고 당연하게 죽음을 받아들여 죽음의 공포를 느끼지 않게 된다.

Hamachek(1990)는 Erikson의 심리사회적 발달단계에서 성인기 이후 단계에 속한 사람들의 자아개념과 자아 상태를 평가하는 연구에서, 사회 심리적 발달 제8단계인 자아통합감과 절망감을 반영하는 행동특징과 태도를 다음과 같이 정의하고 있다(심정자, 2015).

자아통합을 이룬 사람들의 행동 특성은 내 삶은 내 선택의 결과라 믿고, 현재 삶이 나의 유일한 삶이며, 죽음을 삶의 일부로 수용한다. 나의 과거를 되돌아 보며 감사함을 느끼며, 매사 긍정적이며 행복하다. 또한 과거의 경험을 현실과 접목하여 성공으로 이끌어 낸다. 내가 바로 나의 삶의 주인임을 분명하게 하며, 나 뿐만 아니라 타인에 대한 수용도 가능하다(심정자, 2015). 반면에 절망에 빠진 사람들의 행동특성은 내 삶은 내 의지와 상관없다고 믿으며, 현재 삶을 인정하거나 수용하기를 거부한다. 죽음을 두려워 하며 과거를 후회하고 억울해 하며, 불행한 삶을 자처하며 부정적이다. 모든 잘못은 타인에 의해서 발생했다고 믿으며 자기의 성장을 억압한다. 내 삶에 일어난 잘못된 일은 내 소관이 아닌 타인에 의한 것이며, 나도 타인도 받아들이지 않는다. 즉, 현재 상황에 대한 행복감, 만족감, 의욕뿐 아니라 지나간 일생에 대한 수용 및 죽음에 대한 수용까지 포함하는 포괄적인 개념이라 할 수 있다(심정자, 2015; 변혜진, 2016).

4. 죽음준비도

죽음준비란 살고 있는 순간순간이며 어느 특정 시간이나 기간이 아니라 인생 전반에 걸친 삶의 과정으로 매 순간 죽음을 인식하며 최선을 다하는 결코 후회하지 않으며, 잘했다고 스스로를 칭찬할 수 있는 만족할 수 있는 자신을 만들어가는 과정이다. 죽음준비란 목전에 있는 죽음을 준비하는 것이 아니라 자신의 인생 전체를 돌아보며 점검하는 것이며, 인생 전반에 의미를 부여하여 가치 있는 생활습관을 만들어 가는 인생 여정이다.

김미순(2011)은 노인의 죽음준비도를 심리적 대처자세라고 볼 수 있는 정신적 죽음준비도와 실제적 대처자세로서의 물질적 죽음준비도로 구분하였다(하선미, 2014).

정신적 죽음준비도란 심리적으로 죽음을 인식하고 긍정적으로 받아들임으로써 죽음에서 오는 공포나 불안을 극복하여 죽음불안으로부터 자유로운 평안하여 죽음을 맞이해도 안정적인 심리상태라 할 수 있으며, 이를 통해 건강하고 여유 있는 노후생활을 영위할 수 있도록 유지하는 심리상태를 심리적 죽음준비도라고 할 수 있다(최영이, 2008; 이명숙, 2012, 재인용). 물질적 죽음준비도란 예고 없이 맞이하는 죽음에도 동요하지 않도록 좋은 죽음을 위해 행동적으로 취하는 보여지는 죽음준비도로 물질적으로 준비하는 상태이다. 구체적으로 살펴보면, 유언장 작성, 상속문제, 장례비용, 수의, 영정사진 등을 준비하며 정리하는 상태를 물질적 죽음준비도라고 할 수 있다. 정신적 죽음준비도와 관련된 요인으로는 죽음에 대한 적극적인 자세로서의 죽음수용태도, 소극적 자세로서의 죽음에 대한 슬픔이나 두려움 등

죽음불안에 대해 회피하려는 태도이다(최영이, 2008; 하선미, 2014 재인용). 죽음을 준비하는 자세의 삶의 태도란 죽음에 대한 수용적인 자세로 하루하루의 충만된 삶과 가족끼리의 친밀감과 더불어 개별성 있는 대화가 필요하고(유희옥, 2004), 죽음과 관련된 준비는 실제로 죽음이 당면한 문제로 대두되었을 때 남아있는 자들에게 더 많은 어려움과 고통과 부담을 갖지 않도록 준비하는 것으로, 죽음 이후에 일어날 일들에 관하여 가족과 대화를 나눌 수 있다면 개인적으로나 가족적으로 죽음을 준비하는 자세의 삶이 될 수 있을 것이다(권혜진 등, 2010; 하선미, 2014 재인용).

Ⅲ. 선행연구

노인의 죽음과 죽음불안 및 죽음 준비에 대한 연구들은 1990년대 이후 활발한 연구가 진행되었다(심연무, 2014). 노인 인구의 빠른 증가와 의료기술과 과학의 발전으로 노인 수명이 연장되어 노인들은 건강과 경제적인 문제에 관심이 높아지면서 죽음도 문제로 인식하는 정도가 높아지고 있으며, 누구나 고통 없는 깨끗한 죽음을 맞이하고 싶어 하며, 죽음 불안이 죽음준비로 관심사항이 넓어지고 있음을 알수 있다. 죽음준비교육 관련 연구로 죽음준비교육의 필요성에 대한 인식 연구와 효과성에 관한 연구가 최근 들어 증가하고 있지만 활발한 정도는 아니다(정영순, 2015). 자기방어적 태도는 죽음을 거부하여 죽음으로부터 도망치거나, 죽음을 받아들이며 안락한 죽음을 원하기도 한다. 노년기의 중요한 적응 과제인 죽음을 긍정적으로 받아들이느냐 부정적으로 받아들이느냐 하는 문제는 노년의 생활을 좌우하는 역할을 한다(최외선·박혜경, 2008)는 선행연구 결과가 있다(하선미, 2014; 김충진, 2015 재인용). 그러나 죽음 선고를 받고 죽기 직전에 호스피

스병원에서 편안하고 안락한 상태에서 모든 걸 내려놓고 웃으면서 죽음을 맞이할 수 있도록 많은 노력을 하고 있다.

박선애·허준수(2012)의 '노인의 죽음불안 영향요인에 관한 연구'에서 연구대상자의 죽음불안에 영향을 미치는 변수들의 상대적 영향력은 자아통합감이 가장 높았고 그 다음으로 종교활동, 성별, 교육수준, 월소득의 순으로 나타나 자아통합감 증진 프로그램의 개발의 필요성을 주장하였다(정영순, 2015).

자아통합감은 인간이 노년기에 들어가면서 갖게 되는 통합된 안정적인 심리적 만족상태(Havighust, 1997)이며, 인간이 죽음을 수용하는데 있어 중요하게 영향을 미치는 요인 중 하나가 자아통합감이라는 것이 여러 선행연구들에 의해 확인되고 있다(Erikson, 1997; 홍주영, 2000; 최외선, 2007; 최경숙 외, 2010; 서영숙·손유림·성기월, 2011; 노길희, 2012; 하선미, 2014 재인용).

박형규(2009)는 '노인의 죽음에 대한 태도결정요인에 관한 연구'에서 노인의 죽음에 대한 태도에 영향을 미칠 수 있는 변인으로 임종교육서비스, 사회적 지지, 자아통합감 및 인구사회학적 변수 등을 설정하고 임종교육서비스를 받은 노인과 그렇지 않은 노인을 대상으로 조사한 결과, 죽음태도에 영향을 미치는 요인 중에서 자아통합감의 생에 대한 태도가 매우 중요한 변인임을 발견하고 노인들의 삶의 질의 향상을 위해 사회복지 영역에서의 자아통합감 성취 프로그램의 개발을 강조하였다(정영순, 2015).

Ⅳ. 연구방법

1. 표본추출

본 연구에서는 전라북도 전주시, 익산시, 군산시 3개의 시에 소재하는 각 2

곳씩 총 6곳의 전라북도 복지관 이용자를 중심으로 노인종합복지관에 등록된 만 65세 이상의 남녀노인을 대상으로 연구의 목적을 이해하고, 연구 참여에 서면으로 동의한 자를 편의표집하였다. 2016년 7월 총 650case를 준비하여 전주시는 300case 중 240case, 익산시는 100case 중 54case를, 군산시는 250case 중 220case를 수거하였다.

2. 조사도구

본 연구에서는 죽음수용 척도는 Wong, Recker & Gesser(1994)가 개발한 다차원 죽음태도척도(Death Attitude Profile – Revised, DAP-R)를, 자아통합감 척도는 홍주영(2000)이 개발한 자아통합감 도구를, 죽음준비 척도는 유희옥(2004)이 개발한 죽음준비 도구를 적용하였다. 구체적인 설문지 구성은 〈표 1〉과 같다.

〈표 1 설문지 구성〉

<table>
<tr><th>변수</th><th>척도</th><th>하 위 요 인</th><th>문항</th><th>신뢰도</th><th>척도</th></tr>
<tr><td colspan="3">일반적인 문항</td><td colspan="3">10</td></tr>
<tr><td rowspan="6">독립 변수</td><td rowspan="3">죽음수용 척도</td><td>접근적 수용</td><td>7</td><td>.938</td><td rowspan="3">Likert척도
7점</td></tr>
<tr><td>중립적 수용</td><td>3</td><td>.750</td></tr>
<tr><td>탈출적 수용</td><td>3</td><td>.856</td></tr>
<tr><td rowspan="3">죽음준비 척도</td><td>심리적 죽음</td><td>3</td><td>.677</td><td rowspan="3">Likert척도
4점</td></tr>
<tr><td>물리적 죽음</td><td>3</td><td>.770</td></tr>
<tr><td>사후 죽음</td><td>2</td><td>.648</td></tr>
<tr><td>종속 변수</td><td>자아통합감
척도</td><td>과거와 현재에
대한 수용</td><td>7</td><td>.777</td><td>Likert척도
4점</td></tr>
<tr><td colspan="3">합계</td><td colspan="3">48</td></tr>
</table>

V. 연구결과

1. 노인의 인구사회학적 특성

노인의 인구사회학적 특성은 〈표 2〉와 같다. 구체적으로 살펴보면, 총 514명 중 남녀의 비율은 여자가 근소한 차이로 많았으며, 70세 이상의 노인 비율이 많고, 현재 직업은 없으며, 1/3정도가 고등학교 이상의 학력 수준으로 나타났으며, 2/3 이상이 배우자가 있고 생활수준은 '중' 이상으로 나타났다.

〈표 2〉 인구사회학적 특성

구분	문항	빈도	퍼센트
성별	남	247	49.1
	여	264	51.9
	합계	514	
연령	65-69세	194	37.7
	70-79세	255	49.7
	80-99세	64	12.5
	합계	513	
직업	예	79	15.4
	아니오	433	84.2
	합계	512	
교육수준	무학	18	3.5
	초등학교졸업	85	16.6
	중학교졸업	105	20.4
	고등학교졸업	162	31.5
	대학교졸업	112	21.8
	대학원이상	31	6.0
	합계	513	
생활정도	상	61	11.9
	중	388	75.5
	하	61	11.9
	합계	510	
배우자유무	예	356	69.3
	아니오	158	30.7
	합계	514	
자녀동거유무	예	92	17.9
	아니오	421	8109
	합계	513	

2. 죽음수용 정도, 죽음준비 정도, 자아통합감의 탐색적 요인분석

본 연구의 측정변수는 척도 순화과정을 통하여 일부항목을 제거하였다. 먼저 타당도를 검증하기 위하여 탐색적 요인분석을 실시하였다.

죽음수용 정도, 죽음준비 정도, 자아통합감에 대한 요인분석 결과이다. 죽음수용 정도에 따른 설명된 총분산은 73.70%로 나타났다. 전체적으로 죽음수용 정도는 선행 연구결과의 이론구조와 동일하게 3개의 요인으로 추출되었다. 추출된 요인은 선행 연구와 동일하게 중립적 수용, 접근적 수용, 탈출적 수용으로 명명하였다. 이 중 수용 14번은 이론적 구조에 맞지 않게 적재되어 제거하였다. 중립적 수용은 3개의 문항 중 최종적으로 3개 문항을 모두 채택하였으며, 접근적 수용은 8개 문항 중 1개 문항을 제거하고 총 7문항, 탈출적 수용은 3개 문항 중 최종적으로 3개 문항 모두를 분석에 이용하였다.

죽음준비 정도에 따른 설명된 총 분산은 67.95%로 나타났다. 전체적으로 죽음수용 정도는 선행 연구결과의 이론구조와 동일하게 3개의 요인으로 추출되었다. 추출된 요인은 선행 연구와 동일하게 심리적 죽음, 물리적 죽음, 사후 죽음으로 명명하였다. 이 중 죽음 4번은 이론 구조에 맞지 않게 적재되어 제거하였다. 심리적 죽음은 3개 문항 중 최종적으로 3개 문항을 모두 채택하였으며, 물리적 죽음은 4개 문항 중 1개 문항을 제거하고 총 3문항, 사후 죽음은 2개 문항 중 최종적으로 2개 문항 모두를 분석에 이용하였다.

자아통합감 정도에 따른 설명된 총 분산은 46.64%로 나타났다. 전체적으로 자아통합감은 선행 연구결과의 이론구조와 동일하게 2개의 요인으로 추출되었다. 추출된 요인은 선행 연구와 동일하게 과거와 현재에 대한 수용, 삶에 대한 태도로 명명하였다. 이 중 통합 1번, 3번, 5번, 9번, 14번, 16번은 이론 구조에 맞지 않게 적재되어 제거하였다. 과거와 현재에 대한 수용은 11개 문항 중 4개 문항을 제거하고 총 7문항, 삶에 대한 태도는 5개 문항 중 2개 문항을 제거하고 총 3개 문항을 분석에 이용하였다.

3. 죽음수용 정도, 죽음준비도, 자아통합감의 상관관계

〈표 3〉은 죽음수용 정도의 하위요인인 중립적 수용, 접근적 수용, 탈출적 수용과 죽음준비도의 하위요인인 심리적 죽음, 물리적 죽음, 사후 죽음, 자아통합감간의 상관관계분석결과를 나타낸 것이다. 죽음수용 정도의 상관관계계수 값은 매우 높게 나타난 것으로 해석할 수 있다. 같은 개념의 하위요인들 간 상관관계이므로 당연한 결과일 것이다. 모든 상관계수는 0.01 유의수준 하에서 유의한 것으로 나타났다. 구체적으로 중립적 수용은 접근적 수용과 .555, 탈출적 수용과 .471로 매우 높은 상관계수 값을 보이고 있다. 접근적 수용은 탈출적 수용과 .605의 높은 상관관계를 가지고 있다.

죽음준비도의 상관관계계수 값은 보통 수준으로 나타난 것으로 해석할 수 있다. 모든 상관계수는 0.01 유의수준 하에서 유의한 것으로 나타났다. 물리적 죽음과 사후 죽음은 .476으로 다소 높은 상관관계가 있는 것으로 나타나고 있다.

죽음준비 정도의 하위요인인 심리적 죽음은 죽음수용 정도의 하위요인인 중립적 수용, 접근적 수용, 탈출적 수용간의 상관계수는 변수들 간에 유의수준이 0.01하에서 상관관계가 있는 것으로 나타나고 있으며, 구체적으로 심리적 죽음은 중립적 수용 .199, 접근적 수용 .221, 탈출적 수용 .224로 보통의 상관관계를 가지고 있는 것으로 나타났다. 물리적 죽음과 중립적 수용, 접근적 수용, 탈출적 수용간의 상관관계와 사후죽음과 중립적 수용, 접근적 수용, 탈출적 수용간의 상관계수는 변수들 간의 유의수준이 0.01하에서 상관관계가 없는 것으로 나타났다.

자아통합감과 중립적 수용 .194, 접근적 수용 .199, 심리적 죽음 .267,

물리적 죽음 .150, 사후죽음 .166 간의 상관관계계수 값은 보통 수준으로 나타난 것으로 해석할 수 있다. 모든 상관계수는 0.01 유의수준 하에서 유의한 것으로 나타났다. 즉 중립적 수용, 접근적 수용, 탈출적 수용이 높을수록 물리적 죽음 준비와 사후죽음 준비는 낮아진다는 것이다. 중립적 수용, 접근적 수용정도와 심리적 죽음, 물리적 죽음, 사후죽음준비도가 높아질수록 자아통합감이 높아진다는 것이다. 죽음수용 정도, 죽음준비도, 자아통합감간의 상관관계 계수는 다음 〈표 3〉과 같다.

〈표 3〉 죽음수용 정도, 죽음준비도, 자아통합감간의 상관관계

구분	중립적 수용	접근적 수용	탈출적 수용	자아 통합감	심리적 죽음	물리적 죽음	사후 죽음
중립적수용	1						
접근적수용	.555**	1					
탈출적수용	.471**	.605**	1				
자아통합감	.194**	.199**	.043	1			
심리적죽음	.199**	.221**	.224	.267**	1		
물리적죽음	-.022	.040	.043	.150**	.170**	1	
사후죽음	.062	.010	.007	.166**	.265**	.476**	1

** p〈.01

4. 죽음수용 정도와 죽음준비도가 자아통합감에 미치는 영향

죽음수용 정도와 죽음준비도가 자아통합감에 어떠한 영향을 미치는지 파악하기 위해 죽음수용 정도와 죽음준비도를 독립변인으로 자아통합감을 종속변인으로 설정하여 세 변인의 인과관계를 분석하기 위해 다중 회귀분석을 실시한 결과는 다음 〈표 4〉와 같다.

죽음수용 정도가 자아통합감에 미치는 영향은 죽음은 삶의 일부분이며, 삶의 과정이라고 수용을 하거나 사후 세계를 기대하거나 죽은 후에 천국이 있다고 믿거나, 죽은 후에 천국에 있을 것이라고 믿고 있는 경우에 자

아통합감에 정적인 영향을 미치는 것으로 나타났다. 그리고 현실을 도피하고자하는 수단으로 '죽으면 끝이다' 라는 탈출적 수용은 자아통합에 부적인 영향을 미치는 것으로 나타났다.

죽음준비도와 자아통합감과의 영향관계를 검정한 결과는 죽음이 오면 받아들일 준비가 되어 있고, 죽음에 대하여 가족들에게 충분하게 알리며, 재산분배 등에 관한 일들을 가족들에게 설명해주는 것 등의 심리적 준비요인은 자아통합에 긍정적인 영향을 미치는 것으로 나타났다. 반면에 유언장준비, 수의준비, 영정사진, 장지결정 등의 물리적 죽음과 장례유형, 제사관계 등의 사후죽음은 자아통합감에 유의미한 영향을 미치지 않는 것으로 나타났다. 결론적으로 죽음을 수용할수록 자아통합감이 높아지고, 심리적인 죽음준비를 할수록 자아통합감이 높아진다는 것을 의미한다.

〈표 4〉 죽음수용 정도와 죽음준비도가 자아통합감에 미치는 영향

독립변수	하위요인	표준오차	β	t	p	공차한계
죽음수용	상수	.096	-	23.753	.000	
	중립적수용	.021	.151	2.826	.005	.669
	접근적수용	.018	.208	3.515	.000	.546
	탈출적수용	.017	-.152	-2.725	.007	.612
	R= .253, R^2 =.064, 수정된 R^2 =.058 F=11.202, P=.000, Durbin-Watson=1.702					
죽음준비	상 수	.149	-	11.375	.000	
	심리적죽음	.046	.236	5.223	.000	.921
	물리적죽음	.032	.076	1.538	.125	.774
	사후죽음	.032	.067	1.324	.186	.740
	R= .293, R^2 =.086, 수정된 R^2 =.080 F=15.195, P=.000, Durbin-Watson=1.744					

종속변수: 자아통합감

Ⅵ. 요약 및 결론

본 연구는 죽음수용과 심리적·물리적 죽음준비도가 자아통합에 어떠한 영향력을 미치는가를 분석하여 죽음을 긍정적으로 받아들이고 자아통합의 향상에 기여하여 이들의 삶의 질을 높이고자 수행하였다.

첫째, 대상자의 일반적 특성을 살펴보면 연령은 70-79세 노인이 과반수 정도의 비중을 차지하고 있으며, 직업이 없는 노인이 과반수 이상의 비중을 차지하고 있다. 또한 학력은 고등학교 졸업이 많은 비중을 차지하고 있으며, '배우자와 동거하고 있다'가 과반수 이상 차지했으며, 3/2 이상이 생활정도는 '중'이라고 대답해 배우자와 함께 생활하는 비교적 안정적인 생활을 하고 있다고 나타났다.

둘째, 주요 변수들의 특성을 파악하기 위해 빈도 분석한 결과를 파악해 보았다. 조사대상 노인의 죽음수용 정도는 평균 이상 높은 점수를 나타내며 40대 이상 광산근로자를 대상으로 연구한 한보영(2012)에 비해 조금 높았고, 65세 이상 노인을 대상으로 연구한 하선미(2014)보다 더 높게 나타났다. 죽음수용정도의 하위요인별 점수는 중립적 수용이 높았고, 접근적 수용이 두 번째이고, 탈출적 수용이 죽음을 자연스럽게 순응하는 순서로 나타났다. 죽음준비도의 평균은 65세 이상 노인을 대상으로 연구한 남미경(2014)에 비해 조금 높았고, 노인을 대상으로 연구한 심연무(2013)에 비해 낮은 점수를 보였고, 하선미(2014)에 비해 조금 높았다. 죽음 준비도의 하위요인별 점수는 심리적 죽음이 가장 높았고, 사후 죽음, 물리적 죽음의 순서로 나타났는데, 이는 심리적으로는 자연스럽게 순응하는 태도를 보이는 듯하지만 직접 실천하는 부분에서는 소극적인 태도를 보이는 것으로 나타났다.

셋째, 죽음수용 정도와 죽음준비도, 자아통합감간의 상관관계를 알아보기 위한 분석 결과를 파악해 보았다. 죽음준비도의 경우 심리적 죽음과 자아통합감의 과거현재 통합과 낮은 상관관계를 나타났고, 죽음준비도의 심리적 죽음과 죽음수용 정도의 접근적 수용, 탈출적 수용과 낮은 상관관계로 나타났는데, 이는 죽음을 영원한 축복의 장소로 가는 통로라고 느낄 때 심리적으로 죽음을 수용하는 정도가 높게 나타나며, 심리적으로 죽음을 수용할 때 지나온 과거에 대한 인정과 이해에 의한 자아통합감은 높아지는 것으로 나타났다.

넷째, 죽음수용과 죽음준비가 자아통합감에 미치는 영향과 영향력의 강도를 확인하기 위해 회귀분석을 하였다. 죽음을 수용하는 정도가 높을수록 자아통합감은 높아지는 것으로 나타났으며, 죽음을 수용하면서 죽음준비를 할 때 자아통합감은 더 높아지는 것으로 나타났다. 반면에 죽음준비를 직접 실행하는 물리적 죽음준비인 수의마련, 장지결정, 영정사진 준비 등은 이들의 자아통합에 유의미한 영향을 미치지 않는 것으로 나타났다.

또한 매장 혹은 화장 등의 장례유형 결정, 제사에 관한 문제를 가족들과 미리 상의해야 하는 것 등의 사후죽음준비도 자아통합에 유의미한 영향을 미치지 않는 것으로 나타났다. 이는 죽음에 대한 부정으로 죽음을 직접 말로써 표현하거나 생각해서 계획을 세우는 부분에서는 이들에게 거부감으로 나타나고 있음을 알 수 있다. 그러나 심리적으로 죽음을 인정하고 받아들일 준비가 되어 있으며 죽음은 지극히 자연스러운 현상이며 불가피한 사건으로 인지하는 심리적 요인은 노인들의 자아통합에 긍정적인 영향을 미치는 것으로 나타 나타났다.

본 연구에서는 중졸 이상의 교육수준으로 주관적으로 생활정도가 '중' 이상으로 경제적으로 비교적 안정적인 환경에서 건강한 삶을 살고 있는 경우죽음을 수용하는 정도가 더 높게 나타났고, 죽음준비도 역시 더 높게 나타났다. 과거보다는 현재의 삶에서 만족감을 느낄 때 죽음에 대한 인식이 높아져 죽음수용과 심리적인 죽음준비는 자연스럽게 자아통합감을 더 높여 주어 죽음에 대한 두려움을 극복하는 것으로 나타났다. 본 연구를 통하여 다음과 같은 것들을 제언한다.

첫째, 노인들의 삶의 질 개선 및 향상이 필요하다. 본 연구에서는 외롭지 않으며 안정적이고 여유 있는 생활환경에서 자아통합감이 높았다. 이는 결국 생활환경과 직접적인 상관이 있는 것으로 나타난다. 즉, 노인들의 생활환경 개선 및 향상이 시급하다. 생활환경 개선이란 그룹홈이나 공동생활 주택 등에서 함께 살 수 있도록 하는 것이다. 각자 역할분담이 있으며, 생산적인 활동과 비생산적인 활동, 놀이 시간과 공부 시간, 치료 시간과 쉬는 시간의 체계적 개념이 함께하지만, 노인의 정서를 그대로 반영한 느림이 있는 공간이다. 계층별 노인들을 대상으로 개선된 생활환경 공간을 제공하여 삶의 질을 높여 자아통합이 이루어질 수 있도록 해야 한다.

둘째, 죽음교육의 필요성과 교육 내용의 질적 향상이 필요하다. 선행연구와 본 연구에서 안정적인 생활환경과 같이 죽음교육을 1회 이상 받은 노인이 죽음 수용이나 죽음 준비도가 높게 나왔다. 현재 복지관에서 죽음 교육을 하고 있지만, 다양한 프로그램 중 하나로 의무 교육이 아닌 선택적 프로그램으로 본 연구에서 다루지 않았지만 같은 복지관을 이용함에도 불구하고 심리적으로 죽음 교육을 받은 노인과 받지 않은 노인의 차이가 크게 나타나 교육을 받지 않은 노인의 죽음인식이 상대적으로 낮게 나타났다.

이는 수준 있는 죽음교육을 모든 노인들에게 의무적으로 교육해야 한다는 것이다. 의무 교육을 할 수 있는 노치원 또는 어른의집을 입학하거나 취미활동으로 국한된 프로그램이 아닌 심층적이고 포괄적이며 노인정서에 맞는 맞춤식교육 프로그램으로 발전되어야 한다. 죽음교육은 기독교사회복지실천 현장을 비롯해 다양한 각도에서 연구되어야 하며, 제도화 되어 모든 노인에게 확장될 수 있도록 개선되어야 할 것이다.

참고문헌

고종향. (2015). 자아통합과 내재적 종교정향이 노인의 죽음불안에 미치는 영향. 가톨릭대학교 상담심리대학원 석사학위논문.

김미순·하춘광·김효순. (2011). 내세관과 죽음준비도 및 생활만족도에 관한 연구. 한국가족복지학, 16(1), 111-136.

김수영. (2002). 쑥향기 흡입을 병행한 집단회상요법이 노인의 통증, 우울 및 자아통합감에 미치는 효과. 계명대학교 대학원 박사학위논문.

김영수. (2001). 노인의 규칙적인 운동이 인지능력 및 자아존중감에 미치는 영향. 한국체육학회지, 40(4), 43-48.

김옥희. (1999). 노인의 성격유형, 자아통합감과 노화에 대한 지각과의 관계. 논문집-수천청암대학, 22(2), 34-45.

김은희. (2004). 노인의 사회적 지지와 자기효능감이 주관적 안녕감에 미치는 영향. 대구대학교 대학원 석사학위논문.

김충진. (2015). 노인의 성차에 따른 자아통합감에 미치는 영향에 관한 연구. 영남대학교 대학원 석사학위논문.

배인경. (2008). 노인의 자원봉사활동과 자기효능감의 관계. 이화여자대학교 대학원 석사학위논문.

변혜진. (2016). 만다라를 활용한 집단미술 치료가 노인의 자아존중감과 자아통합감에 미치는 효과. 동국대학교 대학원 석사학위논문.

심연무. (2013). 노인의 생활만족도와 죽음준비 및 죽음불안에 관한 연구. 경운대학교 사회복지대학원 석사학위논문.

심정자. (2015). 노인의 자아통합감 증진을 위한 의미치료 프로그램 개발. 서울불교대학교 대학원 상담심리학과 박사학위논문.

유희옥. (2004). 중노년기의 죽음 불안태도 : 내세관·죽음준비도를 중심으로. 성신여자대학교 대학원 석사학위논문.

이평화. (2016). 노인요양시설 요양보호사의 노인 죽음경험 연구. 서울기독대학교 대학원 박사학위논문.

정영순. (2015). 죽음준비교육 프로그램이 노년기 죽음불안에 미치는 영향: 자아통합감의 매개효과를 중심으로. 중앙승가대학교 대학원 박사학위논문.

정운경. (2014). 웰다잉 프로그램과 노인의 삶의 질, 죽음불안과 자아통합감의 관계연구. 서울벤처대학교 대학원 박사학위논문.

최명근. (2014). 노인의 자아통합감과 죽음준비가 죽음불안에 미치는 영향 : 경상북도 경산시 노인을 중심으로. 대구한의대학교 대학원 석사학위논문.

최웅열. (2012). 통일교의 죽음준비교육 프로그램 개발연구. 선문대학교 신학전문대학원 박사학위논문.

하선미. (2014). 노인의 죽음 수용에 영향을 미치는 요인. 한양대학교 대학원 석사학위논문.

Birren, J. E., Deutchman, D. E. (1991). Guiding autobiography groups for older adults: Exploring the fabric of life. The Johns Hopkins University Press.

Breen, L. Z. (1960). Handbook of Social Gerontology. Chicago : The University of Chicago Press.

Erikson, E. H. (1997). The Life Cycle Completed. New York: Norton.

Hamachek, D. (1990). Evaluating self-concept and ego status in Erikson's last three psychosocial stages. Journal of Counseling & Development, 68(6), 677-683.

Neimeyer, R. A. (1994). Death anxiety handbook: Research, instrumentation, and application. Taylor & Francis.

ABSTRACT

Effects of Elderly's Death Acceptance Degree and Death Preparation on Self-integration

Kim, Min Ju(Chief, Counseling Center of Sea Bit Married Couple)

Humans should integrate their past, present, and future, accept their whole life without regret, and integrate their ego, and be in a state which does not ultimately fear death. This study analyzes effects of elderly's death acceptance degree and death preparation on self-integration and suggest resolution which can increase their self-integration.

Subjects of this study are 514 elderly, who reside in Jeollabuk-do, and uses Senior Welfare Center. The results are like these after conducting survey about degree of death acceptance, death preparation, and self-integration.

First, in the study, it was revealed that neutral, and approached acceptance in degree of death acceptance has positive effects, and escaped acceptance has negative effects. Second, it was revealed that in degree of death preparation, psychological death preparation positively affects in self-integration. It is also shown that self-integration is increased by accepting and acknowledging death psychologically. Third, it was revealed that physical death and after life preparation does not validly affect elderly' s self-integration.

Therefore, psychological death preparation should be provided rather than physical and after life death preparation, to increase self-integration related to elderly' s death. Death education which can embrace understanding about psychological death and realistic acceptance can develop self-integration. Furthermore, life qualify of elderly' s lives can be increased.

Key words : death acceptance, death preparation, self-integration

일반논문

평화통일을 향한 한국기독교공동체의 사회복지적 기여방안 모색[1]

유장춘(한동대학교 상담심리사회복지학부 사회복지전공 교수, 살롬공동체 대표)

I. 서론

현 시대에 우리 민족의 가장 큰 염원은 통일이다. 문재인 정부에 이르러 남북정상이 화해하고 두 차례의 북미 정상회담이 진행되는 현재의 상황에서 대결로 치닫던 남북의 냉전시대가 끝나가고 있는 것 같지만 아직도 갈 길은 멀다. 남과 북의 화해 평화 협력 그리고 통일의 긴 여정에서 겨우 시작에 불과하다. 아직도 우리는 종전선언조차 못하고 있는 것이 현실이다.

역사를 살펴보면 각 시대마다 반드시 해결해야 할 가장 중요한 과제들이 있었다. 근대 한국사회에서 조선말에는 남녀차별과 신분제도철폐, 일제강점기에는 독립과 주권회복, 한국동란 이후 70년대 중반까지는 빈민구제와 경제적 자립, 그 이후에는 민주화, 민주화가 어느 정도 진행된 90년대 이

1 본 논문은 2016년 10월 28일 "평화 통일을 이끄는 기독교 복지공동체"라는 주제로 개최된 한국기독교사회복지실천학회 창립총회 및 학술대회에서 발표된 논문을 일부 수정하고 최근에 발표된 통계자료들을 현실적으로 반영한 것임.

후에는 복지사회, 2010년대에 이르러 생태환경과 건강 먹거리가 가장 주목할 만 한 시대과제로 부상되기에 이르렀다. 그러나 남북분단 이후 한결같은 우리 겨레의 소망은 통일이었다.

우리 민족에게 통일은 단지 정서적인 염원에 그치는 것이 아니다. 분단은 남한과 북한 모두에게 독재와 권위주의, 부정부패의 발판이 되어왔고, 남·북·좌·우 이념대결의 근본 원인이었으며, 비인격적 경제지상주의와 비생산적 안보비용 낭비를 피할 수 없게 할 뿐 아니라, 개인과 가정에 폭력적이고 경쟁적이며 갈등적인 분위기를 조성하게 하고, 친일청산실패, 역사왜곡, 자유로운 문화활동저해, 심각한 교육 통제 등 복지사회구현 방해에 이르기까지 사회·문화·경제·정치 모든 방면에서 일만 악의 뿌리가 되어왔기 때문에 반드시 해결해야 할 숙원 과제인 것이다.

그토록 통일이 중요한 과제임에도 불구하고 더 중요한 과제는 평화의 확립이다. 통일도 중요하지만 평화는 더 중요하다. 평화라는 토대 위에서 통일도 복지도 번영도 이루어져야 하기 때문이다. 통일을 이루는 방법이나 과정이나 결과가 평화롭지 못하면 통일이 오히려 재앙이 될 것이다. 무력통일이나 흡수통일과 같은 급작스러운 통일은 결국 폭력과 차별과 배제를 불러일으켜 결과적으로 평화를 상실하게 할 것이다. 비록 반쪽자리 이긴 하지만 지난 70여 년간 간신히 유지되고 있는 평화가 사라질 위기에 있다는 사실 때문에 많은 사람들에게서 통일에 대한 여망이 사라지고 있는 것도 사실이다.[2]

2 우리 국민의 통일의식을 조사한 자료에 의하면 2018년 현재 59.8% 정도가 통일이 필요하다는 생각을 하는 것으로 나타나고 있다. 이는 진보정권의 영향으로 2007년 52%보다는 높아진 상태지만 그 중요성에 비하여 현저히 낮은 의식을 보여주는 것이다. 통일의식에 대한 자료는 2018년 서울대학교 통일평화연구원에서 발행한 「통일의식조사」 16쪽을 참고함.

교회는 이 평화와 통일에 대한 민족적 여망에 부응해야 할 시대적 소명을 갖고 있다. 그것이 하나님이 그 백성들에게 부르시고 요구하시는 과제이기 때문이다. 한국개신교 교회의 시초 특성을 민경배는 "민족교회"라고 하였다(민경배, 1984: 137). 민족의 문제를 교회의 문제로, 민족의 고통을 교회의 고통으로, 민족의 과제를 교회의 과제로 받아들인 교회였던 것이다. 그렇기 때문에 한국교회는 신분과 성 차별의 철폐나 삼일 만세운동과 같은 독립운동, 계몽과 교육운동, 더 나아가 고아, 장애인, 노인, 환인 등 각종 취약계층을 위한 사회복지실천을 주도하는 주체로서 역할을 하였다.

이러한 민족교회라는 한국개신교회의 특성은 일제의 강점기간이 지속되면서 약화되어갔다. 신앙정신이 외연화 될 때 맞게 되는 위험성 때문에 점점 개인적이고 내면화된 신앙으로 형성되어간 것이다. 그러한 신앙 성향은 강점기가 끝난 이후에 권위주의 시대를 거치는 동안 아주 부정적인 양상으로 전개되어갔다. 경제개발 주도형 사회에서 그 부작용으로서 발생한 도시빈민과 인권유린의 문제가 심각하게 대두되었을 때, 한국교회의 주류는 상황에 적절하게 대응하지 못하고 세속적 축복론과 교회성장주의에 안주하고 있었다. 민족의 숙원과제인 빈민구제와 민주화운동은 일부 영적으로 깨어있는 신앙인이 주도했지만 한국교회의 중심적 과제가 되지는 못했다. 그 결과 한국교회는 영향력이 약화되고 90년대 중반에 이르러서는 사회적 고립과 외형적 성장의 정체를 맞이하게 되었다. 현재 한국교회는 자타가 공인하는 위기의 시기를 맞이하고 있다.[3]

---

3 우리 국민이 신뢰하는 종교는 가톨릭(32.9%) 불교(22.1%) 기독교(18.9%)의 순으로 기독교가 가장 낮은 비율을 보여주고 있다. 반면, 불신한다는 비중은 51.2%로 조사됐다. 한국교회의 신뢰도에 대한 통계자료는 기독교윤리실천운동본부에서 제작한 〈2017년 한국교회의 사회적 신뢰도 여론조사 세미나 자료집〉을 참조할 것.
또한 한국교회의 성장은 정체를 넘어서서 감소의 추세로 나아가고 있다. 합동·통합·고

기독교의 사회복지실천은 이러한 시대적 상황에서 교회의 각성과 진로를 모색하기 위한 중요한 주제로 주목을 받고 있다. 현세의 삶보다는 내세의 삶을, 윤리적인 생활보다는 종교적인 생활을, 행동하는 신앙보다는 생각하는 신앙을, 외향적 신앙생활보다는 내향적 신앙생활을 추구했던 한국교회의 체질을 극복하기 위해서 보다 참여적이고 봉사적이며 행동적인 사회복지실천으로 나아가야 한다는 각성이 한국교회에 대두되고 있기 때문이다. 비록 그러한 각성이 진정한 영성적 반성과 회복으로부터 출발하고 있는지는 분명하지 않고, 기독교의 사회복지실천 이면에는 교회 중심적 이념과 성장 이념이 자리 잡고 있는 것은 아닌지 성찰해야 할 필요가 있지만, 이는 매우 긍정적인 변화임에는 틀림이 없다.[4] 현재 한국교회는 지역사회 중심의 사회복지실천을 주된 영역으로 진행해 오고 있다. 그 성과와 결과의 이익이 교회의 성장과 이익에 직결되고 있는 것이어서 그 순수성을 의심받고 있다. 앞으로 한국교회는 정부의 사회복지정책을 따라 진행되는 사업에 대해서는 사회복지관련 민간법인이나 단체에게 그 역할을 이양하고, 보다 근본적인 민족의 숙원과제인 남·북 간의 평화와 통일을 위한 사회복지실천에 더 많은 관심과 노력을 기울여야 할 필요가 있다.

이러한 이유에서 현재 대두되고 있는 공동체교회에 주목해야 할 필요

신·합신·기장·감리회 등 5대 교단의 10년간 교세 통계 분석한 뉴스엔조이의 기사를 보면 교인수는 줄어들고 교역자의 수는 늘어나는 것으로 보고되었다.

4 한국교회의 사회복지실천을 살펴보면 정부의 복지정책을 따라 설정된 시설이나 예산을 경쟁하는 경향이 있고, 실질적인 교회예산을 투입하는 부분은 매우 약하다고 평가되고 있다. 또 교인확보를 위한 교회성장 프로그램의 일환으로 하는 경향도 나타나고 있다. 또 10% 미만의 교회예산을 사용하면서도 타 종교나 일반사회의 그것보다 비교하며 만족하고 자랑하기도 한다. 주로 대형교회들의 사회복지실천에서 나타나는 것이긴 하지만 이러한 현상들은 교회의 사회복지실천의 진정성을 의심하게 함으로써 사회일반에 감동을 일으키지 못하고 있다.

가 있다. 성서시대부터 현대에 이르기까지 영적인 신앙공동체는 지속적으로 존재해 왔다. 하지만 현재 우리 교회들은 그 공동체적 모범을 잃어버리고 말았다. 한국의 공동체교회는 이러한 한국교회의 위기를 극복하고자 하는 많은 노력 가운데 하나로 떠올랐다. 초기 이후 선교사들의 지속적인 영향을 받은 한국교회는 서구 기독교의 세속생활과 종교생활의 분리된 교회 양태를 그대로 이어받아 성경의 진정한 교회 상을 구현하지 못하고 우리 민족의 토착적인 미풍양속을 담아내는 주체적이고 토착적인 민족교회의 이상을 실현해 내지 못했다. 이러한 한국교회의 현실을 통렬하게 반성하고 대안적 모델을 제시하는 과정에서 공동체교회 운동은 큰 주목을 받게 되었다.

공동체교회는 단지 종교적 교회회복운동으로서 출발하거나 진행되고 있는 것은 아니다. 그것은 성서적 교회의 본질을 깨달음으로부터 시작되고 본질적 신앙생활의 일상적 차원에서 추구하며 교회의 한계와 기독교 종교의 퇴보에 대하여 반성적 운동임과 동시에 산업사회와 함께 부상한 개인주의와 이기적 인간형이 만들어내고 있는 경쟁, 갈등, 소외현상에 대한 대안으로 주목받게 된 것이다(최협 외, 2006: 175). 공동체는 언제나 기존질서와 주류 문명에 대하여 반성적 고찰을 지향해 왔다. 그것이 오늘날의 자원고갈, 환경파괴, 대량살상과 대량기아사태 등, 인류생존을 위협하는 문제들 앞에서, 그리고 현대산업사회의 개인주의적 삶의 대안으로써 기독교 공동체를 주목해야 할 이유이다. 그리고 더 나아가 우리 민족의 숙원인 평화와 통일의 과제에 대하여 공동체가 중요하게 검토되어야 하는 이유가 된다(최협 외, 2006: 276).

본 연구는 이러한 대안적 운동으로서 한국기독교공동체가 사회복지실천을 통하여 민족의 숙원과제인 평화통일을 위해 어떤 기여를 할 수 있을 것인지에 대한 밑그림을 그리는데 목적을 두고 있다. 먼저 교회의 본질에 대한 성찰로부터 비롯된 공동체교회의 대안적 특성들을 설명하고 그런 특성들이 어떻게 사회복지실천에 영향을 미칠 수 있는지를 성찰하며 그런 활동이 남·북간의 평화와 통일을 이루어 나가는 데 어떻게 기여할 수 있는지 살펴보고자 한다. [그림 1]은 본 연구의 전체적 개요를 묘사하고 있다.

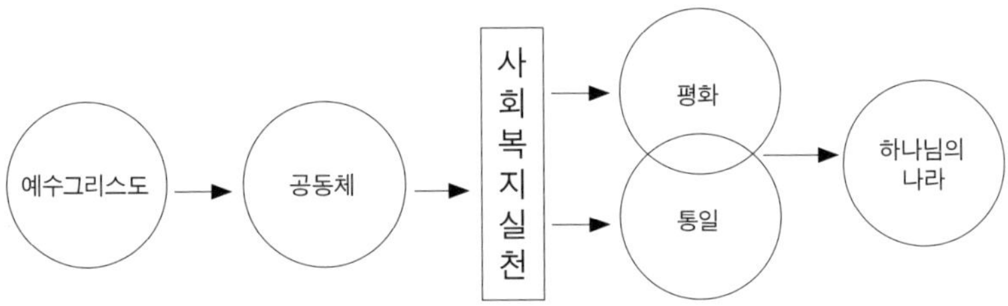

[그림 1] 평화통일을 위한 한국기독교공동체교회의
사회복지실천적 기여 개요도

본 연구는 이러한 논의를 진행함에 있어서 순수한 사회과학적 방법론으로 접근하지는 않을 것이다. 왜냐하면 기독교공동체교회가 기반하고 있는 근거가 성경의 계시적 권위에 있기 때문이며 기독교의 사회복지실천 역시 신학과 사회과학을 함께 그 실천의 근거로 활용하고 있기 때문이다. 일찍이 박종삼(1996: 7-18) 교수는 교회사회사업의 정립을 위한 종교사회학적 접근에 있어서 연구의 주제에 따라 힐러리의 진리유형의 4대 영역 모두를 활용할 수 있어야 한다고 주장한 바 있다.[5] 그럼에도 불구하고 평화와 통일의 요건은 가급적 사회과학적 토대 위에서 논의되어야 마땅하다고 본다. 그것은 분명히 사회적 현상으로 나타날 결과이기 때문이다.

---

5 Hillery의 진리유형의 4대 영역이란 인식의 방법으로서 주관적·객관적 영역과 실체의 유형으로서 형이상학과 형이하학을 조합한 구분으로써 신비적·신학적·감각적·과학적 영역 등 4개 영역이다(박종삼, 1996: 12).

II. 기독교공동체의 사회복지적 특성

1. 공동체교회 발생의 성서적/교회사적 근거

로잔 언약의 제4항에는 교회를 "하나님 백성의 공동체"라고 정의했다. 이 대회에서 제안한 "급진적인 제자도 선언"에서는 교회를 "메시아적인 공동체" 혹은 "은사 공동체" 라고 불렀다(유성준, 2016: 296 재인용). 공동체교회는 성서에 근거하고 있다. 사도행전의 원시교회는 날마다 모였고, 매일 음식을 같이 먹었으며, 소유를 초월해서 함께 나누고 통용했다.[6] 예배와 삶을 함께 했던 신약교회의 모범은 주일과 공예배를 중심으로 하는 종교기관으로 변형된 오늘의 교회가 회복해야 할 공동체적 특성이다.

1) 공동체교회의 성서적 모델

성경은 하나님이 사람을 만드실 때 공동체로 만드셨다고 말하고 있다.[7] 그 최초의 공동체는 아담과 하와로 구성되는 부부공동체다. 아담과 하와는 두 사람이었는데 '한 몸'이 되었다고 선언한다. 한 몸이란 서로 분리될 수 없는 존재다. 이 공동체는 노아의 때에 이르러 가족공동체로, 아브라함에게서 친족공동체로, 모세의 때에는 민족공동체로, 다윗의 때에 이르러 국가공동체가 되었으며, 머리되신 예수 그리스도로 말미암아 세상 모든 사람이 한 몸의 지체라고 선언하기에 이르렀다. 이 예수공동체 안에서 유대인과 이방인, 남자와 여자, 주인과 종이 하나가 되었다고 성경은 말하고 있

---

6 사도행전 2:42~47, 4:32~35

7 하나님은 "사람이 혼자 사는 것이 좋지 아니하니" 돕는 베필을 지으시고 '뼈 중에 뼈, 살 중에 살'이며 '한 몸'이라고 말씀하셨다(창 2:18~25).

다.[8]

(1) 사람의 본질로서 하나님의 형상과 공동체 하나님의 형상

'성경은 사람이 하나님의 형상을 따라 지어졌다고 말하고 있다.[9] 사람이 자신이 누구인지 알고자 하면 인간이 무엇인지 깨달아야 하고 인간의 본질을 이해하려면 하나님의 형상을 알아야 한다. 하나님의 형상의 기본 골격은 삼위일체다. 창세기 1장 26절에서 하나님은 "우리"라고 복수로 지칭하시지만 바로 다음 절에서 "자기"라는 단수를 사용하신다. 복수이신 하나님은 단수이시다. 복수로서 하나님은 성부와 성자와 성령의 세 분이시지만 단수로서 하나님은 하나로 일체를 이루신 하나님이시다.

김현진(2012: 51)은 아우구스티누스의 삼위일체론에 근거, 공동체가 하나님의 존재양식이라고 말한다.[10] 세 분 하나님은 각각 개별적으로 자유로우신 분으로써 주체적이고 자율적이며, 독립된 존재이시지만 이 세 분은 결코 분리될 수 없는 하나로 일체를 이루신다. 이 하나 됨은 사랑 안에서 관계적이며, 공생적이고, 공동체적인 하나 됨이다. 삼위의 하나님은 자유를, 일체의 하나님은 사랑을 그 본질로 한다. 인간은 이러한 하나님의 본질을 부여

---

8 관련성구: 아담과 하와의 공동체(창 2:18~25), 노아의 공동체(창 7:7,13, 8:18) 아브라함의 공동체(창 12:5), 모세의 공동체(출 12:37~51), 다윗의 공동체(삼하 22:44) 예수 그리스도의 공동체(갈 3:28).

9 창 1:26, 27 하나님이 이르시되 우리의 형상을 따라 우리의 모양대로 우리가 사람을 만들고...하나님이 자기 형상 곧 하나님의 형상대로 사람을 창조하시되 남자와 여자를 창조하시고

10 아우구스티누스는 'De Trinitate contra Arianos libli quindecim'라는 저술을 통하여 삼위일체에 대한 그의 심오한 사상을 발전시켜 정립하였다. 아우구스티누스는 이 책에서 하나님의 통일성(단일성이라고 말할 수도 있음)을 전제로 하여 그 관계성을 설명하였다. 즉 아우구스티누스의 삼위일체론은 관계적 삼위일체라고 할 수 있다(필립샤프, 1993: 174, 176).

받았다. 최초의 인간 남자와 여자는 독립된 주체로서 자유로운 개인인 동시에, 사랑의 약속을 통하여 공생적이고 상호의존적인 집단으로서 '한 몸'이 되었고 그 한 몸 됨은 존재하는 동안 결코 분리되어서는 안 되는 것이다.[11]

(2) 하나님의 형상이신 예수그리스도와 공동체

기독교의 중심은 예수 그리스도다. 예수는 말씀의 성육신(incarnation: 成肉身)이다. 예수는 교회의 머리이시고 교회는 그의 몸이다.[12]그러므로 교회는 공동체화된 그리스도다. 동시에 교회는 공동체화된 하나님의 말씀이다. 공동체는 예수그리스도의 현현(顯現)으로서 계속 말씀을 실현한다. 공동체를 이루어가지 못하는 교회는 그 본질을 상실한 교회이고 말씀을 성취하지 못하는 공동체는 기독교공동체가 아니다. 하나님은 세상에 예수를 보내신 것처럼 이 시대에 공동체를 세상을 향하여 보내시고 선포하고, 가르치고, 고치시는 구속사역을 지속하신다.[13]

(3) 그리스도의 십자가와 공동체

십자가는 예수님의 공생애의 클라이막스이면서 성경의 중심이다. 십자가는 하나님의 공의로움과 사랑을 동시에 실현하시는 방법이었다. 동시에 십자가는 그리스도의 자유와 사랑의 최고 모범이다. 십자가 위에서 예수는 하나님의 성품을 온전히 계시하셨다. 십자가는 하나님 부존재를 경험하는 현장임과 동시에 숨어계시는 하나님을 만나는 자리이다. 그래서 '하나님 없이 하나님 앞에서(디트리히 본회퍼, 1995)' 믿음을 고백하는 자리이다. 이 자

11 삼위일체와 공동체교회의 관계에 대하여는 미로슬라브 볼프(1998)의 책을 참조함.

12 교회와 그리스도의 몸에 관한 성구들: 엡 1:23; 5:23; 골 1:18, 24.

13 마 4:23; 9:35

리에서 하나님과 예수 그리스도와 성령님은 하나 되어 임재하셨다(몰트만, 1995).[14] 그러므로 십자가는 공동체의 현장으로서 하나와 다수의 관계가 형성되는 자리이며 동시에 하나님과의 관계가 이해되고, 고백되고, 증명되고, 선포되는 자리이기도 하다.

(4) 공동체와 하나님의 나라

하나님의 나라는 하나님의 주권이 인정되고 실현되는 영역이다. 하나님의 나라는 하나님의 성품이 구현되고, 하나님의 영성이 나타나서 그분의 초월적 자유와 내재적 사랑이 온전히 실현되는 현장이다. 예수님은 하나님의 나라가 "너희 안에('within you' -KJV)" 있다고 하셨다. 로이드 존스(2008)는 이 말씀이 "너희들 사이에('among you'-Jerusalem Bible)" 있다고도 번역될 수 있고 이 두 개의 의미는 모두 하나님의 나라에 합당하다고 주장했다. 우리 "안에" 세워지는 하나님의 나라는 우리의 마음에 이루어지는 평안과 기쁨, 행복, 용기, 확신, 희망, 그리고 만족 등 심리적으로 경험되는 천국이다. 우리들 "사이에" 세워지는 하나님의 나라는 사람과 사람 사이에 이루어지는 화해, 친밀, 평화, 용서, 자비, 사랑 그리고 감사와 섬김 등 관계적 또는 사회적으로 경험되는 천국이다. 전자를 '심상천국'이라고 한다면 후자를 '지상천국'이라 해야 할 것이다. 이러한 하나님의 나라에 대한 경험은 '천상천국' 즉 다가오는 영원한 종말적 하나님의 나라의 현재적인(now & here) 경험이다. 우리는 하나님의 나라를 '심상(心上)'에서 그리고 '지상(地上)'에서 경험하다가 결국 종말에 이를 때 '천상(天上)'에서 온전히 그리고 영원히 누리게 된 것이다. 공동체교회는 심상천국을 기반으로 하여 천상천

14 십자가 위에서 성자는 고통당함으로, 성부는 아들의 고통당하는 고통으로, 성령은 고통을 통하여 역사하심으로 하나 되신다.

국을 지향하는 사람들이 지상천국을 이루어가는 과정을 살아가는 집단이라고 보아야 한다.

2) 공동체교회의 교회사적 흐름

(1) 서구기독교 역사 속의 신앙공동체 운동

성경에 나타난 최초의 교회는 가까운 이웃들이 집에 모이는 가정교회의 형태였다.[15] 가정교회는 다양한 형태로 전개되었기에 단순하게 설명할 수는 없지만 그들은 로마제국이 기독교화 되는 300년대까지 영적생활을 위한 기초단위였다(한정애, 2003: 23-50). 그들은 날마다 모였고 함께 예배하며 음식을 먹었고 재산과 평안과 위험을 함께 공유했다. 예배의 기쁨과 깨달음의 감격과 폭력의 위험과 생활의 소박함을 함께 나눈 그 작고 빈약한 모임들은 결국 로마제국을 변화시키게 되었다. 그들은 소유를 초월하여 살았지만 핍절함이 없는 공생적 관계를 살아갔기에 현대 사회복지의 모델이 되기에 충분하다.

국가 권력이 주도하는 국가교회의 시대가 되자 순교적 삶이 불가능해지고 신앙은 세속주의에 물들어가게 되었다. 이 때 진정한 영적 삶을 추구하는 사람들이 사막으로 나가서 하나님과의 깊은 관계를 추구하는 수도적 삶을 살게 되었는데 그런 영성가들을 중심으로 수도원이 형성되게 되었다(김현진, 1998: 107-122). 흔히 형제단이나 자매단으로 불리우는 수도공동체들은 제도적 교회의 반대세력으로 출발한 것은 아니었던 것으로 보인다. 그러나 교회의 세속화와 함께 점점 분명한 반대와 대안적 입장을 분명히 하게 되었다(한정애, 2003: 121-177). 그 대표적인 공동체들로서 베네딕트 수도원,

---

15 가정에서 모인 초대교회를 나타내는 성경구절들: 사도행전 2:2; 2:46; 12:12; 28:30; 고전 16:19 등

프란체스코 수도회, 도미니칸 수도회, 중세후기의 공동생활형제단과 왈도파 같은 단체들이 있다. 이들은 깊은 영성생활을 통하여 받은 영감과 삶의 힘을 병자와 나그네, 가난한 사람들을 위한 구제와 선행을 위하여 헌신하는 삶을 살아갔다는 점에서 기독교의 사회복지실천과 관계된 중요한 의미를 지닌다.

국가교회가 천년을 지속하는 동안 수도공동체들도 제도권으로 편성되고 구성원들에게 관료적 지위가 형성되어갈 때 종교개혁의 물결이 전개되었는데 가톨릭을 따라갈 수 없었던 입장으로 인하여 수도공동체가 지녔던 미덕들 즉 순종, 헌신, 섬김 그리고 훈련되는 삶의 모습을 상실하게 되었다. 그럼에도 불구하고 강력한 신앙공동체들이 나타나기도 하였는데 그 대표적인 사례가 스위스와 독일에 자생적인 재세례파 운동과 경건주의 운동의 결과로 나타난 공동체들이었다. 특별히 프랑케(August Hermann Francke)가 이끄는 경건주의 운동의 공동체는 가난한 이들을 위한 학교와 고아원, 가난한 과부들을 위한 보금자리, 병원 등을 세워 근대 사회복지에 중요한 영향을 미쳤다.

18~19 세기에 이르러 개신교의 세속화 과정에서 다시 공동체 생활에 대한 각성이 일어나 공동체운동이 현저하게 활발해졌다. 독일개혁교회의 필거휘트(Pilgerhutte) 공동체, 영국성공회의 처치아미(Church Army), 구세군(Salvation Army) 등 전투적인 경건과 봉사의 생활공동체들이 생겨났고 넓어지는 세계를 향한 선교의 열정으로 공동생활하며 선교와 사회봉사에 헌신하는 공동체들이 형성되었다. 도나버(Dohnaver Fellowship), 성 크리쇼나(St Chrischona Pilgrim Mission), 디아코네스(Diaconess Communities) 등이 이에 해당된다. 이들은 현재에도 세계도처에서 지속적으로 활발하게 뻗어나가고 있다.

1차, 2차 세계대전을 전·후로 하여 화해와 일치를 추구하는 다양한 공동체들이 유럽에서 일어나 세계에 퍼져나갔는데 유명한 프랑스의 떼제(Taize Community), 스위스의 라브리(L'abri Fellowship), 독일의 기독교마리아자매회(the Evangelical Sisterhood of Mary), 미국의 베다니공동체(Bethany Fellowship)와 레바플레이스 교회(Reba Place Church), 세이비어 교회(Church of the Savior) 등 영성을 지향하며 작은 생활공동체를 이루어가는 공동체들이 큰 주목을 받고 있다. 유명한 요한 하인리히 아놀드의 브루더호프 공동체(Bruderhof community)도 이 즈음에 시작되었다(유성준, 2016: 44-48). 기독교 사회복지실천 부문에서 이런 공동체를 주목해야 하는 이유는 이들이 사회복지실천에서 큰 모범을 제시하고 있기 때문이다.

(2) 우리나라의 공동체교회 운동

우리나라 개신교의 기독교 공동체 운동의 역사에 있어서 가장 오래된 공동체는 1942년 태동된 전북 남원의 동광원라고 할 수 있다. 한 때 이단으로 오해받기도 했으나 맨발의 성자로 불리는 이현필 선생(1913~1964)에 의해서 시작된 동광원은 한국의 자생적인 독신수도공동체로서 현재까지 지속되고 있다. 동광원은 농사를 지으며 귀일원이라는 사회복지법인을 운영하면서 수도생활과 사회복지 사업을 병행한다. 대중적으로 수도적 삶과 공동체 경험에 큰 영향을 미친 수도공동체는 강원 태백의 예수원이다. 예수원은 대천덕(R. A. Torrey) 신부에 의해서 1965년에 설립되었다. 예수원은 독신 수도자와 결혼을 한 일반가정들이 회원으로 함께 생활한다. 대천덕 신부는 성령론, 성서적 토지소유, 코이노니아의 신학, 희년 사상, 교회의 일치, 공동체 등 여러 분야에 있어서 한국교회에 심대한 영향을 끼침으로서 공동체를 통한 한국 교회 갱신의 진원지 역할을 해왔다. 한국디아코니아자매회는 독일 디아코니아자매회의 한국지부로서 민중신학자 안병무의 지도를 받아 1977년, 10여 명의 개신교 미혼 여성들이 모임을 만들기 시작하였다. 1980

년 5월 1일. 여성숙 선생이 사재를 털어 설립한 한산촌 결핵 요양소 안에 여자병동을 숙소로 만들고, 다섯명의 독신여성들이 헌신의 예배를 드리면서 출범하였다.[16] 이들은 예수 그리스도의 정신으로 함께 일하고 재산을 공유하면서 결핵환자들과 노인 등 가난한 자, 병든 자, 눌린 자들을 위한 사회봉사 사역을 구체적으로 담당해왔다. 엄두섭 목사에 의해 설립된 수도공동체 은성 수도원은 1979년에 세워졌다. 은성 수도원은 한국교회에 수도적 영성을 공급하는 역할을 감당했으나 수도원 자체는 존속하지 못했다. 1988년에 충북 옥천에 윤뵈뵈 자매와 동료 자매들에 의해서 시작된 나실인 수도원은 수도사들과 60명의 성도들이 함께 농사를 지으며 영성있는 삶을 수련하기 위하여 공동생활을 하고 있다.[17]

영적인 수도생활보다는 신앙 안에서 자력갱생에 방점을 찍은 생활공동체는 김용기 장로에 의해 1962년에 시작된 가나안 농군학교가 있다. 초기에는 농촌 이상촌의 구현을 위한 기독교 공동체를 시도하였으나 차차 정신개혁과 생활개선을 교육하는 교육공동체의 형태로 흘러가게 되었다. 김용기 장로의 복민사상은 농촌 공동체의 이상을 담고 있는 공동체 사상이다. 1965년부터 원경선 선생이 주축이 되어 부천 소사에서 시작된 풀무원 공동체는 전쟁 고아나 비행 청소년들을 모아 '풀무원 농장' 공동체를 만들었다. 현재 풀무원은 유통 사업과 관련되어 사업적 명칭으로 대체되었고, 현재는 평화원이란 이름으로 공동체의 명맥을 이어가고 있다.[18]

두레 마을은 김진홍 목사가 중심이 되어 1971년 한국의 최대 빈민지

---

16 인터넷자료 참조 http://blog.daum.net/jcyoo/16880052

17 인터넷자료 참조 http://www.deulsoritimes.co.kr/news/articleView.html?idxno=29819

18 http://www.clsk.org/bbs/board.php?bo_table=gisang_cover&wr_id=45&main_visual_page=gisang

역인 서울 청계천에서 빈민구제와 자활운동인 활빈 공동체 운동으로 시작되었는데 청계천 판자촌이 철거될 때 주민들의 일부가 경기도 화성군 남양만으로 집단 이주하면서 두레 마을 공동체로 발전하였으며 이후 두레 마을 공동체는 해외 두레 마을, 두레 연구원, 두레 유통, 두레 복지 센터, 국내외 각처의 두레교회 등 교회 갱신과 사회 개혁을 이루는 광범위한 '두레 운동'으로 확장되었다. 두레 마을에는 지리산 두레 마을과 연변 두레 마을에서 공동생활을 하는 생활 공동체들이 있다.[19] 산청의 민들레 공동체는 교회가 없는 농촌지역에 교회개척사역을 목표로 활동한 경남선교회를 이끈 김인수 목사를 중심으로 1980년대 중반부터 시작되었다. 공동소유, 공동생활의 공동체로서 유기농업, 대안교육, 대안기술, 아시아지역 선교 등을 활발하게 진행하고 있다. 이외에 90년대 이후 새롭게 나타난 생활 공동체로서 서울 강북의 아름다운 마을 공동체, 충남 공주의 열방 공동체, 보은 예수마을, 대구의 한결 공동체 등이 있으며 국제적인 기독교 공동체 지부로서 한국 떼제 공동체(서울), 한국 라브리 공동체(양양) 등이 사역하고 있다.

지역교회의 형태와 공동생활 공동체가 병존하는 형태의 공동체로서는 1986년 정태일 목사에 의해서 서울에서 시작된 사랑방 교회와 1989년 청량리에서 '다양성 안의 일치'란 목적으로 최일도 목사에 의해 시작된 다일공동체, 1991년 서울 북한산 자락에서 최철호 목사가 주도한 아름다운마을공동체,[20] 등이 있고 사역 공동체는 특정한 사역의 목적 실현을 위해 세

---

19 김현진, "한국 기독교공동체 운동의 역사와 현황," 김현진 목사는 한국공동체교회 운동의 이론가로서 한국공동체교회협의회(한공협) 창설을 주도하였으며 1990년대 초반부터 꾸준히 한국교회의 공동체 운동을 교육하고 전파하는 등 많은 영향을 미쳤다. 인터넷 자료 http://cafe.daum.net/12ready

20 기독공보 2014-1-6 http://www.pckworld.com/news/articleView.html?idxno=62861

워진 공동체이다. 영성 훈련, 장애인 사역, 학교밖 청소년 사역, 재소자 사역, 알코올 중독자 사역, 탈북자 사역, 해외 분쟁지역의 평화 사역 등을 중심으로 하여 전 멤버 혹은 일부가 공동체로 살면서 사역하는 경우이다. 양평의 개척자들, 포천의 그나라 공동체, 동두천의 하늘문 공동체, 대전의 라파 공동체, 양평의 모새골 공동체, 여주의 새터 마을, 밀양의 아름다운 공동체, 의성의 안사 공동체, 합천의 오두막 공동체, 안동의 우리집 공동체, 서울의 일본 비전공동체 등이 이 경우에 속한다.[21]

현재 우리나라의 공동체 교회들은 정확히 파악되고 있지 않으나 한국공동체교회연합회의 자료에 의하면 2010년 현재 약 40개로 파악되고 있는데[22] 2년 뒤의 인터넷 회원현황은 한공협 소식지의 회원으로 가입되어있는 공동체 수를 볼 때 56개로 확장되었다가[23] 2017년에는 75개 공동체 교회로 집계되었으며[24] 2019년 초 현재 한공협 회장인 정태일 목사에 따르면 100여개의 회원 공동체 교회들이 있다고 한다. 그러나 아직도 회원으로 가입되어있지 않은 공동체도 더 많을 것으로 추정된다.

2. 공동체교회들의 특징

일반적으로 공동체에는 확대가족을 지향하여 집단 공동생활을 하며 공동소유와 공동작업을 하는 생활공동체, 예배, 영성수련, 독신의 삶을 지향하는 수도공동체, 사회봉사와 돌봄의 삶을 살아내는 사역공동체, 그리고 셀교회나 도시공동체교회들처럼 공동체성이 중심적 성격을 형성하는 교회공

---

21 김현진, 앞글. http://m.blog.naver.com/damdae502/140121255166

22 국민일보 2010-9-16 http://news.kmib.co.kr/article/view.asp?arcid=0004121014&code=23111111&sid1=chr

23 한공협소식지 제5호 2012-2-15 봄호 3쪽.

24 한공협 주소록에 등록된 회원수.

동체로 분류할 수 있다. 그러나 일반적으로 이러한 분류가 무색하게 하나의 공동체 안에 몇 가지 성격이 섞여있다. 기독교 신앙공동체들을 방문해보면 각자 독특한 방식의 삶과 사역을 지향하고 있어서 매우 다양하다. 그럼에도 불구하고 공통되는 특성들도 있는데 그 첫 번째 특징은 공동생활이라고 할 수 있을 것이다. 공동생활도 다양하여 한 건물 안에서 모여 사는 경우로부터 시작하여 마을 단위에 흩어져서 살아가는 방식까지 여러 가지가 있다. 공동체교회의 좋은 모델이 되고 있는 사랑방공동체의 정태일 목사는 공동생활의 원칙으로서 공동생산, 공동분배, 공동식사, 공동놀이, 공동예식의 다섯 가지 삶을 제시하였다(정태일, 2015: 82). 언제나 이상과 현실에는 차이가 있다. 공동생활을 기본으로 하여 그들이 가지고 있는 특성을 다섯 가지로 정리해보면 다음과 같다.

1) 공동체를 움직이는 기본 동력으로써 내면의 삶을 지향함

공동체교회의 첫 번째 특성은 내면의 삶을 가장 우선시한다는 것이다. 내면의 삶은 하나님과의 관계를 우선으로 하는 영성의 삶을 말한다. 영성을 지향함으로서 얻은 신비적인 경험이 강력한 공동체의 응집을 갖게 하는 것이다. 요하킴 바흐는 공동의 종교적 경험을 보유한 사람들이 강력한 규범성을 가진 특정 사회를 출현시켰다는 사실을 지적하면서 종교적 경험을 전제로 형성된 인간 집단은 구성원간의 전인격적인 관계와 친교, 재산의 공유 등과 같은 공동체적 가치를 매개로 하는 사회를 구성했다고 말한다(박현준, 2009: 23 재인용). 퀘이커의 지도자 존 울맨은 '내면의 빛'을 말했고 파커팔머는 '내면의 교사'가 있다고 하였다. 그것은 창조된 인간에게 심으신 하나님의 형상이요 '성령의 내주'하심이라고 말할 수 있다. 이사야(55장 3절)는 "너희는 귀를 기울이고 내게로 나아와 들으라 그리하면 너희의 영혼이 살리라."고 말한다. 공동체교회는 우리 안에 계신 하나님의 영과 소통하기 위하여 내면의 삶을 강조하는 것이다.

2) 물질적 소유의 욕망을 버리고 소박한 삶을 추구함

공동체교회의 두 번째 특징은 자발적 가난과 소박한 삶을 지향한다는 것이다. 사도행전의 원시교회공동체에서는 소유의 초월이 기본이었다. 그들은 분명히 소유를 초월했지만 핍절함은 없었다. 나누고 통용하는 가운데 서로의 필요를 채우는 것이었으므로 오히려 생계에 대한 안전함이 마련되었다. 마틴 헹엘은 사유재산이 불화의 원인이라는 생각은 초대교회 교부들의 일관된 사상이었다고 말한다(박현준, 2009: 138). 고대 교회의 교육문서인 디다케의 저자는 재산의 공유를 말하면서 주기를 주저하지 말라고 가르친다. 생명을 공유하는데 재산쯤은 아무것도 아니라는 것이다(박현준, 2009: 141). 브루더호프 공동체의 지도자 요한 하인리히 아놀드(2010: 110)는 이렇게 말한다.

> 모든 사유재산과 자신을 위해 모으려는 욕망을 버려야 합니다. 나, 내가족, 우리 공동체만을 위해 부를 노리는 것은 내면의 죽음을 가져옵니다. 부는 하나님, 그리고 인간과 인간의 관계를 단절시키기 때문에 결국은 죽음을 초래합니다. 집단적인 부의 죄에 빠지지 않기 위해 우리는 모든 것을 함께 나누며 답을 찾습니다. 우리는 하나님 그리고 그분의 진리를 찾는 사람에게 열려있습니다. 청지기 정신에서 모든 사람의 필요가 채워집니다.

그럼에도 불구하고 브루더호프 공동체는 생활의 경제적 문제를 걱정할 필요가 없는 공동체다. 물론 모든 공동체교회가 무소유를 지향하거나 공산주의적 소유의 개념으로 살아가는 것은 아니다. 그러나 그들의 삶의 지향은 단순하고 소박한 삶에 있다.

3) 용서, 화해, 사랑으로써 '하나 됨'을 추구함

공동체교회는 '하나 됨'에 큰 가치를 부여한다. 이것은 구성원들 사이의 일치를 의미하는 것임과 동시에 공동체 외부의 사람들과의 관계에 적용되는 '통합'을 의미하는 것이기도 하다. 산토스(Jason Brian Santos, 2009: 171- 196)는 떼제 공동체에서 발견한 것은 "그리스도의 화해를 세상에 실천하는 수사들"이었다고 말한다. 로제 수사는 이웃을 사랑하지 않고는 하나님을 사랑할 수 없다고 생각했고 그래서 그에게 화해는 다른 사람들과의 관계에서 가장 먼저 적용해야 하는 원리였다. 공동체교회의 구성원들은 하나가 되기 위하여 진실하고 자유롭게 의사소통하는 것을 기본으로 한다. 본훼퍼는 공동체가 더욱 진실해지고 깊이를 더할수록 우리를 갈라놓는 모든 것이 희미해질 것이라고 했다고 한다(산토스, 2009: 175). 떼제의 사람들은 그리스도의 화해를 실천하기 위해서 상대방에게 누구든지 '환대'하는 마음을 보여준다. 1685년부터 시작된 퀘이커의 질문서는 "당신들 가운데 사랑과 통일이 유지되어 옵니까?"라고 묻고 있다(하워드 브린턴, 2009: 250). 분쟁이 일어날 때에는 언제나 비폭력적 방법이 선택된다. 비폭력 방법은 둘 다 이기도록 만들어준다. 그러므로 하나됨의 핵심은 평화로운 방법의 선택이다. 비폭력의 방법은 자기의 생각을 강요하자는 것이 아니다. 퀘이커의 지도자 존 울맨이 인디언을 찾아 갔을 때 "내가 그들로부터 무엇인가 배우는 것이 있기 위해서"라고 말했다(하워드 브린턴, 2009: 258). 이 하나 됨을 위하여 공동체교회에서는 보다 많은 의사소통, 평등한 관계, 민주적 절차, 비폭력과 자유로움을 존중한다.

4) 참여적으로 봉사하고 진보적으로 개혁함

공동체교회는 대체적으로 사회에 대하여 참여적이고 개혁적인 태도를 취한다. 그들은 내면의 삶을 살기 위해 아주 오래된 신앙전통을 받아들이면서도 현실에 있어서 미래를 지향하는 진지한 변화를 모색한다. 변화와 개혁이 '하나 됨'과 대립되는 것은 아니다. 그 방법과 과정이 평화로운 것이라면 말이다. 퀘이커 교도들은 하나님의 빛을 발견한 사람들이 그 진리의 길을 가게 되고 그 길을 통하여 일치와 지식과 능력에 이르게 될 것이며 조화롭고 평등하며 간소한 삶의 행동으로 나아가도록 하여 결국에는 사회를 변화시키도록 이끌어가게 할 것이라고 믿었다(하워드 브린턴, 2009). 실제로 그들이 주법을 만들 수 있는 기회를 가졌을 때 그들의 모임에서 활용되었던 민주적 절차와 방법들이 주법의 중추를 이루게 되었다. 윌리엄 펜은 펜실베니아 주법을 민주주의적 정부형태로 만들어가는 가장 중요한 방법을 강제 없이 협동으로 이루어내고자 하였다(하워드 브린턴, 2009: 252). 가장 구석진 곳에 들어간 예수원에서도 매일 민족과 세계의 여러 가지 현안들에 대하여 구체적인 기도가 드려지고 있다. 우리사회의 가장 고질적인 병폐인 부동산 문제에 대해서도 성서적 토지정의를 내세워 토지공개념이 사회화되도록 중요한 역할을 하였다. 이러한 사회적이고 국가적인 차원에 대한 관심은 우리사회에서 공동체들이 폐쇄적인 신앙이 아니라 참여적이고 개혁적인 특성을 갖고 있다는 사실을 잘 보여주고 있다.

5) 친환경적이고 생태친화적인 생활을 추구함

환경 친화적인 생활양식은 영성적 깊이와 비례한다. 모든 친환경 생태마을들이 영성을 추구하는 것은 아니지만 영성을 추구하는 모든 공동체는 반드시 친환경적인 생태마을을 지향한다. 이현필 선생의 동광원, 함석헌 선생의 씨알농장, 김용기 장로의 가나안농군학교, 원경선 선생의 풀무농장, 장일순 선생의 한살림, 임락경 목사의 시골집, 김인수 목사의 민들레 공동체, 강동진 목사의 보나팜 등, 영성을 추구하는 공동체에는 반드시 땅을 일구고, 땀을 흘려서 돈이 중심이 아니라 생명이 중심이 되는 생태친화적인 농업과 경제체제를 추구하는 지향성을 갖고 있다.

이러한 기독교 공동체교회의 특성들은 각각 사회복지실천과 평화요인 그리고 통일요인들과 연결될 수 있다. 그 개요를 정리하면 〈표 1〉과 같다.

〈표 1〉 공동체교회의 평화통일을 위한 사회복지적 기여 개요

공동체	사회복지실천	평화요인	통일요인	기여
내면적 변화	심리정서적 변화	용서 화해 회복	동족의식회복	말초지향에서 본질지향으로
소박한 삶	생활보장	무경쟁/양보희생	남북나눔/동반성장	결과지향에서 과정지향으로
하나 됨	공생관계/사회통합	사랑/상부상조/협력	만남/소통/이념투쟁 극복/상호인정	목표지향에서 관계지향으로
사회적 책임	사회정의/공정함	자유/공정함/균형	민주화/체제개선	사익지향에서 공익지향으로
생태친화적 생활	환경개선/쾌적함	정서안정/건강	자연보존/민족유산·관광자원공유	소유지향에서 행복지향으로

먼저 공동체의 내면적인 변화는 사회복지실천 영역에서 심리정서적 치유와 회복을 유인하고 용서와 화해 그리고 상처의 회복이라는 평화요인을 형성하며 나아가 남북 간 동족의식을 회복하도록 도울 수 있다. 우리가 내면의 세계를 성찰하여 인간과 사회의 본질을 추구하면 평화와 통일에 긍정적으로 기여하게 될 것이다.

다음으로, 공동체의 탈소유와 소박한 삶에 대한 추구는 보다 적극적인 나눔과 희생을 가능하게 함으로써 취약한 이웃들의 생활을 보호하는 사회복지실천이 이루어지게 한다. 이는 경쟁사회에서 벗어나 양보하고 희생하는 평화요인을 생성하게 될 것이며 그것은 다시 남북 간 나눔 운동을 활발하게 하고 동반성장을 주도해 갈 수 있도록 도울 것이다. 얼마나 크게 이길 것이냐? 얼마나 많이 소유할 것이냐? 또 얼마나 많이 남길 것이냐 라는 결과론적 관점을 벗어나 얼마나 도울 것이냐? 어떻게 사랑할 것이냐? 라는 과정

론적 관점을 지향한다면 남북관계는 훨씬 더 부드러워질 것이다.

셋째로, 공동체의 하나 됨을 추구하는 신념은 사회복지가 추구하는 공생관계와 사회통합을 이끌어내고 상부상조와 협력이라는 평화요인을 강화하며, 그런 요인들은 남북간의 만남과 소통을 추진하여 이념투쟁을 극복하며 서로를 인정하는 데로 나아갈 것이라고 본다. 하나 됨을 향한 신념은 관계지향의 가치의식으로서 통일과정의 기반이 될 것이다.

넷째로 기독교 공동체의 사회에 대한 책임감은 사회정의를 지향하는 복지사회를 유도하여 우리사회를 자유롭고 공정하며 균형과 조화가 가능한 평화기반을 조성하게 할 것이다. 이러한 거시적 평화요인들은 민주화를 유도하고 체제를 개선 또는 안정화시켜서 통일을 향해 견인하는 역할을 하게 될 것이다. 정의를 지향하는 사회가 되도록 하는 것은 통일과 통일 이후에 결정적인 공헌을 하게 할 것이라 본다.

마지막으로 기독교 공동체교회들의 친환경적 생활태도는 환경을 개선하고 쾌적한 삶을 누리게 하는 사회복지적 가치를 창출하고 평화의 토대가 될 수 있는 정서적 안정과 건강에 이바지하며 민족의 유산인 자연을 보존하고 관광자원을 함께 누리게 하는 통일자원을 이끌어내도록 도울 것이다. 이와같은 내용들을 좀 더 자세히 살펴보고자 한다.

3. 공동체교회 특성과 사회복지실천

하나님의 본성으로서 삼위일체론은 '하나님의 형상'을 따라 지어진 인간의 본질로서 개별성과 관계성을 제시함으로서 공동체의 기본 정신을 제시하고 있고, 예수 그리스도는 하나님의 성품과 뜻을 몸으로 실현하심으로 성도의 공동체의 모범이 되셨으며, 십자가는 그 실현하는 과정과 방법으로써 공동체의 사역을 제시하는 것이다, 하나님의 나라는 그 십자가의 길이 도달하는 종말의 상태로서 공동체의 최종적이고 궁극적인 목표다. 하나님의 나라는 그 형상이 사회화된 영역에서 이루어지고 경험될 것이다. 공동체교회가 지향하는 것은 하나님의 형상과, 성품과, 본질, 그리고 당신의 뜻과 방법이 공동체 안에서 사회화 되도록 하는 것이다.

동시에 이 목표야 말로 기독교가 지향하는 사회복지실천의 골격이라고 말할 수 있다. 사회복지실천이란 결국 한 개인이 주체적이고 독립적인 인간으로서 자립함과 동시에 가족과 지역사회, 그리고 전체 사회에 상부상조의 공생적 관계를 맺는 사회적 통합을 목적으로 진행되는 실천이기 때문이다. 공동체 교회는 계시와 신학에 토대를 두고 사회복지실천은 사회과학에 기반하고 있지만 사람과 사회, 개인과 집단, 주체성과 관계성이라는 지점에서 서로 만나 하나가 된다. 한덕연(2015: 10-12)은 사회사업은 사람과 사회를 돕는 일인데 사람을 사람답게 하고 사회를 사회다워지도록 하는 것이라고 하였다. 사람은 자기 삶의 주인이 될 때 사람다워지고, 사회는 이웃과 인정을 살리는 사회가 될 때, 복지를 이룬다. 당사자의 주체성과 지역사회의 공생성이 살아나는 것이 사회복지의 핵심이다.

사회복지학은 심리사회적 영역에서 복지를 추구하는 학문이다. 어떻게 사람들이 더불어, 평안하고, 행복하게, 살아가게 할 것인가? 이러한 질문들에 응답하기 위하여 과학적으로 접근하는 것이다. 그래서 사회복지학은 심리학, 사회학을 비롯한 다양한 사회과학적인 지식을 근거로 하여 사람 '속에' 담겨진 심리적 문제를 제거하고 더 나아가 사람과 사람 '사이에' 일어난 다양한 사회적 문제를 해결하는 길을 찾아나가고자 하는 것이다. 이를 위해서 보호(care)와 회복(cure)과 변화(change)의 3C를 추구한다. 이 세 가지는 심리적인 영역이나 개인적인 영역과 같은 미시적(micro) 영역에도 적용되지만, 지역사회의 조직이나 국가의 정책, 제도와 같은 거시적(macro) 영역에도 모두 적용된다.

이러한 내용을 공통분모로 하여 기독교공동체교회와 사회복지실천의 관계는 설명되어야 할 것이다. 〈표 2〉는 그 관계를 정리한 개괄적으로 정리해서 표현하고 있다.

〈표 2〉 공동체의 특성과 사회복지실천

공동체 특성	사회복지실천	
	주 제	실천
내면의 삶	심리정서적 변화	정서적 안정, 재구조화, 자아존중감, 실존치료
소박한 생활	생계보장/생활안정	생계안정, 주거안정, 근로기회제공
하나 됨	공생관계/사회통합	의사소통, 권한부여, 역할제공, 사회적기능강화
사회적 책임	사회정의/공정함	인간중심 정책형성, 문화개선운동, 민주적 과정 참여
생태친화적 일상	환경개선/쾌적함	노동제공, 건강, 보건, 취미, 쾌적한 생활환경 조성

1) 공동체교회의 내면의 삶과 사회복지실천

먼저 내면의 삶을 강조하는 기독교공동체들은 정서적 상처를 치유하고 심리적 안정을 갖도록 돕는 데에 탁월한 성과를 올리고 있다. 이미 다일공동체의 영성훈련 프로그램이 심리사회적인 측면에서 효과가 있다는 것이 과학적 조사연구를 통하여 검증된 바 있다[25], 라파공동체는 알콜 중독자의 치유를 위한 '중독 치유 공동체'다. 오두막 공동체는 출소자들과 심리적 고통을 가진 사람들이 일반인과 함께 어울려 살아간다. 이들을 비롯한 여러 공동체에서 약물중독과 우울증 등 정신 문제가 개선된 사례들이 보고되고 있는 것이 사실이다. 민들레 공동체나 두레공동체 등, 대안교육을 중심으로 하는 공동체에서는 학교부적응 학생들의 회복사례들이 많이 보고되고 있다. 공동체의 내면을 지향하는 삶의 형태가 심리정서적인 변화를

25 유장춘·강병덕 (2015), "교회사회사업 프로그램으로써 영성수련회에 대한 효과성 검증: 다일영성수련 '아름다운 세상찾기'를 중심으로", 사회복지조사연구, 43, 239-262.

주도하여 정서적 안정을 유인하고 삶에 대한 인지적 관점을 재구조화하며, 삶의 의미와 존재의 가치에 대한 진지한 질문과 성찰을 하도록 도움으로써 자신의 가치를 인식하고 태도와 행동에 변화를 가져오게 된다.

2) 공동체교회의 소박한 생활과 사회복지실천

기독교 공동체의 소박한 생활을 추구하는 특성은 사회복지실천에 있어서 생활보장과 연결된다. 사회복지실천은 소유와 부를 추구하는 활동이 아니다. 인간의 존엄을 잃어버리지 않기 위해 필요한 것들을 가질 수 있도록 하고 심리 정서적으로 건강한 삶을 살아가는데 자신이 스스로 주인이 됨으로써 가족과 이웃, 사회와 자연의 관계 안에서 복지를 누리게 하는 것이다. 이미 웨버(Marx Weber, 2009)의 저술을 통하여 성실한 근로와 검소한 삶의 윤리의식이 자본을 축적하는 관계가 잘 설명된 바 있다. 그런데 영적인 공동체들은 그 자본을 부로 축적하지 않고 공유와 분배, 그리고 나눔으로 소비하여 자신의 복지 뿐 아니라 취약한 이웃들에게까지 생계보장과 생활안정을 가져오게 한다. 자발적인 가난은 비자발적인 가난을 막아준다. 보은의 예수마을(보나콤), 화천의 시골집, 합천의 오두막, 죽변의 봉평제일교회 등은 그 좋은 사례라고 할 수 있을 것이다.

3) 공동체교회의 관계지향성과 사회복지실천

내면의 삶을 추구하는 공동체의 가장 큰 특성은 하나 됨을 추구하는 의지에 있다고 본다. 함께 살아가는 것이 힘든 것이 사실이지만 함께 살아감으로써 구성원들 간의 친밀한 관계가 형성되는 것도 사실이다. 터툴리안은 "하나님을 한 아버지로 알아 뵙게 되고 거룩함의 한마음을 들이마시게 되었으며 똑같은 무지의 한 몸에서 문득 진리의 한 빛으로 솟아나게 된 그런 사람들이 우리에게 형제들이라고 불리고 또 사실이 그렇다는 것이야말로 얼마나 더욱 더 마땅한 일입니까?(박현준, 2009: 143)"라고 진술했다. 퀘이커들의 경우에 개인은 마치 유기체 안에 있는 세포와 같이 전체와 결합되는데 이것은 각 부분 안에 아무 개성도 자유도 존재하지 않는 생물학적 유기체 안의 결합과 다르다. 자기의식을 가진 자유로운 인격들이 모여서 되는 단체 안에 있는 통일을 말하는 것이다(하워드 브린턴, 2009: 201). 이러한 관계의 성장은 사회복지실천 영역에서 아주 중요한 의미를 갖는다. 사회복지실천은 관계를 통해서, 관계를 위해서, 그리고 관계에 의해서 성립되기 때문이다. 키엘케골이 말한 것처럼, "관계가 관계 안에서 관계를 관계하는 것"이다. 신앙의 생활공동체들은 의사소통을 활발하게 하고 모든 구성원들에게 역할을 제공하고 권한부여해서 서로 연결되게 함으로써 각자의 사회적 기능을 강화시킨다. 그 안에서는 모든 사람이 존중되고 맡은 바 '구실'이 있어서 배제되지 않는다.

4) 공동체교회의 사회적 연대의식과 사회복지실천

더 나아가 이 하나 됨은 연대의식을 갖게 하고 더 큰 범위의 변혁을 주도하는 힘을 갖게 된다. 영적이고 신앙적인 공동체들은 결코 그들이 살아가는 시대와 사회의 현실적 문제들에 대해서 눈을 감고 있지 않았다. 토마스 머튼은 트라피스트라는 폐쇄 독신수도원에서 살아갔지만 편지와 기고를 통해서 현대사회의 문제를 해결하는 지혜를 제공함으로써 큰 영향을 미쳤다. 그리스도교의 공동체운동이 갖는 공통점은 이들이 모두 개혁적 성격을 갖고 있다는 것으로서 공동체적이지 못한 사회질서나 기존 교회질서에 대하여 변화를 추구하고 대안을 제시하는 경향을 보인다(박현준, 2009: 220). 특별히 전쟁과 재해에 민감하게 대응하고 폭력을 방지하기 위하여 평화적인 해결방안을 제시하며 자유와 평등의 인간 존엄성을 해치는 다양한 사회문제에 대하여 영적인 기준과 대안을 제공하는 역할을 하고 있다. 공동체들마다 민족과 세계에 대한 비전을 갖고 기도와 준비를 진행하고 있는 것을 볼 수 있다. 새마을 운동이 동광원과 가나안농군학교에 큰 빚을 지고 있으며, 토지공개념에 대하여는 예수원이 그 발원지이고, 어린이집과 지역아동센터는 허병섭 목사의 동월교회 똘배의 집과 공부방이 계기가 되었으며, 우리나라의 자활지원제도는 역시 허목사의 일군두레와 깊은 관계가 있다는 사실은 익히 알려진 사실이다. 기독교공동체교회는 그 내부에서 평등한 체계와 민주적 역량을 쌓아서 일반사회보다 월등하고 감동적인 대안적 모델을 제시함으로써 인간중심의 정책을 형성하고 문화적 개선을 주도하는 기반이 될 수 있다.

5) 공동체교회의 친환경 생태적 삶과 사회복지실천

마지막으로 기독교공동체교회들이 지향하는 친자연적이고 생태친화적인 생활방식도 환경을 개선하고 쾌적한 삶을 누리도록 한다는 점에서 사회복지실천에 연결될 수 있다. 2000년대에 이르러 청정한 생태환경을 조성하는 일과 무공해 먹거리, 그리고 건강한 노동 등의 주제들이 아주 중요한 사회복지의 영역으로 부상하였다. 기독교의 공동체교회들은 이러한 관심에 중요한 영향을 미치고 있다. 홍순명 교장이 주도하는 풀무농업학교의 지역개발활동이나 민들레공동체와 보은 예수마을의 보나콤 사례들은 자연농업의 보급을 주도하고 있으며 최초의 친환경농업운동 단체인 정농회도 원경선의 풀무농장과 임락경의 시골집 등 공동체들이 주도한 것이었다.[26] 한국의 사회복지실천이 보조, 부양, 보호, 공급, 지원의 개념으로부터 자립적이고 자율적인 친환경 생태지향적인 공동체 방식을 도입하여 자아실현과 삶

---

26 환경·생태·생명운동과 관련해서는 국중광 편 (2007), 「한국 생태공동체의 실상과 전망」을 참고할 것.

의 만족도를 높이는 방향으로 나아가야 할 필요가 있다.

III. 공동체의 사회복지실천적 특성과 평화통일

1. 공동체의 사회복지실천적 특성과 평화요인의 관계

성경에서 '평화'란 단어를 찾아보면 구약에서는 "샬롬(שלום)"이라는 히브리어 단어를 사용하고 신약에서는 "에이레네(εἰρήνη)"라는 단어를 사용한다(Butler, 2004: 1261-2). '샬롬'이라는 말은 "샬렘"(완전하다, 건전하다)이라는 말의 명사형으로서 '완전하다, 건전하다, 완성하다, 마치다, 회복하다, 보답하다'라는 뜻의 솨람(שלם : shaw-lam)을 기본어근으로 하고 있다. 성경은 그리스도를 인류에 샬롬(평화)을 가져다 줄 "평화의 왕"이라고 부른다(엡 2:14). 신약에서 사용된 '에이레네'라는 단어는 '평안'이라고 요한복음 14:27에서 번역되었는데[27] '평강, 평화, 화평'이라고 번역되기도 한다. '결합하다'라는 뜻의 '에이로'(eiro)에서 파생된 단어로 '평화, 번영, 하나가 됨, 고요, 안식, 다시 하나가 되다'라는 의미를 가지고 있다(Butler, 2004: 1261-2). 에이레네(εἰρήνη)는 단순히 서로가 평화로운 관계(relationship)나 평화를 유지하려는 태도(attitude)를 말하기보다는 오히려 평안 그 자체인 완성적 의미에서의 상태(state)를 의미한다고 볼 수 있다. 즉 결합되어(eiro) 하나(μονογενης)가 된 상태를 말하는 것이다.

이러한 성서적 의미들을 살필 때 그리스도가 평안 그 자체이며, 그리스

---

27 '평안을 너희에게 끼치노니 곧 나의 평안을 너희에게 주노라. 내가 너희에게 주는 것은 세상이 주는 것과 같지 아니하니라. 너희는 마음에 근심하지도 말고 두려워하지도 말라'(요 14:27).

도를 받아들인 성도가 평안이고 그들의 모임인 공동체가 평안 그 자체인 것으로 볼 수 있다. 무슨 노력이나 일의 결과라기보다는 존재하는 방식으로의 평안을 말하는 것이다. 성숙한 인격의 신앙인과 함께 머무를 때 경험되는 평안은 감동이 동반된다. 하나님 나라의 도래는 곧 평화로 존재하는 세계의 도래이며 평화의 실현은 곧 구원의 완성이다(윤응진, 2001: 178).

구겔(G.Gugel)과 랑에-펠트하안(K. Lange-Feldhahn, 윤응진, 2001: 213 재인용)은 평화를 교육하기 위하여 일곱가지 원칙을 제시하였다. ① 이념 비판적, 계몽적 기능 인지, ② 현실에 대해 비판적으로 질문 ③ 갈등들을 받아들여 원인들을 명백히 하고 해결책 모색 ④ 폭력에 대응하는 비폭력을 생활 원칙으로 삼음 ⑤ 민주주의의 실현을 위한 노력, ⑥ 한쪽 편, 즉 약자 편에 섬, ⑦ 역사의 경험을 의식하고 자신을 긍정적인 전통들에 연결하는 것 등이다.

기독교 공동체의 사회복지실천적 특성들은 평화요인들에 중요한 관계를 맺고 있다. 〈표 3〉으로 그 관계를 정리해 보고자 한다.

〈표 3〉 공동체교회의 사회복지실천적 특성과 평화요인

공동체 특성	사회복지실천 특성	평화요인	
		주 제	실천
내면적 변화	심리정서적 변화	용서 화해 회복	대화 이해 기념/ 축하 인사 사과
소박한 삶	생계보장/생활안정	탈경쟁/양보/희생	나눔, 공유, 공급, 상부상조
하나 됨	공생관계/사회통합	평등/자유/사랑	소통 만남, 축제, 차별·참여, 배제금지,
사회적 책임	사회정의/공정함	공정성 투명성	공개토론, 절차의 합리성추구,
생태친화적 생활	환경개선/쾌적함	안녕 평안 휴식	생활협동조합활동/ 생태마을조성

1) 심리정서적 접근과 평화요인

첫째로 기독교공동체들의 내면적 삶에 대한 우선적 가치부여는 심리정서적 변화를 가져오고 그 변화로 말미암아 대화의 길이 열리면서 서로를 이해하고 용서와 화해와 회복의 장이 형성될 수 있게 한다. 다일공동체의 영성수련을 경험한 사람들 중에는 갈등관계에 있던 사람과 화해의 길이 열린 사례들이 많이 나타났다(유장춘·강병덕, 2015: 256).[28] 물론 갈등관계는 자주 만나고 가까운 거리에 있는 경우에 더 많이 나타나지만 기독교공동체는 내면의 삶을 추구함으로써 갈등을 극복하는 기제가 더 강해지는 것을 볼 수 있다. 요한 갈퉁(2000: 21-22) 은 소극적 평화와 적극적 평화를 말하면서 소극적 평화는 치료적 처방이고 적극적 평화는 예방적 평화라고 하였다. 현재 만연하고 있는 묻지마 살인이나 자살과 같은 사건들이 만연하고 있는 것은 우리 사회가 갈수록 치열한 경쟁사회로 내몰리고 높은 실업율, 빈부의 양극화와 같은 갈등요인이 높아지고 있는 것과 무관하지 않다. 작은 공동체의 내면의 평안을 추구하는 생활은 이런 폭력적 상황으로부터 벗어나도록 하는 적극적 평화의 가장 좋은 대안이 될 것이다.

2) 기본생활안정과 평화요인

사도행전의 처음 교회 사람들은 "한마음과 한 뜻이 되어 모든 물건을 서로 통용하고 자기 재물을 조금이라도 자기 것이라 하는 이가 하나도 없더라" 고 했다. 그럼에도 불구하고 그들 중에는 가난한 사람도 없었다(행 4:34). 나눔의 삶은 기본적으로 모두에게 생활안정을 가져오게 한다. 기본적인 생활의 안정은 평안의 중요한 조건이 된다. 보은의 보나콤 대표인 강동진 목사는 공동체는 영성과 경제 두 개의 바퀴로 굴러간다고 말한다. 그들은

---

28 이 연구사례는 공동체 구성원들을 대상으로 조사한 것은 아니다. 그 구성원들에 의해 진행된 영성수련의 경험으로서 상관관계가 있다고 논리적으로 유추한 것이다.

높은 수준의 공유체제를 이루었고 이미 농촌사회에서 충분한 생활수준을 누리고 있으면서도 매년 고액의 선교비를 감당하고 있다. 모두가 가난했던 시절에는 가난이 그렇게 불행한 요인은 아니었다. 그러나 풍요의 시대인 21세기에서 가난은 모든 불행의 원인이 되고 있다. 사람들은 고도의 경제적 압력을 감당하기 어려워 자살과 정신질환, 중독, 범죄가 가중되고 있다. 경제적 압박을 극복하는 방식은 영성적 토대를 분명히 하는 것이다. 자발적인 가난의 영성이야말로 비정하고 이기적인 자본주의 경제를 바로잡고 폭력적인 경제구조를 벗어나서 평안을 찾는 열쇠가 될 것이다.

3) 사회통합과 평화요인

평화를 위협하는 가장 중요한 요인들 중에 하나는 사회통합의 실패다. 현대 사회의 비극은 만연하는 소외, 고립, 단절, 차별, 주변화, 방치, 대립 등의 문제로부터 야기된다. 이는 남북분단의 상황에 있는 우리 민족에게 더욱 심화되어있다. 몰트만(Urgen Moltman, 1992: 68-69)은 현대사회의 고통의 뿌리가 본질적으로 사회적 고립, 관계의 단절에 있다고 말한다.

산업사회가 초래한 인간의 고통은 본질적으로 사회적 고립에 있다. 산업사회에서 사회적 사망 즉 상호관계의 상실현상이 만연되었다. 이것은 구제 혹은 여기에 부가하여 사회복지 사업을 통해서는 극복될 수 없으며 새로운 공동체를 통해서만 극복될 수 있다. 장애인과 비장애인, 건강한 사람과 병자, 젊은이와 노인, 남자와 여자들 간의 생활공동체 건설을 통해서만 현재 인간들 간의 상호 분리된 사회의 사회적 고립이 극복될 수 있다. 이러한 공동체를 통해서 단순히 외적 증상만이 치료되는 것이 아니라 근본적인 사회악도 제거 된다.

갈퉁도 적극적 평화개념을 말하면서 단지 폭력의 부재 상태에 머무르는 것이 아니라 "적극적이며 조화를 이룬 협동적 관계들의 현존"을 의미하는 것으로서 즉 "통합과 협동"(Integration und Kooperation)으로서 이해하였다(윤응진, 2001: 91-94). 바로 이러한 '하나 됨'을 실제적으로 추구하는 집단이 기독교의 공동체교회라 할 수 있다.

4) 사회정의와 평화요인

히브리 성서는 개개인에게 샬롬을 갈망할 뿐 아니라 그를 실현시키기 위한 적극적인 행동을 실천할 것도 촉구한다. 성경은 평화가 '정의의 열매'라는 것을 분명히 하고 있다.[29] 평화를 추구하는 사람은 정의롭게 행동해야 한다(이사야 32:17, 시편 85:10). 구겔과 펠트하안에게는 평화를 교육한다는 것이 특권 없는 자들, 업신여김을 받는 자들, 권리를 박탈당한 자들의 편에서는 것을 훈련한다는 것이다. 평화교육은 폭력 및 위협정책, 민주적 기본권의 유보, 국가들 사이에서나 한 국가 내부에서의 사회적, 경제적 삶의 기회의 불평등한 분배 등에 대하여 반대의 입장을 취할 수 있도록 가르치는 것이다. 그래서 평화교육은 당파적이다. 그 이유는 저개발과 폭력의 원인들과 그것들을 야기한 장본인들을 기탄없이 거론하고 그 과정들에서 이익을 보는 자들과 고난을 짊어지는 자들을 분명히 밝혀내기 때문이다(윤응진, 2001: 213).

결국 평화에 대한 교육이란 "아래로부터" 바라보는 법을 배우도록 하는 것이다. 한국사회에서 공동체에 대한 체계적 논의는 1980년대 실천적 문화운동 참여자들에 의하여 비교적 활발하게 제기되었다. 민중운동권, 특히 농민운동, 도시빈민운동권에서 생활공동체에 대한 논의가 종교 운동권에서는 기초교회운동, 그리고 문화운동권에서는 '일과 놀이의 공동체운동'에

29 "악을 버리고 선을 행하며 화평을 찾아 따를지어다. 여호와의 눈은 의인을 향하시고 그의 귀는 그들의 부르짖음에 기울이시는도다(시편 34:13-15).

대한 논의가 활발히 전개되었다(최협 외, 2006: 273). 이들은 모두 기존체제의 부조리에 대한 진지한 성찰로부터 출발한 것이었다. 90년대 이후 공동체들은 체제에 대한 문제의식을 계속 갖고 있으면서도 항의, 요구, 변화, 개혁을 부르짖는 방식으로부터 전환하여 모성적인 방식으로, 구제와 보호, 돌봄과 섬김의 흐름에서 그 활동을 이루어가고 있는 것으로 보인다.

5) 쾌적한 생태환경과 평화요인

생태환경을 훼손하는 것은 인간의 몸과 생명을 위협하고 삶과 행복을 황폐화시키는 것이다. 요한 갈퉁(2009: 83-100)은 평안을 위협하는 폭력의 종류[30] 일곱 개 중에 첫 번째로 자연에 대한 극단적 폭력 즉 환경파괴를 설정하고 "생태학과 생태의 위기는 일반적으로 전쟁에서와 같이 자연에 반하는 직접적인 폭력"이라고 말한다(88쪽). 이것은 또한 산업과 농업의 구조적 폭력이며, 오늘의 문화적 패턴들이 이것을 합법화 한다고 하였다. 율리히 바이츠체커는 21세기가 환경의 세기가 될 것이라고 내다보았다(최협 외, 2006: 277-286). 기독교공동체들의 친환경적 생활과 문화패턴이 더 중요한 의미를 갖게 되는 이유가 여기에 있다. 사안의 중대성과 시대적 요청이 맞아 떨어지고 있기 때문이다. 이것은 사회복지적 측면에서 역시 중요한 의미를 갖는다. 영적인 신앙공동체 운동은 전 세기들의 산업화와 개인주의의 확대가 초래한 환경오염과 생태파괴의 문제들을 해결할 수 있는 대안이 된다.

---

30 갈퉁은 먼저 직접적, 구조적, 문화적 세가지 폭력으로 분류하고 다시 환경에 대한 폭력, 인간에 대한 폭력, 사회에 대한 폭력, 세계에 대한 폭력, 시간에 대한 폭력, 문화에 대한 폭력 등 일곱 가지로 분류하였다.

2. 기독교공동체 사회복지실천의 평화요인과 통일요인의 관계

사실 공동체가 기독교의 전유물은 아니다. 박호성(2009: 42-44)은 보편적 차원에서 공동체라는 주제의 중요성에 대하여 네 가지로 설명하고 있다. 첫째로 공동체는 전통과 관습 등 "옛것들"에 대한 관심과 애정을 기본 바탕으로 한다고 하였다. 이른바 '오래된 미래'를 추구하게 한다는 것이다.[31] 둘째로는 공동체적 유대감이 상부상조하는 잠재적 인성을 일깨우고 현대인의 삭막한 정신적 공황상태를 치유한다고 하였다. 셋째로는 공동체가 "시민(citizens) 모두의 안전"을 지향하는 시민사회의 덕목이라고 설명했다.[32] 넷째로 공동체는 민족의식과 공동체적 연대는 대단히 중요한 상관성을 가지고 있다고 하였다. 이러한 연유에서 공동체는 민족 통일과 의미있는 관계를 맺는다.

기독교의 공동체는 이러한 보편적 차원의 공동체적 특성을 공유하지만 훨씬 다른 차원에서 그것을 추구한다. 하나님과 인간의 본질로써 삼위일체, 예수 그리스도의 성육신, 진리의 길로서 십자가, 그리고 궁극적 종말로서 하나님의 나라 등, 기독교의 이념을 구성하는 기본 골격이 마을이나 지역 단위에서 사회화 된 것이 공동체교회이다. 그것이 민족적 단위에서 성취될 때에 이루어지는 것이 평화통일이라고 말할 수 있다. 그런 의미에서 기독교 공동체 또는 공동체 교회는 평화통일의 작은 모형이라고 해도 과언이 아니다. 기독교사회복지는 공동체라는 작은 단위에서 이루어지고 있는 것을

---

31 「오래된 미래」는 스웨덴 출신의 언어연구자 헬레나 노르베리 호지(Helena Norberg-Hodge)에 의해 저술된 책의 제목으로서 "라다크에게서 배운다"라는 부제를 갖고 있다. 라다크는 인도북쪽의 어떤 부족의 지역이름으로서 그들의 생활 중에 나타나는 '오래된' 가치관과 삶의 태도를 통해 '미래'를 향한 대안을 제시하고 있다.

32 이 개념은 아리스토텔레스가 제시한 것으로 항해하는 선원의 공동목표가 항해의 안전인 것과 같다고 하였다.

민족단위로 끌어올려야 하는 과제를 안고 있다. 과거 일제강점기에 있었던 김약연의 명동촌이나 이승훈의 오산학교를 기억할 때에 기독교공동체는 그것을 주도할 수 있는 이론적 설득력과 실천적 잠재력을 갖고 있다.

이해를 돕기 위하여 〈표 4〉는 기독교공동체 사회복지실천의 평화요인과 통일요인의 관계를 정리하여 제시하고 있다.

〈표 4〉 기독교공동체 사회복지실천의 평화요인과 통일요인

사회복지실천	평화요인	통일요인	
		주 제	실천
심리정서적 변화	용서 화해 회복	민족정서의 회복	과거청산, 역사적 공통성확인, 민족정체성 확립, 상대개념재정립, 인도주의
생계보장/생활안정	탈경쟁/양보/희생	나눔/원조	식량공급 자원공유 인도주의적 원조 영유아/장애인/노인 등 취약계층 보호,
공생관계/사회통합	평등/자유/사랑	소통/상호성	초청, 왕래, 토론, 문화교류, 긴장완화
사회정의/공정함	공정성 투명성	민주화/체제개선	인권개선, 평화/통일교육
환경개선/쾌적함	안녕 평안 휴식	자연보존 /민족유산	생태연구/녹화사업/ 유적발굴 관광자원개발

1) 심리정서적 용서·화해·회복과 통일요인

먼저 영적 신앙공동체의 내면적 삶에 대한 우선순위는 사회복지적 측면에서 심리정서적인 치유와 성장을 이뤄내고 용서·화해·회복이라는 평화요인을 갖게 하여 과거를 청산하고 역사적 동질성과 민족정체성을 확립함으로써 적으로 자리매김한 북한을 동족으로 받아들이고 인도주의적 차원에서 관계를 회복시켜 나갈 길을 만들어내게 할 것이다. 통일이 정치적인 이유로 진행되든지, 경제적인 이유로 진행되든지, 문화적인 이유로 이루어진다해도 진정한 통일은 마음으로부터 상대를 수용하기 전까지는 진정한 통일이 아니다. 많은 사람들이 통일 후에 더 큰 혼란이 있을 것을 걱정하고 있다. 그것은 욕구중심의 복지(need based approach)를 통해서 해결될 수 있는 문제는 아니다. 그렇다고 심리정서적 수준에서 해결되기도 어렵다. 상호

모순적 지향점이 있기 때문이다. 서로가 주체성이 강한 개인으로 서면 설수록 갈등이 심해질 것이요 역량이 강화되면 될수록 경쟁도 심화될 것이다. 상대에 대한 진정한 수용은 하나님 앞에서 발견한 자아의 존재를 인식하고 깨달은 후에 오는 겸손과 하나님의 은혜에 대한 깨우침으로 말미암은 사랑으로부터 오는 것이다.[33] 그것은 그 하나님께서 창조하신 존재 자체가 갖는 가치와 권리를 인정함으로써 가능해진다. 천부인권을 기초로 하여 관계를 재정립할 때 진정한 수용과 평등의 관계가 수립될 수 있다는 것이다.[34] 그것은 어떤 조건이나 환경 또는 자질에 의해서 결정되는 타인수용이 아니라 있는 그대로를 받아들인 무조건적인 것이다.

2) 생활안정을 통한 탈경쟁적 관계와 통일요인

현재 북한은 절대적인 식량부족과 천재지변의 재해로 신음하고 있다. 바로 얼마 전까지도 한국정부는 일체의 인도주의 사업을 외면하였다. 인도주의적 접근과 활동을 포기하는 것은 인간이기를 포기하는 것이다. 그래서 그것은 상대방의 고통의 문제 이전에 우리 자신의 존재론적 문제다. '인간으로서의 나'를 상실하는 것이기 때문이다. 인간이기를 포기하며 얻은 것이라면 어떤 경제적 성공이나 정치적 승리도 의미를 상실하고 만다. 인간으로서 존재의 가치를 상실하였기 때문이다. 과거 독일의 통일과정에서 헬무트 콜 수상이 이끄는 서독정부는 인도적 분야와 의약품 제공과 같은 분야에서는 동독에 대해 즉각적이고 구체적인 원조를 제공할 준비가 되어있었

---

33 마더 테레사는 "하나님에 대한 지식은 사랑을 낳고 자기 자신에 대한 지식은 겸손을 낳는다."고 말한다. 그리고 진정한 겸손이란 "내가 아무것도 아니라는 사실을 깨닫는 것"이라고 말했다.

34 진정한 화합사회를 이루기 위해서는 권리에 기초(right based approach)한 복지가 필요하다(한국사회학회 편, 2013: 122-130)

다. 그리고 이러한 사안에 대해서는 동서독 간에 가능한 한 방해받지 않는 통행이 이루어지도록 요구할 수 있었다(황병덕 외, 2011: 171). 인도주의를 내세우면서 정치논리와 경제논리를 전제로 한다면 그것은 가치의 전도임에 틀림없다.

기독교공동체는 존재론적 의미중심의 가치관을 설정하고 자발적 가난, 소박한 삶을 선택하여 살아가는 사람들이다. 그 결과는 생계의 보장과 생활안정이라는 사회복지적 결과를 가져온다. 가난하지만 자발적으로 선택한 것이기 때문에 그 가난이 고통이나 비극으로 다가오지 않고 자긍심과 만족으로 경험되는 것이다. 그리고 그것은 경쟁을 벗어나서 양보하고 희생하고 살아가게 하는 상부상조의 평화요인을 유인하게 될 것이다. 이러한 평화요인이 민족관계에 영향을 미친다면 인도주의적 원조를 촉진하고 식량과 에너지를 함께 나누며 경제적 유대가 강화됨으로써 통일의 가능성을 높여줄 것이다.

3) 사회통합을 통한 평등 사회의 통일요인

셋째로 기독교 공동체의 일치를 지향하는 '하나 됨'의 정서는 사회복지적 측면에서 공생관계를 일으켜 세우고 사회통합을 가속화하게 된다. 그것은 다시 사랑 안에서 평등과 자유를 추구하는 평화요인을 유도하고 이러한 기초적 지향성이 민족적 차원으로 확대되어 결국 남북 간의 긴장을 완화하여 대화의 물꼬를 트고 상호 초청, 왕래, 토론, 교류를 가져오게 할 것이다.

통합이란 것은 자유와 평등이 보장된 상황 아래에서만 의미를 갖는다. 자유롭지 못한 상태에서 통합이란 자기 상실이며 노예화, 예속화에 불과한 것이고 평등이란 것은 자유로울 수 있는 절대적인 조건이기 때문이다. 퀘이커 공동체에서는 일치를 위하여 '조화'를 이루도록 노력하는데 그것은 그들 사이에서 어떠한 강제도 쓰지 않으면서도 일치된 행동에 이르도록 하자는 평화주의의 기술을 가르키는 말이었다(하워드 브린턴, 2009: 217). 이런 공동체정신은 미국사회를 형성하는 과정에서 중요한 영향을 미쳤다. 과거 우리 민족의 전통적 농촌사회에서 배태된 두레공동체도 그런 면에서 도시적 삶을 살아가는 오늘의 시민들이 배워야 할 공동체적인 요인들을 갖고 있다. 협동생활운동, 노동의 쾌락화, 노동능률제고, 공동부조, 공동오락, 공동생활활성화, 공동규범 제정, 사회통합, 공동체의식 함양 등은 우리 전통 두레에서 배울 수 있다. 평등을 기초로 하는 절대적인 자유, 처음 시작할 때 한 번만 하는 자유선택이 아니라 계속적으로 끝이 없이 선택을 해감으로써 누리는 자유는 비교적 작은 단위의 영적인 공동체에서나 가능한 것이다(하워드 브린턴, 2009: 201). 그러나 작은 단위에서 경험된 것은 다른 차원에서 즉 더 큰 사회 또는 민족적 차원에서도 실현할 수 있는 근거가 된다.

4) 사회정의 실현으로서 공정성과 투명성 확보와 통일요인

넷째로 공동체교회의 영적 민감성은 사회정의에 대한 책임감을 강화하고 공정하고 투명한 구조를 지향하는 평화요인을 형성하는데 기여할 것이다. 우리사회가 진정한 민주화를 이루어 체제를 개선하고 인권존중의 선진국이 된다면, 그리고 일상 속에서 평화교육과 통일교육을 진행한다면 평화의 기조 위에서 통일의 기회는 오고야 말 것이다.

현재 남쪽에서는 한국주도의 점진적 합의통일을 주장하고 북쪽에서는 사회주의체제로의 적화통일을 사수하고 있다. 남북 간의 체제경쟁이 이제 끝났다고 하지만 한국사회는 지도층이 부패하고 조정능력을 상실하여 늘 갈등과 분열의 위기를 조성하고 있다. 경제는 천민자본주의에 물들어있고, 행정 관료는 지역감정이나 이념논쟁 뒤에 숨어서 복지부동하고 있으며 사회도 출세경쟁과 서열화에 매몰되어 황폐하기만 하다. 우리 사회의 인권의식의 문제는 늘 반공주의적 안보의 관성력에 사로잡혀 있어서 보수와 진보, 세대 간의 가치갈등을 일으키고 있다. 그래서 우리 자신이 만족할 만한 인권수준에 이르지 못한 것이다(황병덕 외, 2011: 155). 이러한 상황에서는 진정한 민주주의를 실현하기에 요원하다. 우리 남쪽 내부의 민주적 역량이 갖추어져야 북쪽에도 체제개선과 구조적 변화를 요구 할 수 있는 것이다. 문익환 목사는 "민주화와 통일은 동전의 양면이다(이봉근, 2016: 23)."고 말했다. 우리 사회의 민주화를 위해서는 통일이 진전되어야 하고 민주화가 진전되어야 통일도 가능한 것이다. 그런 측면에서 민주적 구조가 실현되고 있는 작은 신앙공동체들의 영향이 확대될 필요가 있다.

5) 친환경 생태활동을 통한 안정과 통일요인

마지막으로 기독교 공동체의 친환경 생태친화적 태도와 삶이 사회저변으로 확장되어 간다면 쾌적한 생활환경을 마련함으로써 평안과 휴식의 공간이 마련되고 삶의 여유와 복지적 혜택을 누리게 될 것이다. 민족 단위에서 생태를 연구하고 녹화사업을 진행하며 민족의 유산과 유적을 함께 발굴함과 동시에 세계에 개방할 수 있는 관광자원을 개발하는 것은 통일의 여정에서 매우 의미있는 과정이라고 본다.

독일 통일 이후 20년이 지났을 때 실시된 사회조사의 결과를 보면 동서독 공히 정치제도적 측면에서 불만족이 강했고, 정의로움이나 경제적 측면, 치안, 사회상태, 부패 등 모든 면에서 나아지지 않았다고 생각하고 있으나 환경적인 부분에서만은 확실하게 나아졌다고 평가되었다(황병덕 외, 2011: 336-338). 앞으로의 세대가 환경의 시대라면 통일은 환경적인 면에서 큰 희망을 가져다 줄 것이다. 생태친화적 삶은 종교와 이념을 초월해서 정신적 가치를 지향하는 대다수의 공동체들의 한결같은 지향점이었다. 선진사회로 나아가는 길목에서 영적인 신앙공동체들의 친환경적 삶은 남북 간에 공감대를 형성하고 서로를 보듬는 공통분모로 자리잡을 수 있다고 본다.

Ⅳ. 결론: 평화통일을 위한 한국공동체교회의 사회복지적 기여 모색

교회는 근대 사회사업의 출발지이자 현대 사회복지의 산실이다.[35] 교회는 각 시대의 아픔과 절망에 직면하고 대안을 제시해왔다. 분단이라는 민족적 비극 앞에서 교회는 피할 수 없는 소명을 부여받았다. 지금까지 평화와 통일을 향한 대안으로써 기독교공동체의 사회복지적 기능과 역할에 대하여 반추해 보았다. 영적인 신앙공동체는 비폭력적 통일과정의 합리적 사유, 논리적 근거, 정서적 토대, 영적 확신을 제시한다. 그리고 반드시 통일해야 하는가? 반드시 평화로워야 하는가? 이 질문들에 대한 대답과 둘을 하나로 연결시킬 수 있는 대안을 기독교공동체 운동에서 발견할 희망을 갖는다.

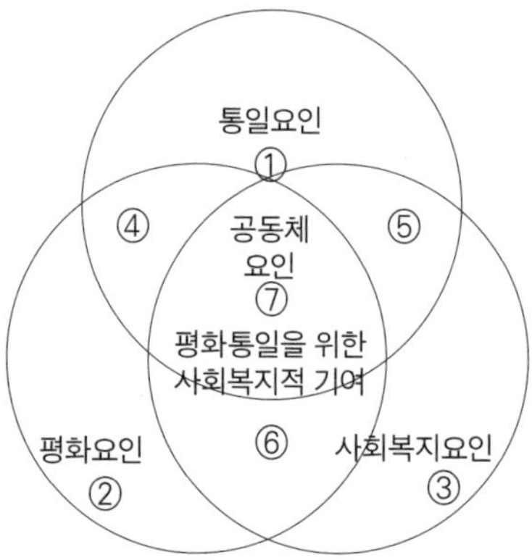

[그림 2]평화통일을 위한 기독교공동체의
사회복지적 기여 개념도

---

35 "교회는 사회사업의 어머니다.-Timothy Johnson" 18세기 영국교회의 계몽주의적 접근은 사회사업 전문성이 출발하게 하였고 경건주의로 말미암아 일어난 유럽대륙 공동체들의 이타적 사업들은 기관중심 사회복지의 시발점이 되었다.

위의 그림은 본 연구의 내용을 개괄적으로 표현하기 위하여 제시한 것이다. 구분된 영역들을 정리하면 〈표 6〉과 같다. 기독교공동체가 갖고 있는 특성들은 1차적으로 평화와 통일의 요인들과 사회복지영역과 일치하는 공통의 부분(7영역)과 일치하는데 그 외에도 평화요인과 통일(4영역), 통일과 사회복지(5영역), 사회복지와 평화의 요인(6영역)들이 2차적 영역으로 적용될 수 있다.

〈표 6〉 평화/통일/사회복지요인과 기독교 공동체 특성의 관계

영역	개념	내용
1 영역	평화·사회복지 요인을 제외한 통일요인	무력 적화 멸공 흡수통일
2 영역	통일·사회복지 요인을 제외한 평화요인	분단유지 안보우위
3 영역	평화·통일 요인을 제외한 사회복지요인	거의 없음.
4 영역	평화요인과 일치되는 통일요인	민족화해 전쟁종결 긴장완화 과거청산 상호수용 갈등극복 상호왕래 민주화 인권 기업투자
5 영역	통일요인과 일치되는 사회복지요인	긴급구호 재난원조 식량제공 에너지보급 일자리제공 생활안정 건강지원 주거제공
6 영역	사회복지요인과 일치되는 평화요인	정서적치유·회복 자율 자립 자조, 생활보호, 취미·문화생활 축제
7 영역	사회복지·평화·통일요인과 공동체 요인	신뢰구축 자발적희생 관계회복/향상 상부상조 자유왕래 공생 겸손 공동생활 만남

본론에서 논의된 내용을 토대로 평화통일을 위한 기독교공동체교회의 사회복지적 기여를 정리한다면 첫째로 기독교공동체의 특성이 반영된 사회복지적 결과들이 평화요인에 큰 영향을 줄 수 있다는 사실이다. 공동체의 내면의 삶을 통하여 원한과 미움, 갈등보다는 용서와 화해 그리고 수용의 정서가 강화되고 소유를 초월한 나눔의 가치가 실현됨으로써 소박한 삶과 안정된 생활이 평화의 중요한 요인이 될 것이다. 또 하나 됨을 추구하는 공동체의 일체적 삶은 공생관계를 이끌어내고 사회통합에 기여함으로써 평등하고 자유로운 사랑의 현장을 창출할 수 있게 한다. 뿐만 아니라 공동체 구성원들의 현실과 관계들에 대한 깊은 통찰과 인식으로 인하여 공정하고

투명한 사회를 향하여 나가도록 하며 생태친화적 생활은 평안과 휴식 건강 문제들을 개선하여 평안의 밑걸음이 될 수 있다는 것이다.

둘째로 기독교공동체의 특성이 반영된 사회복지적 결과들은 평화로운 통일에 기여할 수있다는 점을 주목할 필요가 있다. 현재 진행되고 있는 대결적 구도를 넘어서기 위해서는 어두웠던 과거를 청산하고 민족의 정체성과 동질성을 회복하여 정상적인 정서를 가지기 위한 영성적 대상인식이 중요하다. 이념과 정파를 넘어선 인권의식, 존재론적 기초위에서 진행되는 인도주의적 접근도 통일을 위한 중요한 촉진제가 될 것이다. 기독교공동체의 영성이 내면에서 대인관계로 대인관계에서 사회구조로 확대되어나간다면 결국에 통일이라는 종결에 이르게 될 것이다.

셋째로 기독교공동체의 특성이 반영된 사회복지적 역량은 통일 이후에 벌어질 어려운 갈등구조를 헤쳐나갈 수 있는 대안이 될 수 있다. 현재 북쪽 인민들은 공동소유의 이념 때문에 자율성에 한계가 있고 남쪽 시민들은 자본주의 이념 때문에 공적이익에 대한 헌신이 취약하다고 유추할 수 있다. 이 두 문제가 만나서 하나될 수 있는 공간이 기독교공동체라고 할 수 있다. 영성에 기반한 자발적 가난과 나눔의 경제생활은 자본주의와 사회주의가 함께 만날 수 있는 최적의 자리라고 본다.

이러한 논의를 근거로 몇 가지 기독교사회복지실천 부문에서 해야 할 과제들을 제시한다면 다음과 같다. 첫째로 통일 이전부터 이후까지 지속적으로 기독교공동체의 확대와 저변화, 연합 그리고 협력이 필요하다. 지역단위의 공동체연합과 종교단위의 공동체 조직, 더 나아가 초종교적 공동체 운동이 활발하게 전개되고 이것은 다시 국가와 세계적인 연대로 이어져서 사회적 변화를 주도하는 세력으로 자리매김 해야 한다. 둘째로 기독교사회복지 전문가들은 기독교공동체들의 사회복지적 의미를 주목하고 그 현상들을 조사 연구하여 사회복지적 모델로서 제시할 필요가 있다. 그들이 기반하고 있는 영적인 자원들이 어떻게 공동체로 활용되는지, 그 공동체의 삶과 동반되는 영향과 결과들은 무엇인지 조사하여 밝힘으로써 공동체교회가 확산되고 저변화되도록 힘쓸 필요가 있다. 셋째로, 교회와 기독교 학교, 그리고 공동체적 육아기관들을 통하여 지속적인 '평화교육과 통일교육'이 이루어져야 한다. 넷째로 기독교 공동체교회의 영성적 이념을 사회화시켜나갈 필요가 있다. 기독교의 복음과 진리, 교리들은 세속사회에서도 사회적 타당성을 갖는다. 십자가는 역사 속에서, 기독교 종교 안에서만 진리가 아니라 경제, 사회, 정치, 문화 세상의 모든 영역에서 진리가 되는 것이다. 이것은 통일을 지향하는 과정에서 필수적인 진리이기도 하다. 다섯째로 기독교공동체의 생활방식도 일반사회를 향하여 확장될 필요가 있다. 근검절약이 생활화되고 환경친화적 경제활동이 사회전반에 설득되는 길은 선진사회로 나아가게 할 뿐 아니라 통일을 위한 기반을 조성하는데 크게 기여할 것이다.

앞으로 기독교 신앙에 근거한 공동체교회 운동이 사회과학적인 엄밀한 조사와 연구를 통하여 더 설득력을 갖고 확대되어 나가길 기대한다.

참고문헌

국중광 편. (2007). 한국 생태공동체의 실상과 전망. 오산: 한신대 학술원.

기독교윤리실천운동본부. (2017). 2017년 한국교회의 사회적 신뢰도 여론조사 세미나 자료집.

김현진. (2012). 공동체 신학. 서울: 예영커뮤니케이션스.

민경배. (1984). 한국교회 제2세기의 교회사적 전망: 목회의 전문화와 영성. 제4회 연신원 목회자 신학세미나 강의집. 서울: 연세대학교연합신학대학원 유니온 학술 자료원.

박종삼. (1996). 한국 교회사회사업학의 정립과 종교사회학. 연세사회복지연구, 3, 7-24.

박현준. (2009). 그리스도교 영성과 공동체. 서울: 우리신학연구소.

박호성. (2009). 공동체론: 화해와 통합의 사회·정치적 기초. 파주: 효형출판.

서울대학교 통일평화연구원. (2018). 2018 통일의식조사.

유성준. (2016). 작은 공동체가 희망이다. 서울: KMC.

유장춘·강병덕. (2015). 교회사회사업 프로그램으로써 영성수련회에 대한 효과성 검증: 다일영성수련 '아름다운 세상찾기'를 중심으로. 사회복지조사연구, 43, 239-262.

윤응진. (2001). 기독교 평화교육론. 오산: 한신대학교 출판부.

이봉근. (2016). 이봉근의 통일수첩: 협력을 위한 평화, 평화를 위한 협력. 서울: 옹기장이.

최협·김명혜·김세건·윤수종·정근식·표인주. (2006). 공동체의 현실과 전망. 서울: 선인.

한국사회학회 편. (2013). 화합사회를 위한 복지. 파주: 나남.

한덕연. (2015). 복지요결. 사회복지정보원.

한정애. (2003). 교회사를 통해 본 작은 공동체 운동. 서울: 한국신학연구소.

황병덕 외. (2011). 독일의 평화통일과 통일독일 20년 발전상. 서울: 늘품플러스.

Arnold, Johann Heinrich. Bruderhof Communities (Eds). 원충연 역. (2010). 공동체 제자도. 서울: 홍성사.

Bethge, E. (1964). Widerstand und Ergebung. 고범서 역. (1995). (디트리히 본회퍼의) 옥중서간 : 반항과 복종. 서울: 대한기독교서회.

Brinton, H. H. (1952). Friends for 300 years: The history and beliefs of the Society of Friends since George Fox started the Quaker movement. 함석헌 역. (2009). 함석헌저작집 26, 퀘이커 300년. 파주: 한길사.

Butler, T. C. (2007). Holman Bible Dictionary, Holman Reference.

Galtung, Johan. (1996). Peace by peaceful means. 강종일 외 역. (2000). 평화적 수단에 의한 평화. 서울: 들녘.

Lloyd-Jones, David Martyn. (1992). The kingdom of God. 전의우 역. (2008). 하나님 나라. 서울: 복있는사람.

Moltmann, Jurg. (1972). Der gekreuzigte Gott. 김균진 역. (2000). 십자가에 달리신 하나님. 서울: 한국신학연구소.

Moltmann, Jurg. (1992). 하나님의 나라와 봉사의 신학. 이삼열 편. (1992). 사회봉사의 신학과 실천(pp. 68-90). 서울: 도서출판 한울.

Schaff, Philip. Augustinus, De Trinitate. 김종흡 역. (1993). 성 아우구스티누스의 삼위일체론. 서울: 크리스챤다이제스트.

Volf, M. (1998). After our likeness: The church as the image of the trinity. 황은영 역. (2012). 서울: 새물결플러스.

Weber, Max. 김현욱 역. (2009). 프로테스탄티즘 윤리와 자본주의 정신 - 직업으로서의 학문/직업으로서의 정치/사회학 근본개념: 월드북 81. 서울: 동서문화.

일반논문

기독교 관점의 정의로운 사회복지 어떻게 할 것인가?[1]

임원선(신한대학교 사회복지학과 교수)

I. 들어가는 글

초기 사회복지역사를 간단히 살펴볼 때 신본주의 시대인 르네상스 이전의 전근대적 사회복지실천의 기원은 영국의 교회중심 구제활동에서 비롯한다(이준우·임원선, 2011). 르네상스를 지나 인본주의 시대에 접어든 1531년 헨리8세 법령은 영국 최초의 국가차원의 구호법령이었다. 1601년 엘리자베스 구빈법은 이전 영국 빈민구호 법령을 집대성하여 성문화한 법으로, 세계최초의 공적인 복지법률이며 이후 미국을 비롯하여 여러 나라 사회복지정책과 실천에 영향을 미쳤다(김만두 외, 1995). 1883년 독일의 질병보험법, 1935년 미국의 사회보장법 등이 대표적인 사례이다. 이후 각국에서 사회복지정책이 발전해 오면서 국가와 민간이 함께 사회복지활동을 전개해 왔음을 볼 수 있다. 민간 중에서 상당한 부분은 종교가 그 역할을 담당해 왔

1 본 논문은 2017년 4월 7일 "한국기독교가 지향해야 할 정의로운 사회복지"를 주제로 개최된 2017 한국기독교사회복지실천학회 춘계학술대회 기조강연 원고를 수정보완함.

고, 종교 중에서 기독교가 많은 부분을 담당해 왔다. 기독교가 사회복지에 참여하는 배경에는 그 무엇이 있는 것일까? 성서에서 언급된 "정의, 사회적 책임, 교회사회복지 유형"에 대해서 살펴보고 "기독교 관점의 정의로운 사회복지 어떻게 할 것인가?"에 대해서 살펴보고자 한다.

Ⅱ. 기독교 정의[2]

2010년 11월 아시아교회대표와 신학자들이 모여 아시아적 관점에서 WCC 총회 주제에 대해 논의했을 때 아시아교회대표들은 생명도 중요하고 평화도 중요하지만 그 보다 정의가 더 중요한 것으로 강조하였다. 그러면 기독교에서 언급하는 정의는 무엇인가? 성경에 나타나는 정의의 개념을 살펴보면 다음과 같다.

1. 구약성서의 '정의'

구약에는 공의 즉 양심적 정의 '쩨데크'와 법률적 정의 '미슈파트'란 히브리어가 있다. 구약성경에서는 쩨데크가 동사원형으로는 41회 사용되었고 그 의미는 '의롭다. 옳다. 정직하다.'란 의미로 사용되었는데 이 말속에는 원래 '똑 바르다.'란 뜻이 내포되어 있다. 이 쩨데크란 말에는 결국 윤리적·도덕적 개념으로 표준 혹은 기준에 일치한다는 뜻이 내포되어 있다. 여기에서의 표준, 혹은 기준은 하나님의 표준, 혹은 기준을 말한다. 하나님이 보시기에 옳고 정당한 것이 정의가 되는 것이다. 쩨데크에는 바르게 하려는 하나님의 성품과 의지가 반영되는데 이것은 수동적 의지가 아닌 능동적

2 이정기(2012) "약속과 정의"에서 발췌.

의지이다. 따라서 하나님에게는 '반드시 바르게 하는' 정의의 의지가 숨어 있다. 성경에는 짜다크 동사의 어근에서 파생된 명사로 남성형 쩨데크와 여성형 쯔다카가 각각 119회, 157회 나오는데 이 둘의 뜻의 차이는 없다. 그런데 쩨데크는 주로 재판과 관련하여 쓰이며(시 48:11, 전 5:8, 습 2:3, 신 16:20, 잠 2:9) 이 때 재판관은 권리를 빼앗긴 자에게 그것을 다시 찾아주기 위해 노력하는, 즉 빼앗긴 사람, 곤핍한 사람의 편에서 판결하는 재판의 행위와 주로 연결되어 있다. 이 때 재판관은 궁극적으로 하나님을 지칭한다. 여성명사인 쯔다카는 주로 '자비'와 상호 관련되어 쓰인다. '가난한 사람, 고아, 과부 등을 보살피며 나그네와 손님을 잘 보살핀 것'을 의미하는데 쓰인다(욥 31:21-32). 구약에서 또 하나 쓰이는 정의란 단어는 '미슈파트'이다. 구약성경에서 422회 정도 나타난다. 미슈파트는 통치의 모든 기능을 지칭하는 사역동사인 쉬파트(Shaphat)에서 파생했는데 이 쉬파트 동사는 구약에서 202회 쓰였고 한글로는 '판단하다. 재판하다. 판결하다. 다스리다.' 등으로 번역되었다. 명사 미슈파트는 율례, 규례, 법도, 제도 등으로 주로 쓰였고 공의, 재판, 판단, 판결, 의 등의 단어로 등장한다. 정해진 원칙이나 규칙과 관련하여 주로 사용되었다.

2. 신약성서의 '정의'

신약에서 정의는 디카이오쉬네이다. 어원은 '디케'이다. 이 단어의 본래 의미는 '관습, 관습적인 것'이란 뜻인데 이 후에 사법적으로 사용되면서 '재판, 소송, 형벌, 민족' 등의 의미로 쓰였다. 디케의 명사형인 디카이오쉬네는 신약성경에서 약 92회 나타난다. 그 뜻은 자신의 의무를 충실히 수행하는 정직하고 법을 준수하는 시민의 공민적 미덕을 가리킨다.

구약과 신약의 정의를 정리해 보면, 첫째 성서의 정의는 '하나님의 시각'에서 보는 정의이다. 이것을 이루시려는 하나님의 의지는 수동적 의지가 아닌 능동적 의지이다. "그 정사와 평강의 더함이 무궁하며 또 다윗의 왕좌와 그의 나라에 군림하여 그 나라를 굳게 세우고 지금 이후로 영원히 정의와 공의로 그것을 보존하실 것이라 만군의 여호와의 열심이 이를 이루시리라."(사 9:7). 하나님은 그의 정의를 '반드시' 이루려는 의지를 가지고 계신다.

둘째 성서의 정의는 '관계'의 정의이다. 성서적 정의의 관계적 개념은 약자에 대한 부자의 마땅한 배려인데 이 때 배려는 자선적이거나 시혜적 배려가 아닌 연대와 사랑의 배려여야 하며 바로 이런 배려가 정의에 해당되는 것이다.

셋째, 성서적 정의는 '구원'을 위한 정의이다. 이 하나님이 구원은 하나님의 피조물의 반복적인 계약파기, 배신행위에도 불구하고 그리스도 안에서 자신의 생명을 바쳐서까지 반드시 이루시는 하나님의 의도를 담고 있다.

넷째, 성서의 정의는 '사회적 약자 편향적 정의'이다. 성경은 하나님의 정의가 핍박을 받는 자의 구원에만 머무르는 것이 아니라 억압받고, 자기 권리를 빼앗긴, 이른바 압제자의 모든 희생자들을 '의인'으로 간주했다. 시편 시인들은 거의 천편일률적으로 가난한 자들, 피억압자들, 감옥에 갇힌 자들, 과부들, 고아들, 나그네와 같은 '고난 받는 자' 혹은 '사회적 약자'들을 '의인'과 동의적 평행법으로 연결시키고 있다. 하나님께 호소하지 않고는 다른 곳에 호소할 수 없는 자를 향한 응답이 하나님의 인권이고 하나님의 정의이다.

다섯째 성서적 정의는 윤리의 문제가 아닌 '신앙의 문제(matter of faith)'이다. 그러므로 이스라엘 즉 하나님이 부르신 백성의 존재의 의미는 제사하는 백성이 아니라 체데크와 미슈파트, 즉 정의와 공평을 행하는 백성이다. 이스라엘이 이러한 삶을 살 때 이스라엘로 말미암아 만민이 하나님께로 나아오며 그 복을 함께 누리게 된다. 이 어구가 특히 이사야서에서 '신실한'(hnman) 혹은 이 단어의 변화형과 함께 나타난다는 점은(사 1:21,

26-27, 11:4-5, 16:5, 28:16-17, 33:5-6) 이 어구가 단순한 사회정의에만 머무르지 않음을 보여준다. 체데크와 미슈파트, 정의와 공평을 행하는 삶은 하나님 백성의 사회윤리가 아니고. 이것은 하나님이 이 세상에 하나님 백성을 부르신 목적이다. "오직 공법을 물 같이 정의를 하수 같이 흘릴 지로다."(암 5:24) 하나님 앞에서의 정의는 단순히 자선사업이나 윤리나 도덕의 일이 아닌 바로 신앙의 문제(matter of faith)가 되는 것이다. 기독교 정의는 "관계 안에서 언약(약속)을 맺고 믿음으로 정직하고 성실하게 지켜 행함으로 언약을 서로 간에 충족시켜주는 법과 윤리와 도덕"이다(이정기, 2012).

Ⅲ. 기독교 정의와 사회적 책임

기독교 정의를 "관계 안에서 언약(약속)을 맺고 믿음으로 정직하고 성실하게 지켜 행함으로 언약을 서로 간에 충족시켜주는 법과 윤리와 도덕"이라고 할 때, 교회는 사회에서 정의를 실현해야 하는데 이는 교회의 사회적 책임이라 할 수 있다. 사회적 책임(Social Responsibility)은 국가나 기업이 지켜야 할 (모든 조직체의) 사회적 책임을 말하며, 설명책임성, 투명성, 윤리적 행동 등을 비롯하여 4가지 측면의 존중(이해관계자의 이해, 법의 지배, 국제 행동규범, 인권) 등의 7대 원칙을 표방하고 있다. 사회를 구성하는 모든 조직체, 즉, 정부, 기업, 공공기관, 학교, 병원, 종교단체, 노조, 비영리 단체 등은 각자의 이해관계자들, 즉, 조직구성원, 자본과 원자재 등의 자원공급자, 소비자와 고객 등 수요자, 영향권 내의 공동체 구성원 등에 대해 지배구조, 인권, 고용, 공정운영, 소비자이슈, 환경, 공동체 공헌 등의 주제와 관련하여 제반 사회적 책임을 부담해야 한다는 것으로, 국제 표준화 기구가 2010년 11월 1일 글로벌 스텐다드로 공표한 국제규범이다(위키백과).

교회가 사회적 책임을 감당하기 위한 원칙을 윌리엄 템플(WIlliam Temple)은 네 가지로 제시하였다(2010). 첫째, 고통받는 사람들에 대한 동정과 호소, 둘째, 사회경제체제의 교육적 영향력, 셋째, 정의의 이름으로 제기되는 우리의 현재 체제에 대한 도전, 넷째, 하나님의 창조목적을 회복하기 위해 자연질서에 부합해야 할 의무이다. 이러한 사회적 책임 원칙들을 충실히 수행하기 위해 이성희(1997)는 사회적 기관으로서 교회의 사회적 책임적 역할을 다음과 같이 제안하였다. 첫째, 교회는 세계화와 지방화의 조화, 세계화와 신토불이의 조화를 교회는 성경적으로 사회에 제공해야 한다. 둘째, 교회는 개인주의에서 집합주의로, 개교회주의에서 교회연합으로 전환하는 대행자가 되어야 한다. 셋째, 교회는 공유개념의 대행자가 되어야 한다. 넷째, 산업사회를 통하여 파괴된 인간의 생명과 자연환경에 대하여 정보시대의 교회는 회복과 보존의 책임을 수행해야 한다. 다섯째, 교회는 교회성장에서 사회봉사로 그 책임적 기능을 전환해야 한다. 여섯째, 미래교회는 통일시대를 준비하는 교회의 책임을 수행해야 한다. 이러한 제안은 교회가 지향해야 할 사회적 책임을 잘 제시해 주고 있다.

Ⅳ. 사회적 책임과 교회사회복지 실천유형

교회가 지향해야 할 사회적 책임 중 하나가 사회복지라고 할 수 있다. 기독교사회복지를 기독교의 정의관점에서 시행하는 사회복지라는 전제하에 기독교의 주체가 되는 교회가 시행하는 사회복지를 분류함에 있어서 박종삼(2000)은 '복지의 주체'와 '복지의 객체'라는 준거에서 세 가지로 분류하였는데 Model A, Model B, Model C로 구분한다.

1) Model A: 교회(건물, 재원, 인력, 운영 등)를 중심으로 교인들과 지역

주민들을 위해 제공되는 사회복지 서비스(아동, 청소년, 노인복지 등)이다.

2) Model B: 교회가 자체의 복지기관(복지재단, 노인요양원, 어린이집 및 탁아사업 등)을 가지고 교회 내외의 지역주민에게 정기적으로 복지 서비스를 제공하는 모델이다.

3) Model C: 교회기관이나 교인들이 지역사회의 복지기관과 프로그램에 참여하여 사회봉사활동을 전개하는 모델이다.

교회의 사회복지운영 유형 또한 세 가지로 구분(박종삼, 2012)하는데 의존, 독립, 상호의존적 모델이다.

1) 의존적 모델(Dependent Model): 교회의 사회복지의 중심적 활동들이 교회 밖의 기관에 의존하여 이루어지는 운영유형이다(지방자치단체 위탁).
2) 독립적 모델(Independent Model): 사회복지서비스 제공을 다른 기관의 도움없이 한 기관(예: 교회)이 독립적으로 수행하는 모델이다.
3) 상호의존적 모델(Interdependent Model): 두 개 또는 그 이상의 복지 관련기관이나 단체들이 각 기관의 독립성을 유지하면서 복지서비스의 활동을 증대시키고, 최고의 결과를 기대할 때 이 모델을 활용한다.

2005년 개최된 '기독교사회복지엑스포2005'는 '한국교회의 사회복지와 기독교 생명운동'을 주제로 국제심포지움을 열어 교회사회복지의 정립과 향후 방향에 대하여 심도 있게 논의하는 장이 되었다. 이 심포지엄에서 김광빈(2005) 외는 교회사회복지 실천유형을 〈표 1〉과 같이 제시하였다(일부 삭제).

〈표 1〉 교회사회복지 실천유형

구분	개교회형		교단법인형	독자법인형	연합형
	간접 실천형	직접 실천형			
특성	교육훈련 및 봉사실천 기회제공 유형	교회 자체적 (비법인)으로 사업체 설치 운영 유형	교회가 속한 교단의 법인명으로 사업 유형	교회가 목적사업을 위한 별도법인 설립 유형	사업효과를 위하여 교단 혹은타기관과 연합 유형
운영주체	특별부서, 위원회	교회 (사회복지위원회)	법인(이사회)	법인(이사회)	연합체 (합동운영위원회) 혹은 주관기관
운영방식	교회 가용 자원활용	교회가 주체적으로 지역복지서비스	교회가 실제 운영자 / 전문가 활용	법인중심의 독자운영/ 전문가 활용	교회간, 교회-기관 단체사업과 연합사업
사업형태	자체프로그램 (노인대학, 부모교육, 시설위문 등)	사회(복지)관 등 교회 부설기관 운영	주로 교회가 실제 운영자/ 전문가 활용	사회복지시설 설치 운영 (민설민영)	전국적, 국제적 사업, 특수한 사업 등 연합기획 실행
인력	교회 지원 최소 인력 (자원봉사자 활용)	교회 지원 인력	정부보조 법정인원 +법인지원인력	정부보조 법정인원 +법인지원인력	연합체 간 합의 필요인원
재정	거의 없음 (참여자 개별부담)	교회 자체 부담	정부보조+ 법인지원	정부보조+ 법인지원	연합체 간 합의
장점	재정, 시설, 인력 등 부담 거의 없음, 자율성, 신속대처성, 융통성	정부불간섭, 교회를 지역복지 센터화, 교인의 봉사 참여도 높음	시설설치비 없음, 전문성, 운영비지원으로 재정안정성	시설기능보강지원, 전문성, 운영비 지원으로 재정안정성	재정, 인력, 시설, 지식, 기술 등 상호 보완-효과극대화
단점	내부 특별행사화, 형식화 가능 교회의 사회참여 미흡	재정부담 큼, 이용 및 수혜대상 범위 제한 우려	정부간섭, 종교활동 제한성, 재수탁등 운영체계복잡성 여지	정부간섭, 기본재산활용 제한성 재정부담, 종교활동 제한성	주도권, 팀웍, 공과에 대한 다툼 등 이견 여지
적용교회	중소형 교회	대형 교회	대형 교회	초대형 교회	각 교회, 교단, 기독교단체연합

V. 나오는 글

위와 같이 성서에서 언급된 정의와 사회적 책임, 교회사회복지 유형에 대해서 살펴보았다. 기독교에서 정의 즉, 성서에서 말하는 정의를 한 마디로 함축하기에는 많은 어려움이 있다. 본 연구자는 이정기(2012)가 성서를 바탕으로 정리한 기독교 정의로서 "관계 안에서 언약(약속)을 맺고 믿음으로 정직하고 성실하게 지켜 행함으로 언약을 서로 간에 충족시켜주는 법과 윤리와 도덕"이라는 관점에서 교회가 주체가 되어 실천하는 사회복지 어떻게 해야 할 것인가? 에 대해서 박종삼의 교회사회복지모델 및 교회사회복지 운영유형과 김광빈 외의 교회사회복지 실천유형을 기초로 하여 다음과 같이 제시하고자 한다.

첫째, 교회사회복지모델은 교회의 규모와 지역사회의 문제 및 욕구에 따라서 다양한 모델로 접근하는 것이 타당하다고 생각된다. 따라서 교회사회복지모델은 위에서 제시된 모델 외에도 다양하게 개발되어 실행될 수 있어야 한다.

둘째, 향후 교회사회복지의 운영유형에 있어서 의존모델은 지양해 나가야 한다. 국가가 개입할 수 있는 준비를 완료하고 위탁을 주고자 할 때 교회는 수탁에 참여하지 않아야 한다. 이에 대해서 다양한 의견이 있을 수 있으나 본 연구자는 교회사회사업을 정의함에 있어서 "교회가 인적·물적 자원을 주체적으로 활용하여 지역사회 주민에게 제공하는 서비스"라는 소신을 갖고 있다. 교회는 국가나 사회가 개입하지 못할 때 가장 능동적으로 대처할 준비를 갖추고 있어야 한다. 교회는 성도들을 그렇게 준비시키고 실천해 나갈 수 있도록 해야 한다.

셋째, 교회사회복지 운영유형에 있어서 독립모델을 가장 우선적으로 시행해 나가되 필요에 따라 상호의존모델을 도입해야 한다. 후기인본주의 시대를 살아감에 있어서 교회는 사회적으로 냉소의 대상이 되고 있는 것이 현실이다. 성서에서 나타나는 "정의"를 생각할 때 국가가 개입하여 사회복지법인이나 단체에 위탁을 줄 정도로 정비된 부분에는 교회가 참여하는 것은 지양해야 한다. 교회는 국가나 사회단체가 개입할 정도의 정비된 부분의 사회복지분야가 아닌 사회변화에 따라 무수히 발생하는 인간과 사회의 문제, 그리고 생명을 위협하는 다양한 문제에 대처해 나갈 수 있고 예언자적으로 대처방안을 제시하고 다시 새로운 관심사에 집중해 나가야 한다.

넷째, 독립모델이나 상호의존모델의 사회복지를 실천해 감에 있어서 인사관리나 재정관리 등에 있어 가장 투명하고 책무성이 강한 상태로 운영될 수 있도록 해야 한다. 최근 기독교 관련 사회복지기관들이 부정과 부패 나아가 인권유린에 가까운 일에 언급되는 것을 볼 때 기독교 정의와 반대되는 지점에 있음을 목도하게 된다. 일반 법인이나 단체 그리고 개인이 운영하는 것 보다 훨씬 더 도덕적으로나 윤리적으로 투명해야만 한다.

마지막으로, 독립모델이나 상호의존모델을 실천해 나감에 있어서 교회가 시행하는 사회복지의 내용은 달라야만 한다. 개인이나 지역사회의 문제를 예방하되 정신건강(영적) 부분에 중점을 둘 필요가 있다. 향후 사회복지서비스 수요는 물질적 서비스보다는 정신건강(영적)과 관련된 수요가 훨씬 많을 것이다. 따라서 이러한 부분에 대처하기 위해서는 교단차원의 사회복지연구기관을 설치하여 정신건강(영적)과 관련된 연구체계를 구축하고 이에 대비한 프로그램을 개발하여 보급하는 것이 필요할 것이다.

이상으로 기독교 관점의 정의로운 사회복지 어떻게 할 것인가에 대하여 살펴보고 몇 가지 의견을 제시하였으나 더 많은 논의가 필요한 부분이라고 생각된다. 향후 보다 구체적인 논의들이 이루어져서 하나님께 영광이요, 땅에는 평화가 임하는 또 하나의 계기가 되기를 바란다.

참고문헌

김광빈 외. (2005). 교회사회복지의 철학과 방법. 기독교사회복지엑스포2005 국제학술심포지엄 자료집. 기독교사회복지엑스포2005 추진본부.

김만두·한혜경. (1993). 현대사회복지개론. 서울: 홍익재.

박종삼. (2000). 교회사회봉사의 이해와 실천. 서울: 인간과복지.

박종삼. (2012). 교회사회복지와 사회혁신. 해피월드복지재단.

이성희. (1997). 한국교회의 사회적 책임의 현실: 미래지향의 목회적 입장에서의 분석, 평가 및 제언. 서울: 장로회신학대학교출판부.

이정기. (2012). 약속과 정의 : 하나님 중심주의 기독교 정의란 무엇인가. 서울: 엘맨출판사.

이준우·임원선. (2011). 전문 사회복지실천론. 서울: 인간과복지.

Temple, William. (1950). Christianity and social order. 김형식 역. (2010). 기독시민의 사회적 책임. 서울: 한반도국제대학원대학교출판부.

자유기고

오늘의 금융현실과 그 대안으로서 〈사회적 금융, 사회적 경제〉의 역할과 그 사명은 무엇인가? 사례연구 : "신나는 조합"(Joyful Union)을 중심으로

정명기(목사, 신나는조합 이사장, 한국기독교사회봉사회 이사장)

I. 서론

제2차 세계대전을 전후로 디히트리히 본회퍼(1906.2.4.~1945.4.9)는 히틀러의 국가사회주의의 통치에 대해 저항하다가 처형당한 사건(1,2차 대전 중 1억 6천만명 사망함) 즉 미친 운전자에 의하여 수많은 시민들이 죽임을 당하고 상처로 고통을 당하는 것을 보고도 죽임을 당한 자들과 상처받은 사람들(사회적 약자인 어린이와 여성들 그리고 장애인, 노인, 빈곤계층 노동자와 농민 등)을 위해서 단순히 장례를 집전하고, 개인의 영혼 구원을 신께 기도하는 것이 아니라 미친 운전자를 차에서 끌어 낸 후 자동차를 멈추게 해야 한다는 생각을 실천하기 위하여 히틀러를 암살하는 음모에 가담하려다 발각됨으로 미수에 그치고 형장의 이슬로 사라졌다. 디히트리히 본회퍼 목사의 실천적 신앙은 오늘의 세계안에서 발생하는 사회적 문제들(빈곤, 질병,

교육, 환경, 불평등)을 해결하도록 촉구하는 행동의 준거를 제시해 준다.

또 다른 예를 들면 일본으로부터 식민 지배를 36년 동안 받고 해방된 후 5년 후에 한반도에서 일어난 6.25 한국전쟁(동족간의 전쟁)으로 폐허가 되고 분단된 정치 현실에 직면하여 진보적 정치인으로 살다간 고 죽산 조봉암 선생(1898.9.25~1959. 7.31)이 독재자 이승만에 의하여 처형(1959년 7월 31일)되었다. 조국이 분단된 삶을 살아가면서 세계의 거대한 금융시장의 지배로 억압되어 경제적 양극화 및 수탈로 빈곤계층으로 전락하여 고통당하고 있는 민중의 구원을 위해서라면 십자가의 처형이라도 감수하겠다는 결연한 모습을 기억할 때 우리가 어떠한 삶을 살아야 할지를 가르쳐 준다.

그러나 분열되고 양극화된 현실에 직면하여서도 희망을 포기하지 않고 온 몸을 바쳐서 그 대안을 제시한 네 분의 대안적 삶은 오늘을 살아가는 우리 모두에게 고귀한 귀감이 된다.

첫째 : 가가와 도요히코(1888.7.10~1960.4.23)

제2차 세계대전의 결과 빈곤의 악순환으로 억압받던 일본의 민중들을 고통과 굶주림으로부터, 일본사회의 인간화를 위해서 살았던 가가와 도요히코는 간디, 슈바이처와의 동시대를 살면서 가난한 이들의 벗으로, 베스트셀러 작가로, 선구적 사회학자로, 노동운동, 농민운동 그리고 생활협동조합 운동의 아버지로 치열하게 살았던 성인이었다.

둘째 : 넬슨 만델라(1918.7.18.~2013.12.5)

제3세계인 남아프리카인에 대한 백인통치인 아파르트헤이트에 저항하여 온 몸을 불살랐던 넬슨 만델라, 남아공 전 대통령의 삶은 피억압 민족과 민중들 그리고 오늘을 살아가는 우리들에게 희망을 주며 대안이 된다. 그는 남아공 동남부 트란스케이의 시골마을 음베조에서 템부족 족장의 아들로 태어났다. 25세 때인 1943년 당시 민주화 투쟁의 중심인 "아프리카 민족회의"에 가담했다. 1944년에는 아프리카 민족회의의 청년 조직인 "ANC 청년동맹"(ANCYL) 창립 멤버로 참여해 저항 운동을 벌이다 당국에 체포되어 27년 동안 정치범으로서 옥고를 치르기도 하였다.

셋째 : 무위당 장일순 (1928.9.3~1994.5.22)

강원도 원주시는 우리나라의 협동조합 운동의 메카이다.

1971년 "밝은신용협동조합"이 창립되었는데 지금은 원주시민 36만명중에 44%인 15만명이 신용협동조합원으로 구성되어 있고, 2009년에는 "협동사회경제네트워크"가 창립되었는데 그 정신적 기초에 영향을 주었던 분이 두 사람이 있다. 한분은 고 지학순 주교요, 또 다른 한 분은 고 무위당 장일순 선생이다. 고 장일순 선생은 1928년 원주에서 태어나 서울대에 입학하였으나 미군대위 총장 취임에 반대해 제적되었으며, 그 이후 원주로 돌아와 대성학원을 설립하고 이사장직에 있으면서 5.16 군사정권에 의해 중립화 평화 통일론이 빌미가 되어 3년간 옥고를 치르고 감시를 받았다. 1970년대 고 지학순 주교와 함께 민주화 운동에 참여하고, 신용협동조합 운동과 사회개발 운동을 주도하였다. 1980년대는 도시와 농촌의 직거래 운동인 한살림 운동을 전개하였으며 생명사상을 토대로 한 생활협동조합 운동을 전개하다 1994년 5월 67세를 일기로 영면하였다.

넷째 : 무함마드 유누스(1940.6.28~2019년 현재)

그는 세계에서 가장 가난한 나라중의 하나인 방글라데시에서 가난한 민중들을 가난의 악순환으로부터 벗어날 수 있도록 사회적 금융회사인 그라민 뱅크(Gramin Bank)를 1976년에 설립하였다. 그리고 70여개가 넘는 사회적 기업을 창업하였다. 그가 시작한 마이크로크레딧(Finance Business)을 세계적으로 150여개 나라에 설립하였고 사회적 은행을 확산시켜 가난한 사람들을 빈곤으로부터 벗어날 수 있도록 도왔으며 "마이크로크레디트 정상회의"와 "세계적 사회적기업 정상회의"를 개최함으로 사회적 경제를 통한 빈곤퇴치에 기여하였다. 그의 공로로 2006년 노벨 평화상을 수상하였다. 그는 2050년 경에는 가난이란 말이 의미를 상실하여 박물관에나 전시되는 과거의 유물이 될 것을 꿈꾸고 있다.

위에서 언급한 가가와 도요히코, 넬슨 만델라, 무위당 장일순, 무함마드 유누스는 오늘의 사회문제를 해결할 수 있도록 선험적 경험과 지혜를 제공해 주신 분들로서 세계적인 경제적 불평등의 상황을 극복할 수 있는 대안의 전략을 학습할 수 있도록 본을 보여준 지도자들이다.

필자는 "세계구원" (정의와 평화)을 위해서 생명을 바쳐 희생하신 두 분(디히트리히 본회퍼 목사와 죽암 조봉암 선생) 선구자의 부활을 희망하는 마음과 우리 후손들에게 온 몸과 마음을 희생하는 실천적 삶을 통하여 오늘의 사회와 세계의 문제를 해결하고 극복할 수 있도록 대안을 보여준 네 분의 삶을 본받아 계승해 나갈 수 있는 교훈을 주고 싶어서 이 글을 작성하게 되었다.

II. 본론

1. 불의한 금융질서에 대한 대응

1997년 외환위기로 온 국민이 경제적으로 어려움과 고통을 경험한 적이 있었다. 또한 2008년 금융 위기의 여파로 무수히 많은 민중들이 경제적 파탄을 경험하기도 하였다. 지금의 사회경제적 현실은 미국중심의 세계화(신자유주의)와 미국과 중국의 무역전쟁의 여파로 인하여 새로운 위기와 고통을 감수해야 할 상황에 직면하고 있다. 경제적 양극화가 심화됨으로써 민중들의 고통은 매우 비참해져서 그 부르짖음이 하늘 끝까지 울려 퍼질 것을 예감하고 있다. 한편 저출산과 고령화 현상은 또 다른 수많은 사회적 문제를 양산하고 있음을 직시하고 있다. 그러나 동시에 4차 혁명이라는 기술혁명을 통한 급격한 사회변화를 감지하면서 우리 인류와 미래사회를 위한 대안의 하나로서 〈사회적 경제와 금융〉을 실천해 가고 있는 신나는 조합의 지난날의 발자취를 회고하고, 미래 전략을 세워나가는 모범적 사례를 제시하려고 한다.

오늘 직면하고 있는 다양한 사회 문제 앞에서 정부, 지자체, 교회, 시민단체(NGO)에 주어진 과제와 사명은 막중하다. 특히 대기업과 대형교회를 중심으로 하는 시장의 지배와 분단시대의 상황이 만들어 내는 핵무기 전쟁, 남북의 긴장과 갈등이 중첩되고 있는 현실의 문제들(빈곤의 악순환과 양극화의 심화, 보수와 진보의 갈등 심화, 그리고 분단시대의 산물인 남남 갈등의 해소, 남북갈등의 극복 등)을 해결 극복하기 위한 에큐메니컬 에큐메니즘운동(Missio Dei)을 확대시켜 나가야 할 필요성을 절감하고 있다.

이 과제는 다양한 차원에서 이루어져 가고 있고 또한 앞으로 이루어 가야만 한다.

첫째 : 유엔 및 정부의 대응

유엔(United Nations)은 1990년부터 2015년까지 빈곤퇴치(극빈, 기아, 문맹과 질병의 족쇄로부터) 및 극복을 위한 "새천년 개발 목표"를 정하고 노력하였다. 하루에 일불(One $) 이하의 소득으로 생활하는 사람의 비율을 절반으로 감소시킨다는 목표를 설정하고 노력하였다. 세계 경제 구조하에서 우리나라의 정부와 국회는 1999년 외환위기와 2008년 금융위기를 전후하여 신용예금법규제정, 사회적기업 육성법(2007년), 미소금융 설립추진(2009년 9월 17일), 마이크로크레딧 관련법 발의(2005년), 유엔 협동조합의 해(2012년)에 국회에서 "협동 조합법"제정(2013년), 사회적 경제기본법 발의(19대 국회에 이어 20대 국회 발의), 등 법률을 제정함으로 위로부터 아래로의 개혁을 추진하고 있다.

둘째 : 지자체의 대응

1) 서울시의 사례 (한국 사회 투자 기업을 설립하여 사회연대은행에 위탁함)
2) 경기도의 사례 (사회적 경제운동으로서 경기도 따복공동체, (2015년-2018년) 민간에 위탁함.
3) 원주 공동체의 사례 (1971년 밝은 신용협동조합 창립, 2009년 '원주 협동 사회경제 네트워크 설립 후 2013년에 사회적 협동조합으로 전환함)
4) 안산시 사회적 경제 지원 센터 (2013년 설립 민간 위탁함) (센터장 : 최현수, 경기도 사회적 경제지원센터 협의회 대표)

셋째 : 시민사회단체(비영리 NGO)의 대응

1) 신나는 조합 사례(2000년 6월 9일 부스러기사랑나눔회 강명순 대표 창립) 지난 18년 동안 한국 최초의 사회적 금융(마이크로 크레딧)을 대표하는 민간단체의 허브로써의 역할을 감당하고 있다. (이사장 : 정명기, 상임이사 : 박향희)

사단법인(사업개시 2000년, 법인설립 2008년, 보건복지부인가)- 사회금융팀, 사회적기업팀, 협동조합팀, 운영지원팀으로 구성.

목적 : 빈곤층 및 사회취약계층의 자립, 자활을 지원하며 사회발전에 기여함을 목적으로 한다.

2) 사회연대은행 사례(2003년 설립)

목적 : 사회연대은행은 저소득층과 금융기관 이용이 어려운 금융소외자의 자립을 돕기 위하여 설립되었다(이사장 : 김성수, 대표상임이사: 김용덕, 상임이사: 박상금).

조직 : 경영기획팀, 모금 홍보팀, 재무관리팀, 채권관리팀, 마이크로크레딧팀, 사회적경제팀, 소설켐퍼스팀, 미래사업팀,

넷째 : 기독교의 대응 (개신교를 중심으로)

1) 세계교회협의회(WCC)의 사례

2018년 창립 70주년을 맞이한 WCC는 세계의 불평등(부정의)의 구조와 평화의 실현 및 인류의 구원(사랑)을 위하여 지난 70년 동안 선교활동을 지속적으로 펼쳐 왔다. 지난 2018년 3월 8-13까지 동 아프리카에 위치한 탄자니아 아루사(Arusha)에서 개최되었던 세계선교대회(주제: 성령 안에서 선교: 변혁적 제자도로의 부르심)에서 불의한 세계의 금융질서로 인하여 소외된 민중들의 해방을 위한 선교의 필요성을 강조한 바 있다.(주변부로부터의 선교)(Mission from Margin). WCC 제10차 총회의 문서(TTL문서 : "함께 생명을 향하여")를 선교현장에 더욱 적합하게 실천할 수 있는 방향 제시(대회선언문=제자도를 향한 부르심)를 한 바 있다.

2) 한국기독교교회협의회(NCCK) 및 한국기독교사회봉사회, 대한 예수교

장로회(통합)의 사례들

(1) 한국기독교교회협의회(NCCK)

NCCK는 WCC와 지난 70년 동안 함께 연대해온 한국개신교회를 대표하는 교회로써 해방전후 현재까지 민족복음화와 소외된 그리고 억압된 민중의 구원을 위한 선교에 참여하여 왔다.

2018년 정책협의회(주제 : 전환기 한국기독교교회협의회 에큐메니칼 운동의 길을 묻다- 십자가 아래에서 부활을 살아가는 교회)를 갖고 선언문을 발표함으로 향후 한국교회가 나아갈 방향을 다음과 같이 제시한 바 있다.

> "교회의 자정을 위한 노력과 더불어 한국교회는 사회의 경제정의를 이루기 위해 사명감을 가지고 헌신해야 한다--- 이를 위해서 우리는 정직하게 땀흘려 일하는 노동자를 보호하는 최소한의 안정장치인 최저임금제도가 본래의 취지대로 온전히 실현 될 수 있도록 더욱 힘써야 합니다. 또한 헌법이 보장하고 있는 자주적인 단결권, 단체교섭권, 단체행동권 등 노동 3권이 노동현장에서 실질적으로 보장되고, 비정규직이라는 이름으로 처벌받는 이들이 당당한 정규직 노동자로 신원되는 공의로운 세상을 만들어 가기 위해 온 힘을 다 해야 합니다,
>
> 치유와 화해, 만물의 생명을 풍성하게 하는 생명살림에 대한 소망을 믿음으로 재확인하고 그 믿음을 위해 기꺼이 죽을 수 있는 교회, 십자가 아래에서 부활을 살아간 교회로 새롭게 태어날 것을 다짐 합니다"(2018,9,4)
>
> - 정책협의회 참가자 일동

(2) (재)한국기독교사회봉사회(Korea Christian Service)의 대응

KCS는 국내외에서 재난을 당한 형제, 자매들을 그리스도의 이름으로 구호하며, 복지사회 건설에 이바지하기 위하여 한국교회의 8개 교단이 연합하여 운영하는 봉사단체이다. KCS는 지금까지 65년 동안 가난한 이웃, 빈곤퇴치와 치유, 구호활동 등을 통하여 섬기고 있다. (재)한국기독교사회봉사회(현 이사장 , 정명기 목사)는 2019년에 재단법인으로 등록되어 국내외의

하나님의 백성들을 섬기고 치유하는 봉사선교(Diakonia MIssion)에 이바지하게 될 것이다.

(3) 대한예수교장로회의 대응

예장(통합) 제10회 총회(대한예수교장로회총회)가 2017년에 총회 주제를 "거룩한 교회 다시 세상속으로" (요3:16-17, 창 12:3,마 9:35) 회집되었다(총회장 : 최기학 목사). 교회가 지역사회를 새롭게 변화시키는 교회가 되는 것의 중요성을 강조하면서 "마을교회와 마을 목회"를 실천 목표로 정하였다. 마을목회(Community Ministry) 는 인간의 삶의 공동체성을 전제하는 목회이다. 따라서 지역내의 교회들의 에큐메니칼적 협의의 과정을 중시한다. 아울러 공동체적 마을목회는 교회가 지역내의 관과 민이 협력하여 복음의 정신 아래서 아름다운 마을(하나님의 나라)을 이루기 위해 네트워킹해야 할 것을 강조한다.

3) 작은 교회 운동과 사회적 경제 운동의 사례

작은 교회 운동은 남미의 해방신학과 1970년대의 한국 민중신학(소울 알렌스키의 조직론과 파울로 프레이리의 의식화 교육론)에 영향을 받은 목회자들에 의해서 시작되었던 민중교회 선교를 표방한 목회자와 현장 운동가들에 의해서 시작되었고, 이 운동은 오늘날 작은 교회 운동을 통하여 그 저변을 확대하여 근본주의와 번영신학에 영향을 받아 교회 성장신학을 토대로 한 대교회와는 다른 방향으로 선교적 운동을 확장시키고 주로 도시빈민 현장, 노동현장, 농촌현장에 그 뿌리를 내려왔다. 그러나 한동안 보수주의 신학과 근본주의 신학 그리고 번영신학의 확대로 말미암아 한편 위축되었었지만 새천년대 2000년을 맞이하면서 그 작은 교회 운동의 지역화를 추구함으로써 다시 새로운 역동성을 회복하여 가고 있다. 특히 한국 부산에서 개최된 WCC 10차 총회와 2013년 종교개혁500주년을 전후로 하여 〈사회적경제〉즉 사회적기업, 사회적협동조합, 마을기업들의 운동과 결합함으로써 억압되고 소외되고 생활고로 자살 충동을 느끼는 민중들의 생명에 새로운 용기를 불어 넣음으로 새로운 위상을 회복해가고 있다.

4) 한국기독교 사회복지실천학회의 대응 사례

"한국기독교사회복지실천학회" (명예이사장 이부덕 교수, 이사장 박종삼 교수, 학회장 이준우 교수)는 "한국기독교사회복지학회" (1981.7.14. 초대회장 김덕준 교수)와 "한국교회사회사업학회(2002.12.7. 초대회장 유장춘 교수)"가 2016년 10월 28일 지구촌교회에서 창립총회를 가짐으로써 탄생하였고, 기독교사회복지에 참여하는 학자와 현장 실무자들이 함께 참여하는 조직이다. 창립 총회 이후 세 차례의 학술대회를 가졌다. 그 주제는 다음과 같다.

(1). 평화 통일을 이끄는 기독교 복지공동체 (2016. 10.28.)

(2). 한국 기독교가 지향해야 할 정의로운 사회복지(2017. 4.7)

(3). 기독교 사회복지, 마을로 어떻게 들어 갈 것인가? (2018. 4.13)

특히 2018년 4월 13일에 개최한 학술대회의 주제는 대한 예수교장로회 총회가 2017년에 제시한 〈마을목회〉를 지역사회복지적 관점에서 다룸으로써 비로소 〈한국교회의 마을목회〉와 기독교 사회복지 패러다임의 적용을 시도한 바 있다. 즉 신학과 복지학과 사회적 경제학 간의 상관관계, 융합의 문제를 기독교 관점에서 다룬 첫번째 학문적 시도였다.

다섯째 : 금융과 기업의 대응

자본주의 및 신자유주의는 금융을 통한 시장 지배를 확장시켜 왔다. 기업 역시 금융은행과 긴밀한 관계를 유지할 수밖에 없었다. 자본주의와 기업은 그 목적이 이윤을 추구하는 데에 있다.

그 가치의 지향이 돈을 버는데 있다. 인간의 목적과 행복이 돈을 버는 데 따라 영향을 받았다. 기업 역시 노동과 자본을 투여하여 많은 돈을 버는 것이 목적이다. 그리고 기업의 운영에는 돈이 필요함으로 은행과의 거래가 필수적이었다.

2008년 휴먼브러더스의 파산을 예로 하여 금융지배는 막대한 국민의 세금을(기업의 이득) 자본가와 은행의 주주와 관리들의 손에 들어가게 됨으로 대다수의 국민과 민중(자영업자, 노동자, 가난한 농민 등)은 극심한 빈곤으로 인해서 고통당할 수밖에 없었다. 이와 같이 구조적인 악한 불의함을 시정하기 위해서 제안된 것이 사회적 경제요 사회적 금융의 역할이다.

사회적 금융을 통해서 자본을 함께 공유할 수 있는 제도가 확립될 수 있는 것이다. 예를 들면 방글라데시 출신 무함마드 유누스 교수가 시작한 그라민 뱅크(Gramin Bank) 시스템이 그것이다. (그라민 트러스트 운영) 또한 일반적 기업가와 기업들 중에도 사회적 문제를 해결하기 위해서 고안된 기업 형태가 〈사회적기업〉 〈사회적기업가〉인 것이다.

사회적 금융과 사회적기업이야말로 오늘의 경제적 모순과 불평등을 시정 할 수 있는 대안이 되고 있는 것이다.

2. 신나는조합 및 제일엘림협동조합, 마이크로크레딧 민간단체, 르완다와 부른디 사례연구

신나는조합은 빈곤아동 청소년의 인권과 생존권을 지원하고자 1986년 설립된 부스러기선교회(총무 강명순)가 2000년 사단법인 부스러기사랑나눔회(대표 강명순 목사)로 재창립하면서 빈곤여성들의 빈곤퇴치의 일환으로 시작한 경제적인 지원과 빈곤퇴치 교육을 통한 자활자립 지원 운동과 깊은 연관이 있다. 2000년 6월 9일 부스러기사랑나눔회가 신나는 조합을 창립하여 활성화를 하는 모체(모기관) 역할을 하였다. 강명순 목사는 1999년

6월5일-19일까지 방글라데시의 그라민 트러스트가 주관하는 그라민 국제 대화프로그램에 참석하고 훈련받은 후 5만불을 지원받아서 부스러기사랑나눔회의 빈곤여성과 빈곤가족의 도시빈민과 농촌빈민의 자활자립 부서를 확립하고 후원활동을 하다가 빈곤퇴치 전략으로서의 마이크로크레딧 국제세미나를 개최한 후에 2000년 6월 9일 신나는조합 창립 발대식을 하였다. 그리고 신나는조합 조합장으로 일을 하다가 부스러기사랑나눔회 이사장으로서 402억을 모금하여 빈곤아동 청소년과 가족을 위한 기독교 사회복지활동이 증가하게 되어 신나는조합 이사장 임기를 끝내었고 2006년 5월 11일 신나는조합 재창립 총회에서 정명기 목사가 2대 이사장으로 취임하였다. 그리고 부스러기사랑나눔회는 세계의 빈곤퇴치를 목적으로 사단법인 세계빈곤퇴치회를 2013년 새롭게 태동시켰다.

신나는조합은 2000년 우리나라 민간조직 NGO로써 최초의 사회적 금융을 시작한 조직이다. 2020년에는 창립 20주년을 맞이하게 된다. 신나는조합의 사례를 중심으로 신나는조합의 역사, 현황 특징들을 기술할 것이다. 그리고 〈(사)세계빈곤퇴치회〉를 통하여 신나는조합을 지원하는 지자체 서울시의 사회경제 중간 지원 조직으로 역할을 함으로 초기에는 전국조직의 형태로 사업을 실시했지만 사회적 자본 재원이 주로 서울시에 의존되어 중앙정부 부처의 예비적 사회적기업 인증업무 등에 한정됨을 인식하였고, 세계빈곤퇴치회에서는 빈곤한 지역사회에서 일하는 전국의 지역아동센터가 있는 지부를 결성하여 전국단위의 사회적 금융을 통한 창업활동을 세계빈곤퇴치회 강명순 이사장이 시범적으로 실시하였다.

그 가운데 세월호 사건이 발생하여 우울하고 빈곤하게 사는 안산시의 시민들을 위하여 안산제일감리교회(담임목사 정명기)를 중심으로 제일엘림협동조합을 창립하여 지부에서 만든 먹거리나누기의 친환경 제품 판매마트인 엘림을 2년간 운영하다가 폐지하였다. 비록 이 사례는 중간에 중단된 경우이지만 사회적경제의 한 파트너인 〈협동조합〉에 대한 경험과 그 한계를 학습할 수있는 기회를 주었다. 이를 바탕으로 행정안전부가 해외의 빈곤국가 지역의 개발사업의 일환으로 지원하였다. 세계빈곤퇴치회에서 빈곤지역의 아동청소년을 위해서 아프리카 가나의 코조 어린이가 암탉 한 마리를 마이크로크레딧 형식을 유지하며 성공하는 기적을 일으켜서 지역사회와 국가를 부유하게하는 일자리를 제공한 내용의 동화책을 함께 공부한 경험을 통해서 아프리카 브룬디에서 해외 빈곤퇴치교육을 전하였더니 암탉 한 마리가 아니라 〈돼지은행 사례〉를 통하여 노력하겠다는 제안을 받아들여서 대한민국 정부가 해외에서 지원, 실시하는 NGO를 통한 사회적 경제 성공사례라고 생각되어 본인의 교육 경험 사례를 전달할 것이다.

지난 19년 동안 신나는조합(3대 이사장 정명기)과 세계빈곤퇴치회(2대 이사장 정명기)를 통한 사회적 경제와 사회적 금융의 사례를 기술함으로 국내와 국외에서 전개 확산되고 있는 빈곤퇴치를 위한 자립 경제 운동의 교훈이 되기를 바란다.

첫째 : 신나는조합의 역사 : 사회적 경제를 통한 빈곤퇴치 운동

『신나는조합』은 민간차원에서 빈곤문제를 해결해야 할 필요성에 의해 '마이크로크레디트'를 통한 방법을 선택하고 2000년부터 활동을 시작하였다. 2010년 6월 9일 『신나는조합』 창립 10주년을 기념하면서 향후 10년의 미래, 빈곤 없는 세상을 꿈꾸면서 재출발을 다짐한바 있다.

그 당시 신나는 조합의 사회적 금융 사업의 규모는 공동체 창업 265개소와 개인 창업대출 155건 등 합하여 622명에게 50억 6천만원의 자금을 대출한바 있었다. 2009년도 기금은 보건복지부 '가족 희망 키움 뱅크' 28억8천만원, 서울 희망드림뱅크 사업 기금 10억, 미소금융기금 6억원, 국민은행 2억원 등 총 48억원이었다.

이 시기 민간차원에서 진행되고 있는 서민금융에 큰 변화를 주는 사건이 있었는데 2007년부터 정부차원에서 시작된 휴면 예금 관리 및 재단을 설립과 2009년 이명박 정부에서 추진한 "미소금융정책" 과 미소금융중앙재단을 중심으로 한 마이크로크레딧의 확대이다.

정부의 적극적인 개입으로 민간차원의 사업은 후퇴하기에 이른다. 그동안 보건복지부가 사업을 주관하였으나 이때부터 기획재정부로 사업이 이관되었다.

이와 같은 외적환경의 변화에도 불구하고 『신나는조합』은 초심을 잃지 않고 지속적으로 사회적 금융 사업을 확대 실시해 오고 있다. 2010년 6월 9일 창립 10주년을 계기로 인적쇄신과 사회적 경제 영역으로 사업을 확대함으로 재정적 자립의 발판을 구축하였다. 미소금융중앙재단과 민간단체 간의 관계가 소원해지면서 『신나는조합』의 경우 기금이 삭감되기도 하였다. 또한 서울시가 추진하던 희망드림 뱅크사업도 중단되었다.

새로운 기금을 제공받을 수 있는 길이 막혀서 대출사업이 위축될 위기의 시점에 새로운 기회가 열리게 되는데 『신나는조합』이 2012년부터 정부의 부처형 예비 사회적기업 지원 기관으로 선정된 것이다. 비슷한 시기에 새로운 서울시장이 취임하면서 서울형 마이크로크레디트사업을 재개하고 새로 설립된 사회 투자 기관을 통하여 기금을 지원 받을 수 있는 길이 열리게 된 것이다.

저소득 계층에게 금융지원을 할 목적으로 시작된 "미소금융"은 이명박 정부 시기에는 활발하게 사업을 추진하였으나 박근혜 정부가 들어서면서 현상 유지 차원에서 겨우 명맥을 유지해 나가고 있다. 2015년 10월말까지 서민 금융 사업 실적은 총 건수 303,007건에 총 금액 16,565억원을 지원하였다. 2019년까지 총 2조 2000천억 원 이상의 기금을 조성할 계획이다.

『신나는조합』의 경우 미소금융을 통해서 다시 기금을 지원받게 되었는데 2015년부터 시작된 사회적 기업대출을 위해 받은 2억원 이다. 어려운 형편임에도 『신나는조합』의 사업을 지속적으로 안정되게 추진할 수 있었던 배경은 2000-2014년까지 시티은행의 재정적인 지원이 있었기 때문이다. 정부와 지자체 차원에서의 지원 외에 기업 SK행복나래, 금융 (한국은행, KB국민은행 등) 한화생명 그리고 아이쿱 씨앗재단의 생계비형 대출 사업 기금 등은 『신나는조합』의 사업을 활성화하는데 밑거름이 되었다.

2012년-2015년 기간 『신나는조합』의 사업은 사회적 금융의 기능보다는 사회적 경제의 근간인 사회적기업, 협동조합의 조직을 확산하는데 중간 지원 기관으로서 역할을 감당했다.

현재 『신나는조합』 사업 내용은 사회적경제 중간 지원 기관으로써 세 가지 축으로 진행되고 있다.

사회적 금융은 2015년 12월 현재 755건에 약 155억을 대출하고 있다 (현재까지 1000건 이상 지원하였음). 사회적기업과 관련한 사업은 처음에는 KB국민은행의 재정지원으로 프랜차이즈형 이미용사업으로 『(주)조이비젼』과 『(주) 신나는사람들』을 직접 운영하여 사회적기업으로 전환하려고 노력을 기울였으나 성공하지 못하고 사업을 중지하게 되었다. 그러나 이와 같은 경험은 2012년부터 시작한 부처형 예비 사회적기업이나 노동부 및 서울시의 사회적기업 설립 인증 및 컨설팅 및 교육사업 등을 추진할 수 있는 자원이 되었다.

협동조합 설립 인증 및 컨설팅 사업은 협동조합법이 제정된 후 서울시 권역에 속한 협동조합 및 사회적협동조합의 지정 지원 사업을 협력하는 차원에서 이루어지고 있다.

민간차원에서 『신나는조합』의 사업을 지속적으로 추진하기 위해서는 "사회적 금융에 필요한 재정"을 정부나 지자체에 의존하지 않고 어떻게 독자적으로 조성하느냐에 달려 있다.

현재 『신나는조합』의 재정 형편으로는 약 10억원 정도의 대출 자금이 확보된 상태이다.

사회적경제를 활성화시킬 목적으로 법률 및 조례를 제정하려는 노력으로 제19대 국회 회기 중 사회적 금융제도 확립을 위한 법률제정 시도가 있었다.

유승민 의원(2014년), 신계륜 의원(2014년), 문재인 의원(2014년)이 발의한 사회적경제 법안이 제출되었으나 입법 제정되지 못한 채 폐기되었다. 또한 더불어 민주당 소상공인 특별위원회 전순옥 위원장이 발의한 도시형 소상공인 지원에 관한 특별법(2015.5)도 제정되고 1년 안에 40%가 문을 닫고 있는 소상공인의 서민 경제를 활성화하여 민생을 살려야 한다.

다음으로 "휴먼예금 관리 재단의 설립 등에 관한 법률 전부 개정 법률안" 준비되었으나 계류 중에 있다. 이 법률안에는 "서민 금융 진흥원 설립안"이 포함되어 있다.

사회적 경제 활성화를 위한 해외 사례로 영국의 '쿱 앤 커뮤니티 파이낸스' (CCF)를 소개한다.

1973년에 설립/ 조합원 800명, 지역사회에서 주민들이 일하는 사업체를 스스로 소유하게 하고 민주적으로 운영할 수 있도록 융자와 투자를 지원함. 협동조합을 재정적으로 지원하는 금융 – 마을 협동조합을 위한 작은 은행. 1973년 산업 공동 소유법에 근거하여 정부가 25만 파운드 지원함. 정부 지원금이 소진된 후에는 1980년 주식을 발행하여 기금을 조성함.
한 협동조합 당 1만 파운드에서 5만 파운드 융자함.
연간 평균 10여개 조합에 융자(47만 5000파운드 약 8억원).
40년간 400여개의 협동조합에게 1900만 파운드 323억원 융자함.
가입자에게는 출자금을 30파운드 받음(5만 1000원).
대출 심사(전문가들로 구성됨).

2012년 영업 이익 3만 3000파운드(약 5600만원)

2012년 순자산 136만 파운드(약 23억원)

지사 웨일스와 사우 샘프턴 사무실(투자와 개발 매니저 각 1인)

본사 브리스톨에서 직원 2명 근무(대표 반상근, 재무 담당자) 사무실은 재택근무(경비 절감)

이사 22명(당연직 및 선출직). 2006년부터 세금 감면 받음.

둘째 : 한국 마이크로크레딧 민간단체의 특징 및 성과와 평가

한국에서 마이크로크레딧 관련 민간단체들이 활동해온 업적과 특징을 요약한다면, 제도 금융권에 접근이 어려운 빈민계층을 대상으로 비정부 단체(NGO)가 중심이 되어 창업을 위한 대출을 제공함으로써 제도권금융의 한계를 극복하고, 사채와 정부주도의 금융재단의 폐해를 해소시킴으로써 빈곤문제를 해결하는 대안으로써 성공하는 단계에 이르렀다.

1) 마이크로크레딧 사업을 수행하는 민간단체 기관의 담당 역할

빈곤계층에 대한 금융소외문제를 완화시키는 역할을 했다. 한국은 외환 위기 이후 신용등급이 7~10 등급인 금융 소외자의 수가 급격이 증가하였다.

빈민계층에 대한 금융소외는 이들의 경제활동을 위축시키고 부의 감소를 초래하며, 신용등급을 떨어뜨려 금융소외를 심화시키고 빈곤을 악화시키는 빈곤-금융소외의 악순환의 고리를 정착시킨다.

대안금융은 기존 자영업자에 대한 대출과 창업자금의 대출을 통하여 일자리창출의 기능을 수행하였다.

아직은 그 동안 마이크로크레딧 사업을 수행하는 민간단체들이 이룩한 성과에 대해서 평가를 하기에는 이르지만 일반적으로 저소득층의 일자리 창출과 소득증대에 기여함으로써 소득 양극화를 해소시키는 것과 금융

소외계층에 대한 금융 서비스를 제공함으로써 금융소외문제를 해결하는 대안으로 부각되고 있다. 또한 정부의 보조금에 전적으로 의지하지 않고 민간으로부터도 재원을 조달하고 시민사회의 다양한 자원을 연계시켜 사업을 성공적으로 수행함으로써 정부지원을 받는 어떤 사업보다 사업목표에 충실할 수 있었으며 외부의 간섭으로부터 비교적 자유로울 수 있었다.

사업추진 방식에 있어서도 시민단체가 가진 네트워크 즉 다양한 지원조직과 인력을 결합시켜 시너지 효과를 발휘하는 사례를 보였다. 최근 대안금융재원의 규모가 증가하고 취급기관의 수가 증대하고 다양화 되는 추세를 보인다는 점 등의 긍정적인 결과를 열매 맺고 있다.

2) 마이크로크레딧 사업 수행 기관 민간단체의 현황

사업수행기관 (민간단체)의 현황은 다음과 같다 (금융위원회제공, 미소금융재단)

기관명	설립년도	조달금액 (누계)	대출금액 (누계)
신나는 조합	2000년	100억원	45억원
사회연대은행	2002년	250억원	208억원
아름다운세상기금	2003년	50억원	12억원
창원지역사회복지은행	2003년	8억원	4억원
열매나눔재단	2003년	30억원	15.5억원
신나는 은행	2005년	0.4억원	0.2억원
해피월드복지재단	2007년	6억원	5.6억원
함께일하는재단	2008년	20억원	15.6억원
하나희망재단	2008년	300억원	16억원
소상공인 진흥원	2009년	60억원	14.7억원
한국법무보호복지공단	2009년	10억원	2.9억원
민생포럼	2009년	10억원	0.5억원
민생정책연구소	2009년	10억원	1억원
나눔과 기쁨	2009년	5억원	
한국장애인복지관협회	2009년	10억원	
천주교 사회교정 사목위원회	2009년	3.54억원	
전북 실업자 종합 지원 센터	2009년	4억원	

*위의 현황표에는 보건복지가족부에서 수행하는 희망키움뱅크 기관 중 자활센터의 명단(10개)이 빠져 있다(2009.8.31 기준). (전북광역자활센터, 한국지역자활센터협회충북지부, 강원광역자활센터, 대구광역자활센터, 부산광역자활센터, 경기광역자활센터, 인천광역자활센터, 한국지역자활센터협회 제주지부, 한국지역자활센터협회 경북지부, 한국지역자활센터 전남지부).

3) 민간단체의 재원

마이크로크레딧을 수행하고 있는 민간단체의 재원은 어떻게 만들어졌는가? 2000년부터 (사)신나는조합은 해외기금 5만$을 대출받아 시작하였고, 사회연대은행이나 열매나눔재단 등은 민간기부금으로 창업 자금을 지원하기 시작하였다. 구체적으로 살펴보면 2005년부터 복지부는 예산으로 민간단체에 자금을 무이자로 대출하였고 지원대상기관은 신나는조합, 사회연대은행 등 2개 단체였다(2005~2008년, 4년간 각각 연20억원).

2009년에는 330억을 세워 19개 단체로 확대지원 하였다. 2009년 5월에는 서울시가 복지부 사업을 벤치마킹하여 마이크로크레딧 기관에 자금 60억원을 대출하기 시작하였다. 소액서민금융재단은 2008년 3월 금융회사 휴면예금 출연금을 재원으로 하는 소액서민금융재단 설립 이후 대폭 확대하여, 기존의 마이크로크레딧 수행기관 외에 지자체(전통시장지원), 신용회복위원회(금융채무 불이행자지원), 보험회사(소액서민보험)를 통한 지원도 실시하였는데 2008년 271억원, 2009년도에는 440억원을 지원하였다.

2000년부터 2009년 7월말을 기준으로 보면 민간단체의 재원조달 규모 및 지원실적은 민간기부금 조성금액 512억 중 대출금액은 343억원이며 보건복지부의 재정자금은 410억 지방자치단체(서울시) 60억, 휴면예금기금 501억 등 총 1,483억 규모이다.

셋째, 제일엘림협동조합

1) 제일엘림협동조합의 창립

2015년 1월부터 발기인 모임과 교육을 실시하면서 창립총회를 준비하였는데 창립총회는 3월 22일(일) 오후 2시에 개최하기로 하고 3월 14일 공고하였다. 발기인 및 준비모임에서 정관을 검토하였다. 협동조합의 기본정관을 참고하면서 새로 창립할 제일엘림협동조합의 취지에 알맞게 총회에 제출할 정관(안)을 준비하였고 2015년 사업계획 및 수지예산안 초안도 준비하였다.

제일엘림협동조합은 소비자회원과 생산자회원이 함께 참여하는 다중의 협동조합의 성격이었고 출자금은 1좌에 1만원으로 총 500좌, 500만원을 출자금으로 출발하였다.

제일엘림협동조합 사업목표는 국내 또는 지역 인근 농촌지역에서 생산된 농산물과 친환경 먹거리를 도시 소비자에게 공급함으로 도시소비자 및 조합원들의 건강에 이바지하는데 있다. 그리고 그 수익금으로 빈곤 및 취약계층 어린이, 청소년, 빈곤노인, 다문화가족 등이 경제적 빈곤에서 벗어날 수 있도록 공동체 창업을 위한 상담, 교육, 일자리 창출을 돕는다. 이를 위한 주된 사업 중 하나가 판매장 운영 사업이었다. 인근 지역에서 생산되는 포도, 소금, 쌀, 등과 지역에서 생산되지 않은 친환경, 유기농 농수산물 등을 구매하여 지역주민들의 건강에 이로운 물품들을 우선적으로 판매한다. 행복중심 생협 및 사회적기업 행복나래와 연대하여 공급되는 물품과 사회적기업에서 생산된 물품들을구매하여 판매한다.

역점 사업은 빈곤퇴치 사업이었다. 지역의 일자리 사업과 연계하여 취약계층을 위한 공동체창업 상담, 교육을 실시하고 지역의 다른 단체(자활단체 및 (사) 세계빈곤퇴치회 등)와 연대하여 일자리 창출을 돕는다.

다음으로 지역아동센터 후원 사업이었다. 지역아동센터의 아동, 청소년들에게 친환경 농산물을 제공하여 건강하게 성장하도록 돕고, 매장 판매 이익의 일부를 지역아동센터를 이용하는 빈곤아동 청소년들에게 장학금을 지급하기로 하였다. 그리고 조합원교육 및 협동조합 간 협력 사업들이었다.

총회 후 관할 시청인 안산시에 설립 신고를 하여 2015년 4월 8일 협동조합 신고 확인증을 받았다. 협동조합 창립 이전부터 매장을 운영하였기에 매장 운영과 관련하여 큰 어려움은 없었지만 (사)세계빈곤퇴치회 이름으로 사업등록을 2014년에 하고 판매활동을 본격적으로 시작한 것은 2015년 2월부터 이므로 2015년 1월-3월까지 세무서에 부가가치세 신고를 하는 것을 잊었다. 그리하여 2015년 4월-6월분 신고 시에 제1차 신고를 함께 하였다. 제일엘림협동조합창립 후 등기를 함과 동시에 세계빈곤퇴치회 이름의 유기농 친환경 엘림 매장 사업등록을취소하였고 제일엘림협동조합이 엘림 매장 업무를 인수하여 승계하게 되었다.

2) 매장의 운영과 그 실태

매장을 운영하면서 제일엘림협동조합 이사회에서는 재정형편이 좋아질 때까지는 임원들이 무보수 봉사로 매장을 운영하기로 하였다. 물품을 주문하고 물품을 접수하여 가격을 매기고 진열장에 진열하는 일, 물건을 판매하는 일, 주문을 받는 일, 주문 받은 물건을 배달하는 일, 그리고 들어온 물건을 상하지 않도록 잘 보존하는 일, 재고를 파악하고 부족한 물건을 주문하는 일, 매일 같이 매입, 매출 상품을 일지에 기록하는 일, 장부를 기록하는 일, 은행을 출입하는 일, 매장을 월요일부터 토요일까지 오전 10시부터 저녁 8시까지 지키는 일 등 운영 전반에 연관된 다양한 일들을 처리하는 업무를 한 두 사람의 이사가 감당해야만 했다.

2015년 결산보고(4-12월)에 의하면 엘림 매장 총 판매 수입은 17,764,704원이며 출자금 5,020,000원이었다(추가로 가입한 회원의 출자금

20,000원 포함). 지출 총계는 18,960,974원이며 통장잔고가 3,915,125원이며 현금 잔고가 170,187원으로 총 잔고가 4,085,312원이었다.

엘림 매장 준비를 위한 시설비는 (주)세계빈곤퇴치회가 부담하였는데 총액은 14,020,360원이었다. 매장을 운영하면서 어려웠던 점은 자체적으로 전문적인 회계 담당자가 부재한 상태에서 임원들이 회계 정리를 하였고 3개월마다 세무서에 부가가치세 신고 및 납부를 하는 일이었다. 부가가치세는 얼마 되지 않았으나 부가가치세 신고 업무를 회계사 사무실에 의뢰하였음으로 비용을 지출하여야만 했다. 판매수익이 얼마 되지 않은 상태에서 회계사에게 지출되는 비용(매회 100,000원)은 매우 부담스러운 것이었다.

매장에 물품을 공급하는 업체는 콩세알, 손맛, 행복생협, SK행복나래, 정들콩, 큰숲(푸른 동산) 등이었다. 매출은 조합원(17명)을 비롯한 지역주민(70여명)과 특히 지역아동센터 10곳 등이 참여하였다. 월평균 매출액은 약 250만원 12월말 매출 17,764,704원이었다.

특히 지역아동센터의 아동 청소년들에게 친환경 유기농 먹거리를 공급함으로 건강을 유지할 수 있도록 간접적으로 지원할 수 있었다. 2015년 7개월 동안 80여회 물품을 배달하였다.

매장을 운영하면서 시정할 것을 시정하지 못한 점은 매출을 신장하기 위해서 선결되어야 할 현안으로서 냉동시설을 확충하는 것이었다. 처음 시설을 설치할 때는 경험이 없어 냉장시설과 냉장고, 냉동고 1개를 설치하였는데 물건을 오랫동안 상하지 않도록 보관 및 진열하고 냉동식품을 요청하는 고객의 요구에 따라 냉동시설을 확장 설치해야만 한다. 이를 해결하기 위해서는 비용이 더 필요했다. 한 방안으로 보증보험을 통하여 약 5000만원을 대출받아서 냉장시설을 확충하는 안을 이사회에 상정하여 논의하였으나 합의에 이르지 못하였다.

1년 동안 매장을 운영하면서 이사장이 오전 10시부터 저녁 8시까지 일주일(6일 동안) 시간을 내서 일을 하는 상태가 지속되었음으로 대안을 찾아 보았지만 뚜렷한 대안을 찾을 수 없었다.

위에 언급된 두 가지 시급한 사안을 해결하지 못할 경우에는 매출액을 늘릴 수 있는 방법이 없고 매출액이 증가되지 않는 상태에서는 지속적으로 사업을 계속하기가 어렵다고 판단하였다.

대안을 찾기 위해 이사회에서 여러 차례 논의를 했지만 분명한 대안을 찾을 수 없었다.

3) 해산결의와 청산총회

2016년 제2차 총회가 2월 27일 개회되었다. 지난 1년의 사업내용을 보고하고 그 사업을 평가하는 시간을 가지면서 앞으로의 진로를 논의하였다. 중점적으로 논의한 사안은 실무자 보완 건과 시설 보완에 관한 건이었다. 참여한 회원들이 현재의 문제점을 중심으로 충분한 토의를 하였으나 충분한 대안을 마련할 수 없음으로 현 단계에서 해산을 결의할 수밖에 없는 합의에 이르게 되었다. 그러나 해산하는 과정 역시 쉽지가 않았다. 해산총회 결의 시 이사장을 청산인으로 위임하여 해산등기와 청산등기를 마친 후 청산총회를 공고한 후 총회를 소집하여 재차 소집된 청산총회(7월 23일 오후 3시)에서 청산 결산보고서를 채택하였고 청산 결산보고서 상의 잔액은 이삼례, 임선이, 정창교 회원의 출자금은 100% 지급하기로 하였고 그 외의 회원들의 출자금은 자진 반납하여 미지급된 사항을 처리하기로 하였다.

청산총회 회의록을 공증 받은 후 등기소에 등기를 필함으로 청산절차를 종결하게 되었다.

4) 평가

오늘 우리가 직면하고 있는 문제(빈곤 및 사회적 불평등)를 해결할 수 있는 대안의 하나로 사회적기업 또는 협동조합을 설립하였다.

협동조합을 운영함에 있어서 내재적인 한계로 인하여 협동조합을 지속적으로 유지 발전시키지 못하고 중간에 해산할 수밖에 없는 요인들이 무엇인지 언급함으로서 협동조합의 지속적인 발전에 기여하기를 원한다. 협동조합 내에 해결하지 못하는 갈등 요인이 내재하는 동안에는 원활한 발전에 걸림돌이 될 수 있다.

(1)비즈니스 모델

제일엘림협동조합을 창립할 때 친환경 매장을 주 사업으로 운영하기로 하였다. 농촌에 근거를 둔 친환경 농산물 및 그 가공 상품을 생산하는 농민들이 그 생산 활동을 지속적으로 가능할 수 있기 위해서는 도시에 거주하는 소비자들이 그 생산물을 소비할 수 있어야 한다. 동시에 도시의 소비자들이 친환경 생산품들을 섭취 소비함으로서 건강을 유지할 수 있기 위해서는 농촌의 생산자들이 친환경 생산 물품들을 양심적으로 생산하여 공급해 주어야 만한다. 즉 생산자와 소비자의 상생적인 관계를 유지시켜 줄 수 있는 연결고리가 다중의 협동조합의 유형이라 생각하여 다중의 협동조합의 형식을 갖춘 친환경 매장을 비즈니스 모델로 채택한 점은 바른 결정이라 판단한다.

(2)사업 시스템

매장을 운영함에 있어서 최소한 2명의 전담 실무자가 필요한 업무임에도 불구하고 처음에 예산부족으로 이사회 임원이 자원봉사 형식으로 실무를 전담하였다.

협동조합 매장을 시작함에 있어 안산제일감리교회가 사회봉사관을 건축하여 매장으로 사용할 수 있도록 허락한 것과 (사)세계빈곤퇴치회가 초기 설비를 위한 설치(약 1400만원)를 한 것은 초기 조합원들이 작은 출자금으로도 매장을 운영할 수 있는 발판이 되었으나 1년간 매장운영을 하는 동안 매출신장을 위한 최소한의 시설확장(냉동 시설 확충 등)의 필요성이 있음에도 불구하고 그리고 시설 확충을 할 수 있는 예산을 확보할 수 있는 방안(보증보험을 통한 5000만원 대출 가능)이 있음에도 불구하고 조합원의 적극적이고 책임을 지고자 하는 자세가 결핍됨으로 시설을 확충할 수 없었던 것이 매장을 지속적으로 운영할 수 없는 결정적인 원인이 되었다.

(3) 커뮤니케이션

협동조합이나 사회적기업 그리고 사회적 경제의 필요성 등에 대하여 조합원 상호간에 이해와 교육이 매우 중요하다. 조합원 교육이나 이사회 총회 등의 의사 결정 과정을 가능한 한 민주적인 절차에 따르려고 했지만 조합원들이 각자 조합 발전을 위해서 자발적으로 공부하기 위한 노력을 하지 못한 점이 있고 조합을 지역사회 주민들에게 적극적으로 홍보하여 회원을 확보하려는 노력은 미흡하였다.

(4) 리더십

협동조합의 성공을 위해서는 조합을 이끌어 나가는 임원들의 리더십이 매우 중요하다. 솔선수범하는 헌신적 리더십이 필요하다는 점을 인정하나 또 다른 리더십은 조합원 각자의 참여의 협동적 리더십이 더 중요하고 필요하다고 생각한다. 제일엘림협동조합의 경우에는 한 두 사람의 희생적인 리더십이 있었으나 조합원 각자가 이 협동조합이 우리의 협동조합이라는 의식이 부족함으로 지속되지 못하고 해산할 수밖에 없었던 것이다.

5) 개인적인 반성

① 뚜렷한 목표가 있을지라도 의욕만 가지고 시작하지 말자 !
② 조합을 운영할 수 있는 조합원들이 모집되기 전에는 협동조합을 시작하지 말자!
③ 협동조합은 협동조합 조합원들의 협동이 있어야만 운영할 수 있다.
④ 협동조합에는 전문적인 회계 실무자가 함께 하여야 한다.
⑤ 매장을 운영할 경우에는 매장 설비를 충분하게 갖추어야 한다.
⑥ 매장에서 일하는 직원들에게 충분한 급여를 지급하려면 매출로 인한 일정한 수입이 충분하게 있어야 한다.
⑦ 매장에 입고된 상품을 소비자들에게 홍보하여 매장을 이용하는 소비자들을 늘려야 한다.
⑧ 세월호 사건 발생 이후 안산시민의 우울함과 경제활동이 억제되어 매입이 부족하여 운영이 어려웠고 신나는조합이나 경기도청과 한국사회적기업진흥원에 지원을 요청하였으나 아무런 지원이 없었기에 재정 결핍으로 제일엘림협동조합 엘림 매장을 폐쇄하였고 이후에 제일엘림협동조합 해산총회 청산총회를 하였다.

넷째. 르완다와 부룬디 돼지은행 활동기

2017년 5월 30일부터 6월 9일까지 10일간 동아프리카에 위치한 작은 나라 르완다와 부룬디 방문은 아프리카의 사회개발을 목적으로 조직된 국제개발단체인 텐포원(Ten for one)의 초청으로 이루어졌다. 텐포원이 지금까지는 부룬디를 중심으로 사업을 하고 있지만 앞으로는 르완다에서도 빈곤퇴치를 위한 돼지은행 및 돼지학교를 확대 실시할 계획을 갖고 사전에 모니터링 및 현장방문조사를 실시하는 프로젝트에 어드바이저의 한 사람으로 참여하게 된 것이다.

1) 브룬디 농촌지역 돼지 생태마을 현황

6월 1일 농촌지역의 돼지 생태마을을 방문하였다. 우리 일행이 방문한 지역은 키갈리 북쪽 산악 지역에 위치한 기춤비(Gicumbi)마을이었다. 이곳 농장은 돼지사육을 6년 전부터 시작하였는데 농장의 대표는 45세의 청장년인 Jean Claude Shirimpumu 였다. 돼지는 주로 벨기에에서 수입하여 양돈하였고 사료는 고릴라 사료회사에서 생산 판매하는 사료를 구입하여 먹이고 자체적으로 생산한 사료를 먹이기도 하였는데 제일 무게가 많이 나가는 돼지는 2년생인데 무려 300kg이나 나간다고 하였다. 이 농장에서 처음에는 닭을 키웠지만 성공하지 못하여 돼지만 양돈하게 되었다고 한다. 다양한 나이의 어미와 어린 새끼들을 관찰한 후 사무실에 가서 〈사료〉와 관련한 여러 가지 궁금증을 중심으로 토론을 하였다. 이 농장에서 일하는 실무자는 10명이었다.

이 농장은 돈사의 바닥을 시멘트로 포장한 상태였다. 생태양돈의 경우 돈사의 바닥을 흙바닥으로 하고 돼지의 오물이 발생할 경우 자연 친화적으로 변화하여 냄새도 나지 않고 돼지 위생에도 좋은 환경을 조성해 주는 것이 바람직한 데 이곳에서는 전통적인 방식으로 돈사의 환경을 유지하고 있었으며 사료 역시 자연생태적인 사료대신 고릴라 사료 공장에서 생산한 사료를 먹이고 있어서 돼지의 무게가 많이 나가는 것 같았다. 성장한 돼지의 판로는 문제가 되지 않았는데 그 이유는 이웃나라인 콩고의 상인들이 와서 돼지를 수매해 가기 때문이라는 사실을 확인할 수 있었다. 이 농장은 전국네트워크 조직- National Network of Agribusiness Professionals (AGRI BDS)에 속하였으며 기춤비 지역의 축산 생산농민들에게 교육, 양돈기술, 사료배합, 판매 등을 함께 해결해 나가고 있었다. 같은 지역에 있는 한 침례교회가 양돈하는 곳을 방문하였다. 돼지 숫자는 얼마 되지 않았다.

2) 르완다 국민의 빈곤 현황

주민들이 의료보험료를 납부하면 빈곤가정의 경우에는 정부가 50%를 보조해 준다고 하였다. 학생들의 교육비를 후원해 줄 것을 요구하였다. 정부가 의무교육을 실시하고 있으나 부모의 사정으로 학교교육을 받지 못하는 어린이 청소년들이 있다고 하였다. 주민들의 가정 중 두 가정을 방문할 수 있었는데 한 가정은 농업노동으로 생계를 이어가는 가정으로써 가정 식구는 4명이었고 부부가 맞벌이하고 있었는데 하루 임금은 천프랑(1500원)이었고 한 달 20일 정도 노동을 하여 번 소득 20,000프랑 중 맞벌이 30,000프랑에서 월세로 5,000프랑을 지출한다고 하였다. 또 다른 가정은 동네 마을에서 돼지를 양돈하는 가정이었는데 주민이 살지 않는 집을 돈사로 이용하여 많은 돼지를 양돈하고 있었다. 특히 돈사에서 거두어들인 노폐물을 퇴비로 만들어 농가에 판매를 한다고 하였다.

3) 6월 7일 빈곤주민 마이크로크레딧 교육 내용

참석 대상자 71명은 대체로 세 그룹으로 나누어 교육하였다.

① 그룹은 처음 돼지사업에 참여한 21세대주민.

② 그룹은 올해 시작한 그룹으로 17세대.

③ 그룹은 첫 번째 교육에 참여했으나 선택되지 못한 사람들 그리고 이 번 처음으로 참석한 사람들이다.

교육장의 의자배열이 전통방식이고 좁아서 그룹토의는 불가능하므로 처음부터 세 그룹으로 나누어 3열종대로 앉도록 하였다. 교육 참가자가 누구인지 식별하기 위함이었다.

교육 참가자의 수준이 초등학력정도이기 때문에 말로만 강의하면 지루하고 충분한 소통이 안될 것 같아, 필자가 영어로 강의하고 현지인 실무자인 사무엘이 현지어로 통역할 경우 소통의 어려움이 있을것 같아 노래와 영상, 그리고 그림책, 또한 동화이야기 등 몸의 언어로 서로 소통하는 것이 좋겠다고 판단하였다. 나는 선생이 아니고 "일을 촉진하는자"(Facilitator)이다. Helper일 뿐이다. 교육 참가자들이 자신들의 현재 문제를 깨닫도록 하고, 스스로 해결할 수 있도록 돕는 역할을 할 뿐이다. 문제는 스스로 극복해야 한다. 빈곤극복, 빈곤퇴치를 할수 있도록 돕고 확신을 갖도록 하는 것이 교육목적이었다.

텐포원 카툼바 돼지학교가 있는 사무실은 기술학교 기숙사로 지어진 건물 일부를 임대하여 사용하고 있었다. 2시경부터 교육 참가자들이 오기 시작하는데 74명이 교육에 참가하였다. 모든 회원 주민들의 표정이 진지하였다. 교육 분위기를 조성하기 위하여 〈쿰바야〉 노래를 가르쳐주고 함께 부르고 춤추면서 함께 불렀다. 매우 좋아하는 분위기였다. 강의 시간이 3시간이었는데 중간에 쉬는 시간도 없이 거의 2시간 30분 동안 강의를 하였다. 강사보다 통역이 더 열심히 강의를 하였고 강의가 끝났을 때에는 대체로 만족하는 분위기였다.

특히 "암탉 한 마리" 동화가 인기가 있었다. 영상자료 대신 〈그림복사〉 자료를 함께 보았고, 강의 후 한국에서 가져간 동화책 2권을 기증하였다.

준비된 강의 내용 중 1) 상황이해. 2) 마이크로크레딧이란 무엇인가? 3) 협동적 삶) 중 1과 2를 마친 것이다. 내일 강의 전에 〈암탉 한 마리〉를 듣고 어떤 반응이 있는지 알기 위하여 〈그림〉을 그리도록 하고 그리고 각자의 생각을 이야기 할 수 있는 기회를 주려고 한다. 먼저 암탉 한 마리 동화책의 주인공 〈코조〉가 꿈을 실현하여 성공했던 이야기, 주민들의 꿈이 무엇인지 〈그림〉언어로 그들의 생각을 표현함으로 상대방의 생각을 듣기, 서로의 꿈을 공유할 수 있는 기회가 될 것이다.

실무자들의 반응이 놀랍다. 〈닭〉 대신 〈돼지〉 이야기를 재편집하여 부룬디 판 〈돼지 두 마리〉 책을 출판하겠다는 동기를 유발하는 효과가 있었다.

새벽에 나도 모르게 "We shall overcome" 노래가 흘러 나왔다. 가사를 음미해보니 오늘 강의 내용과 부합하는 점이 많았다. 코조의 꿈, 카툼바 주민들의 꿈은 무엇인가? 비전과 꿈 이야기를 하자! 그리고 우리의 꿈을 이루기 위해서 지도자가 지녀야 할 자세에 대하여 이야기하자! 그림을 잘 그린 많은 주민들도 "We shall overcome" 노래를 함께 불렀다.

끝으로 협동조합의 5개 원칙을 설명하고 중국과 한국이 빈곤을 극복했던 것과 마찬가지로 부룬디 사람들도 할 수 있다는 자신감을 갖도록 격려하였다. 어떤 여인은 감동하여 울먹거리는 모습을 볼 수 있었다. 일단 두번째 강의도 무사히 마치게 되었다.

III. 결론

빈곤퇴치를 위한 사회적 경제의 중요성

세계화와 신자유주의로 인한 세계의 부의 양극화 현상은 세계적인 빈익빈 부익부의 현상을 극대화 시키고 있다. 99%와 1%의 구조적 불평등과 부정의한 문제를 극복해야 하는 과제는 21세기의 지구촌을 살아가고 있는 사회적 경제 운동을 전개하고 있는 금융, 기업, 시장, 민간단체, 종교 등 관련된 사람들이 해결해 나가야하는 문제이다.

오늘 시장 만능의 세계 안에서 시장이 신적인 대상, 우상화되는 현실을 목도한다. 이와 같은 현실은 곧 이 지구에서 삶을 살아가는 모든 사람들을 불행하게 만드는 원인이 된다. 오늘날 사회적 경제를 뒷받침하고 있는 사회적 금융이야 말로 우상화된 시장을 인간화시키는 중요한 역할과 기능을 감당하는 열쇠가 된다고 생각한다. 인간을 창조한 하나님은 인간이 지구 안에서 혼자 욕망에 포로가 되어 불행하게 살아가기보다는 〈타자를 위한 존재〉로 이타적인 삶, 사랑의 삶을 통해 자원을 공유하고 서로 나눔을 실천함으로 서로 공동체 안에서 행복한 삶을 누리기를 원하신다고 믿는다.

필자는 지난 50년 동안 "가난한 자에게 기쁜 소식을 전하라(눅가복음 4:18)는 오직 한 가지 소명을 붙잡고 지금까지 도래할 하나님의 나라를 향하여 달려왔다. 이 지상에서의 삶이 모두 소진되는 그 순간까지 마치 스페인의 작가인 세르반테스의 돈키호테 소설에 나오는 주인공 판초빌라처럼 인류 앞에 놓여진 거대한 우상인 돈과 시장과 욕망을 극복하기 위한 사회적 금융과 사회적 경제라는 도구의 창을 붙들고 무모한 싸움을 계속하여 나갈 것이다.

이 빈곤퇴치를 위한 투쟁에 성령님의 도우심이 함께하시기를 소원한다. 경제학의 경자도 모르는 목사에게 사회적 금융과 사회적 경제의 중요함을 일깨워준 영원한 멘토 이슬람의 친구이고 지도자인 무함마드 유누스(Muhammad Yunus) 교수의 가르침과 지도력과 도우심에 감사드리면서 이 원고를 마치고 무크지 독자들의 사랑과 애독을 간절히 바란다.

참고문헌

강명순 편. (2016). 빈곤 없는 나라 만들기 2020년까지 빈나2020운동 정책토론회 2016 자료집. 서울: 부스러기.

강명순. (2005). 부스러기가 꽃이 되다. 서울: 규장.

강명순. (2011). 빈곤 없는 나라 꿈꾸는 사람들 이야기 빈 마음으로. 서울: 부스러기.

경기도따복공동체지원센터. (2017). 따복공동체 성과와 과제 : 지역으로부터 미래로의 도약.

구도완. (2009). 마을에서 세상을 바꾸는 사람들: 생태적 대안운동을 찾아서. 파주: 창비.

금융감독원. (2010) 서민들의 금융 길라잡이.

기독교 사회적기업지원센터 편. (2017). 기독교 사회적 경제.

김은남. (2015). 이런 협동조합이 성공한다 : 성공하는 협동조합의 7가지 비결. 고양: 개마고원.

김정욱 외. (2016). 다보스 리포트: 인공지능발 4차 산업혁명. 서울: 매일경제신문사.

무위당 사람들. (2015). 원주에서 사회적 경제의 새싹을 보다.

무위당 사람들. (2015). 원주에서 세계의 공동체 정신을 돌아보다.

사회연대은행. (2012). 대안 금융의 역사. 사회연대은행 10주년 기념 백서 '따뜻한 가슴과 연대 그리고 당신이 희망입니다'.

사회연대은행·박종현. (2010). 마이크로 파이낸스의 이해와 실무. 한국금융연수원.

서민금융통합지원센터. (2017). 한눈에 보는 서민금융지원제도.

성정모. (2007). Desire, market and religion. 홍인식 역. (2014). 시장, 종교, 욕망 : 해방신학의 눈으로 본 오늘의 세계. 파주: 서해문집.

세계빈곤퇴치회. (2017). (사)세계빈곤퇴치회 제5차 정기총회 자료집.

스마일스토리 사회적기업연구소. (2015). 사회적협동조합 창업에서 혁신까지. 서울: 스마일스토리.

안병무 박사 고희 기념 논문집출판위원회 편. (1992). 예수 민중 민족: 안병무 박사 고희 기념 논문집. 천안: 한국신학연구소.

안산시사회경제지원센터. (2017). 모해(모퉁이를 비춰주는 해).

이상이. (2011). 이상이, 복지국가의 길을 열다. 서울: 밈.

이상이·박은선. (2016). (이상이의) 복지국가 강의. 제주: 밈.

이완규. (1976). 조봉암 평전 : 잃어버린 진보의 꿈. 파주: 한길사.

이정배. (2017). 두 번째 종교개혁과 작은교회 운동 : 종교개혁 500년 以後, 기독교의 한국적 재주체화를 위하여. 서울: 동연.

이현정. (2013). 지금 여기 협동조합: 우리 협동조합의 오늘을 말한다. 파주: 어젠다.

이회수 편. (2012). (살맛나는 세상을 꿈꾸는 사회적기업가 21인의) 세상 고쳐 쓰기. 서울: 부키.

전태일기념관건립위원회 편. (1983). 어느 청년노동자의 삶과 죽음: 전태일 평전. 서울: 돌베개.

정명기. (2014). 빈곤 없는 세상 만드는 공동체 창업. 사단법인 세계빈곤퇴치회.

조성돈. (2018). 사회적 목회를 말한다, 작은교회운동 화일.

최태원. (2014). 새로운 모색 사회적 기업. 서울: 이야기가있는집.

한국교회봉사단. (2016). 당신은 선한 사람입니다: 기독교사회복지엑스포 2016·디아코니아 코리아 영역별 세미나 자료집. 서울: 도서출판KD.

한국기독교교회협의회. (2017). 제66회 정기총회 자료집 2. 사업보고서 묵은 땅을 갈아엎고 새 터전을 세우리라.

한국기독교사회봉사회. (2003). 한국기독교사회봉사회 40년사.

한국마이크로크레디트 신나는조합. (2010). 가난한 사람들과 함께. 신나는조합 10년.

한국신학연구소 편. (1990). 1980년대 한국민중신학의 전개. 서울: 한국신학연구소.

한국장로교출판사. (2017). 제102회 총회주제 적용 지침서 마을목회 매뉴얼.

Cox, Harvey Gallagher. (2016). The Market as God. 유강은 역. (2018). 신이 된 시장 : 시장은 어떻게 신적인 존재가 되었나. 서울: 문예.

Yunus, Muhammad. (2010). Building social business : the new kind of capitalism that serves humanity' s most pressing needs. 송준호 역. (2011). (무함마드 유누스의)사회적 기업 만들기 : 인류의 가장 절박한 요구를 채워주는 새로운 유형의 자본주의. 안양: 물푸레.

Godsey, John D. (The) theology of Dietrich Bonhoeffer. 유석성·김성복 역. (2006). 디트리히 본회퍼의 신학. 서울: 대한기독교서회.

Grameen Trust. (2008). Annual Report 2008.

Harari, Yuval Noah. (2016). Homo deus: a brief history of tomorrow. 김명주 역. (2017). 호모 데우스 : 미래의 역사. 파주: 김영사.

Karim, Lamia. (2011). Microfinance and its discontents : women in debt in Bangladesh. 박소현 역. (2015). 가난을 팝니다 : 가난한 여성들을 착취하는 착한 자본주의의 맨얼굴. 파주: 오월의봄.

Mandela, Nelson Rolihlahla. (1995). Long walk to freedom with Connections : the autobiography of Nelson Mandela. 김대중 역. (2006). 만델라 자서전 : 자유를 향한 머나먼 길. 서울: 두레.

Mayer, Jane. (2016). Dark money : the hidden history of the billionaires behind the rise of the radical right. 우진하 역. (2017). 다크머니: 자본은 어떻게 정치를 장악하는가. 서울: 책담.

Metaxas, Eric. (2010). Bonhoeffer : pastor, martyr, prophet, spy : a Righteous Gentile vs. the Third Reich. 김순현 역. (2011). 디트리히 본회퍼. 서울: 포이에마.

Ross, K. R., Keum, J., Avtzi, K., Hewitt, R. R. (2016). Ecumenical missiology : changing landscapes and new conceptions of mission. 한국에큐메니컬학회 역. (2018). 에큐메니컬 선교학 : 변화하는 지형과 새로운 선교개념. 서울: 대한기독교서회.

Schildgen, Robert. (1988). Toyohiko Kagawa : apostle of Love and social justice. 서정민·홍이표 역. (2018). 사랑과 사회 정의의 사도 가가와 도요히코 평전. 서울: 신앙과지성사.

Schirrmacher, Frank. (2005). Methusalem Komplott. 장혜경 역. (2018). 고령사회 2018: 다가올 미래에 대비하라. 서울: 나무생각.

Schwab, Klaus. (2016). The fourth industrial revolution. 송경진 역. (2016). 서울: 새로운현재.

Stiglitz, Joseph E. (2015). Great divide : unequal societies and what we can do about them. 이순희 역. (2017). 거대한 불평등 : 우리는 무엇을 할 수 있는가. 파주: 열린책들.

UN. (2006). Building Inclusive Financial Sectors for Development.

UN. (2009). 유엔 새천년 개발 목표 보고서.

Yunus, Muhammad. (1997). Vers un monde sans pauvrete. 정재곤 역. (2002). 가난한 사람들을 위한 은행가. 서울: 세상사람들의책.

Yunus, Muhammad. (2007). Creating a world without poverty : social business and the future of capitalism. 김태훈 역. (2009). 가난 없는 세상을 위하여 : 사회적 기업과 자본주의의 미래. 안양: 물푸레.

藤田孝典. (2015). 下流老人：一億総老後崩壊の衝撃. 홍성민 역. (2016). 2020 하류노인이 온다: 노후 절벽에 매달린 대한민국의 미래. 서울: 청림.

'THE RED'

황현숙 (영락사회복지재단 팀장)

영락복지재단 사회복지사업은 1937년 신의주 제2교회 한경직 목사에 의해 장애를 입은 고아를 돌보기 시작하여 1939년 5월 홀로된 노인과 아동을 함께 돌보는 복합시설을 운영하기 시작하였습니다. 그 후 1957년 10월 사회복지사업을 보다 체계적이고 전문적으로 관리보호하기 위하여 설립된 재단법인 영락원(현 사회복지법인 영락사회복지재단)은 현재 아동, 장애인, 노인, 모자, 영유아보육사업에서 12개의 시설을 운영하고 있습니다.

한경직 목사에 의해 기독교 정신을 기반으로 시작하였기에 우리만의 고유사업을 계획한 것이 성지순례 'THE RED' 입니다.

RED(**R**enewal and **E**nrichment retreat for **D**iaconia)란?

예수님은 우리의 죄를 위하여 피를 흘리어 죽기까지 하셨습니다.
순교자들은 그 예수님을 전하다가,
예수님처럼 살다가 예수님과 같이 피 흘리어 죽임을 당하셨습니다.
예수님과 순교자들의 피 흘림이 없었다면 우리는 지금 어떻게 살고 있을까요?

RED는 바로 예수님의 보혈을 의미합니다.
RED는 순교자들이 이 땅에 뿌린 붉은 피를 의미합니다.

그 피는 곧 참 사랑이며, 참 희생과 헌신입니다.
예수님의 사랑이 오늘 내 안에 흐르고 있습니다.
순교자의 희생이 오늘 우리를 더욱 풍성하게 합니다.
우리의 사명을 더 온전히 감당하기 위하여, 우리는 믿음의 여행을 떠나고자 합니다.
성지순례를 통해 우리의 영혼과 몸은 쉼을 얻으며, 새로워지고, 더욱 풍성해질 것입니다.

'영적은혜와 충전'이라는 목적으로 떠나는 성지순례 'THE RED'는 각자의 위치에서 감당하고 있는 사회복지 사명의 길에서 지친 마음을 격려하고 응원함으로 스스로 초심의 마음으로 돌아가 나를 돌아보고 다짐하며 재충전하는 계기를 마련하고 있습니다. 직원들은 다람쥐 쳇바퀴 돌 듯 반복되는 삶 속에서 무기력해지기 쉬울 시기에 영적인 은혜와 여행의 쉼을 통해 직원들과 소통함으로 나를 다시 점검하고 회복하는 소중한 시간이라고 고백합니다.

동료들과 함께해서 더 아름다운 동행. 정든 동료와 함께할 수 있는 **선물 같은 여행**이었습니다. 'The Red 성지순례' 첫날 증도 문준경 전도사의 일대기와 믿음의 절개를 통해 많은 감동을 받았습니다. 특히 여성들이 대부분이었던 교인들이 손수 목재와 벽돌을 머리에 이고 하나씩 옮겨 지은 증동리 교회 여성들의 믿음이 대단하다는 생각과 함께 '내가 같은 시대에 살았다면 어땠을까'라는 생각에 미치니 가슴이 먹먹했고, 내 입에서 감사기도가 나왔습니다. '다음에는 아이들과 함께 방문을 해야겠다.'는 생각이 머릿속을 가득 채웠습니다. 둘째 날, 영광군에 위치한 야월교회와 염산교회 순례 중 본 상처의 손을 용서의 손으로 맞잡은 조각상은 성지순례 중 제일 인상 깊었던 작품이었습니다. 상처 난 손은 순교자들의 아픔을 표현하고, 거룩한 손은 하나님을 상징하여 순교자들은 하나님을 만나 치유되고, 우리는 용서와 화해를 이루자는 메시지를 담고 있었습니다. 염산교회와 야월교회의 성도들의 순교로 인해 누군가에게는 꼭 필요한 복음이 전파되었기에 안타까운 마음과 동시에 감사함이 더욱 크게 다가왔습니다. 또한 다시는 이런 비극이 없기를 바라며 이 좋은 터전 위에서 좀 더 성숙된 신앙으로 세워져야겠다는 결심을 하게 되는 뜻 깊은 여행이었습니다. 이번 성지순례를 통해 받은 영적 은혜를 바탕으로 주님과 닮은 모습으로 어르신들을 섬길 것을 다짐하고 성숙된 신앙심으로 재충전 되는 계기가 되었습니다.

[영락노인전문요양원 직원]

저희 영락사회복지재단은 각자의 위치에서 홀로 감당하게 하지 않을 것입니다. 예수님께서 주위를 돌아보며 이웃을 섬기시고 함께 하셨듯 재단에서도 직원들의 목소리에 귀 기울이고 지친 마음을 안으며 영과 육적으로 지지할 것입니다. ' 부모가 살아야, 내 새끼가 산다. ' 라는 어디선가 들어봄 직한 말처럼 우리 직원들이 살아야 함께 생활하시는 아동, 노인, 장애인, 모자, 영유아 아이들의 건강과 삶을 지켜나갈 수 있다 생각하기 때문입니다. 앞으로도 사회변화 속에서 집중과 선택을 통해 보다 체계적인 사회복지사업을 운영하도록 힘쓰겠습니다. 더불어 모든 이에게 꿈의 숲으로서 자리잡아가는 재단이 되고자 노력하겠습니다.

1. 2013년 1회 'THE RED'. 여수 애양원 '원수까지 사랑한 사랑의 원자탄 손양원 목사님'을 만나 뵙는 것으로 성지순례는 시작되었다. 애양원의 삼부자 묘 앞에서 경건회 및 기도회를 하고 있는 모습이다. 원수까지 사랑하라는 말씀과 죄 많은 우리에 대한 하나님의 사랑을 다시 한 번 생각하며 가슴 뭉클한 감동과 회복의 시간이 되었다.

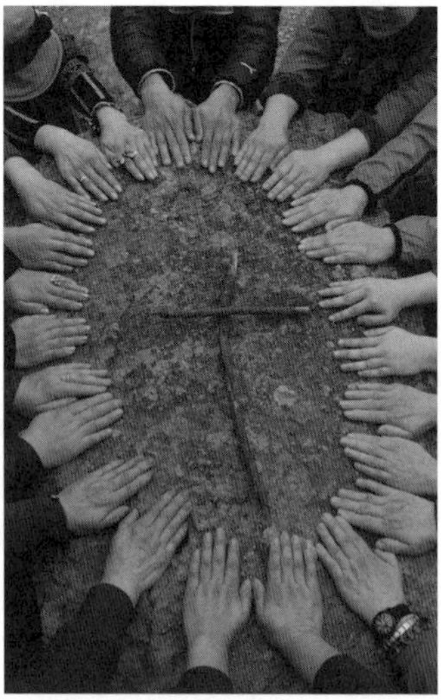

2. 신안 증동리교회 문준경 전도사님의 기도처에서 함께 한반도 모양의 숲을 바라보며 기도하고 있다. 문준경 전도사님이 한반도를 가슴에 품으셨던 것처럼 우리도 무릎 꿇으며 결단하는 소중한 시간이 되었다.

3. 문준경 전도사님의 순교 장소. 북한군에게 저항하고 그 곳의 사람들을 살리며 혼자 죽음을 감당하셨던 곳이다. 무참하게 짓밟히던 문준경 전도사님의 순교장소에서 직원 한 명을 대표로 무릎 꿇게 하고 안수기도해 주고 계시는 모습이다. 이 시간 모두 순교하신 분의 희생정신을 이어받아 하나님의 인도하심과 훈련가운데 들어가길 결단하는 시간이 되었다.

4. 영광 야월교회 기독교인순교기념관 안의 조형물. 맞잡은 손 '기도'. 상처 난 예수님의 손과 우리의 손이 맞잡으며 기도하고 있는 조형물이다. 상처 난 예수님의 손. 거칠지만 영원히 거룩한 예수님의 손이 우리의 손을, 우리의 인생을 잡아주며 위로하고 계신다. '용서하자. 그러나 잊지 말자!'

'하나님 사랑, 이웃 사랑'

지구촌사회복지재단

지구촌사회복지재단은 '민족을 치유하고 세상을 변화시키는' 지구촌교회의 3N3G 비전을 가슴에 품고, 지역사회에 보다 전문적인 사회복지서비스를 실천하기 위하여 2002년 8월 5일 설립되었습니다.

지금까지 지구촌사회복지재단은 하나님 사랑, 이웃 사랑을 실천하는 복지재단으로 선한 영향력을 지역사회에 흘려보내는 축복의 통로가 되고자 노력해 왔으며, 성경 속의 선한 사마리아인의 4가지 영성(발견, 긍휼, 돌봄, 책임)을 바탕으로 다양한 사역을 진행해오고 있습니다.

2008년부터 현재까지 노인, 장애인, 다문화 가정을 위한 사회복지시설을 운영하고 및 지역사회 섬김을 실천하고 있으며 복지시설은 아래와 같습니다.

구분	기관명	소재지	연락처
장애인 복지기관	지구촌보호작업장	경기도 용인시 수지구 신봉 2 로 14 번길 16, 신봉프라자 2, 3 층	031) 265-9941
	성남시율동생태학습원	경기도 성남시 분당구 문정로 145	031) 724-0848
	용인시수지장애인복지관	경기도 용인시 수지구 포은대로 435 수지복지센터 3,4 층	031) 270-0200
	동탄아르딤복지관	경기도 화성시 여울로 2 길 33	031) 8015-7450

노인 복지기관	지구촌노인복지센터	경기도 용인시 수지구 신봉 2 로 14 번길 16, 신봉프라자 2 층	031) 264-9940
	분당노인종합복지관	경기도 성남시 분당구 불정로 50(정자동)	031) 785-9200
	용인시수지노인복지관	경기도 용인시 수지구 포은대로 435	031) 270-0000
	용인시사랑의집	경기도 용인시 처인구 중부대로 1424 번길 11-2	031) 338-5100
지역사회 복지기관	용인시건강가정 · 다문화가족지원센터	경기도 용인시 수지구 법조로 230 용인시종합가족센터 1층, 3층	031) 323-7131/7133
	용인시무한돌봄센터 수지구네트워크팀	경기도 용인시 포은대로 435 수지복지센터 2 층	031) 270-0056

치매 어르신들을 돌보며 그리스도의 사랑을 전하는 '지구촌노인복지센터', 장애인들의 직업 훈련과 더불어 안정적인 자립을 지원하는 '지구촌보호작업장', 오 갈곳 없는 독거 어르신들의 거주지 및 생활을 지원하는 '용인시사랑의집', 장애청소년의 바리스타·원예·영농 전환교육을 실시하는 '성남시율동생태학습원', 지역사회 위기·취약 가정을 발굴하고 자립을 돕는 '수지구무한돌봄네트워크센터', 아름다운 어르신의 활기찬 인생을 지원하는 '분당노인종합복지관', 어르신의 욕구에 귀기울여 다양한 복지서비스를 제공하는 '용인시수지노인복지관', 장애인을 섬기고 지역사회를 변화시키는 '용인시수지장애인복지관', 다문화 가정의 안정적인 정착을 지원하고 위기가정의 어려움을 돕는 '용인시건강가정·다문화가족지원센터', 함께 세우고 함께 나누는 행복한 지역공동체를 목표로 화성시 동부권역 장애인을 섬기는 '동탄아르딤복지관', 커피에 사랑을 담아 장애인 및 다문화가정의 직업체험 및 교육을 제공하는 '카페뜨랑슈아'.

이처럼 지구촌사회복지재단은 성남시, 용인시, 화성시를 중심으로 12개의 시설을 운영하는 '복지기관 운영사업'과, 지구촌교회 성도를 대상으로 지역사회 나눔에 동참하도록 독려하는 '모금사업', 지역사회에 꼭 필요한 곳에 꼭 필요한 나눔을 전하는 '지역사회 지원사업', 청소년 자원봉사

교육 및 지역복지기관에 연계하는 ‘자원봉사사업’, 지구촌교회와 협력하여 지역사회 소외된 이웃을 돕는 ‘교회협력사업’ 등 다양한 사업을 진행하며 그리스도의 사랑을 전하고 지역사회를 섬기고 있습니다.

단 한 번의 사업을 진행하더라도 그리스도께서 ‘몸으로, 마음으로’ 알려주신 ‘십자가의 사랑’을 가지고 진행하기 위해 노력하고 있으며, 보다 전문적이고 탁월한 사회복지재단으로 성장하기 위해 노력하고 있습니다. 작은 섬김들이 있었기에 우리 이웃들과 함께 걸으며 행복한 웃음을 볼 수 있었고, 희망을 전할 수 있었습니다.

민족을 치유하고 세상을 변화시키기 위해 걸어온 지구촌사회복지재단이 십자가의 사랑을 온전히 실현하는 성숙한 복지재단이 될 수 있도록, 하나님께서 기뻐하시는 거룩한 사역에 지역사회 소외된 이웃의 감사와 소망의 메시지가 앞으로도 계속해서 전해질 수 있기를 기도합니다.

'평생복지, 평생친구, 하나님의 성민'

사회복지법인 성민

사회복지법인 성민은 순복음노원교회가 모체인 법인으로서 지역사회와 주민을 위한 순복음노원교회의 사랑과 나눔의 실천을 이어받아 전문적·체계적인 사회복지서비스를 지속적으로 실천하고자 2003년 2월에 설립되었습니다. 순복음노원교회는 법인과 운영기관에 대한 정기적인 후원뿐만 아니라 교회 내 자원봉사단 '조은사람들'을 통해 법인과 운영기관의 사업과 프로그램을 적극적으로 지원하고 있습니다.

사회복지법인 성민이 위치한 노원구는 서울시 25개 자치구 중 저소득 장애인 인구가 가장 많이 거주하는 지역적 특성을 가지고 있으며, 순복음노원교회 장애인선교회를 중심으로 시작된 장애인 섬김을 기틀로 하여 성민(장애인)복지관, 장애인주간보호센터, 장애인그룹홈, 장애인노약자무료셔틀버스 등 장애인복지 기관 운영 및 사업을 중점적으로 수행하고 있습니다.

구분	기관명	소재지	연락처
장애인	성민복지관	서울시 노원구 노원로 32길 30-3	02) 931-7970
	성민장애인 주간보호센터	서울시 노원구 노원로 440 순복음비전 센터 4층	02) 3391-4130
	성민그룹홈	서울시 노원구 노원로 32길 30-3	02) 933-0520
	장애인노약자 무료셔틀버스	서울시 노원구 노원로 440 순복음비전 센터 3층	02) 3391-4240
	성민성년후견지원센터	서울시 노원구 노원로 440 순복음비전 센터 4층	02) 3391-4241
	장애인표준사업장 ㈜우리행성	서울시 노원구 노원로 32길 42-22 02) 933-1214	
지역사회	마들종합사회복지관	서울시 노원구 동일로 210길 22	02) 971-8387
노인	성민재가장기요양센터	서울시 노원구 노원로 440 순복음비전 센터 4층	02) 934-4241
연구	성민사회복지연구소	서울시 노원구 노원로 440 순복음비전 센터 3층	02) 3391-4237

성민복지관은 '서울시 장애인가족지원을 위한 동북권역 거점 장애인 복지관'으로 선정되어 동북권역 8개구에 거주하는 장애인가족을 지원하고 있습니다. 또한 서울시 '최중증 성인발달장애인 낮활동 시범사업(챌린지2)'과 탈시설 중증발달장애인을 위한 서울시 '자립생활주택(다형)'을 운영하는 등 성인 발달장애인의 사회참여와 개인별 지원, 자립생활과 관련된 선도적 사업을 수행하고 있습니다. 무엇보다 장애인의 '평생과정설계' 관련 연구와 사업을 통해 발달장애인의 자립적이며 권리옹호적인 미래 삶을 지원하고 있습니다.

2010년에 개소한 성민사회복지연구소는 모든 이웃에게 평생복지를 실천하기 위한 구체적인 방안을 연구하고 있습니다. 연구소는 성민복지관과 함께 장애인이 지역사회 안에서 자립생활과 권리옹호를 실현하며 안정되고 질적인 삶을 영위할 수 있도록 평생과정설계(PermanencyProcess Planning)에 대한 연구와 현장에서의 실천 방안을 개발하고 있습니다. 특히 2015년

하반기부터 2018년 상반기까지 아산사회복지재단의 지원을 받아 발달장애인의 미래계획과 관련된 다양한 콘텐츠를 개발하고 이를 전국의 장애인복지현장에 보급하였으며, 장애인복지관, 특수학교 등 유관기관과의 협력적 네트워크를 통해 발달장애인의 미래 삶을 지원하고 있습니다.

성민성년후견지원센터는 의사결정 능력에 제한이 있는 장애인의 자기결정과 인권 및 권리보호를 위한 기관으로서 2012년 전국 최초로 설립되었습니다. 센터는 2014년부터 '서울시 발달장애인 공공후견지원교육 및 홍보' 사업을 수행하면서 발달장애인이 보다 안정적으로 후견제도를 활용할 수 있도록 지원하고 있습니다. 특히 발달장애당사자용 교재, 후견심판청구 활동북, 공공후견사무 가이드북, 공공후견사무 현황조사 등 후견제도와 관련된 교재 개발과 실태조사를 진행하여 장애인의 권리에 기반 한 후견제도의 역할과 방향성을 제시하고 있습니다.

사회복지법인 성민은 장애인의 자립생활의 기반이 되는 좋은 일자리 창출을 위해 장애인표준사업장 (주)우리행성을 2016년 설립하였습니다. (주)우리행성은 '우리들의 행복한 성장'의 줄임말로 직업을 통한 장애인의 성장과 사회통합을 지향하고 있습니다. 현재 카페와 제과제빵실에 16명의 발달장애인이 근무하고 있으며, 전체 근로자 중 85%가 장애인으로 구성되어 있는 예비사회적 기업입니다. (주)우리행성은 장애인을 위한 안정적이며 질적인 일자리를 위해 화훼사업, 장애인식개선교육 강사 등 새로운 직업군을 지속적으로 개발하고 있습니다.

마들종합사회복지관에서는 어르신, 아동 및 청소년 등 지역주민을 위한 평생복지체계를 구축하고 있습니다. 복지관은 평생과정설계에 입각하여 교육, 문화·여가, 출산·양육, 보건·의료, 소득재정, 사례관리·위기지원, 행복한 우리마을 만들기, 평생과정설계지원사업을 통해 행복한 사람, 건강한 가족, 성장하는 지역사회를 주민들과 함께 만들어가고 있습니다.

성민재가장기요양센터는 사회복지 전문적 가치와 윤리를 바탕으로 요양보호사를 가정에 파견하여 어르신의 일상생활과 정서를 지원하고 있습니다. 노인병원이나 요양원, 주간보호센터 등과 연계된 통합서비스를 제공하고 있으며, 무료 이·미용서비스, 반찬연계서비스, 김장나눔 등을 통해 어르신의 다양한 욕구와 필요를 충족시키고자 노력하고 있습니다.

사회복지법인 성민은 '하나님의 사랑, 청렴한 실천, 창조적 도전, 전문적 성장'이라는 핵심가치를 기반으로 하여, 하나님의 거룩한 백성으로 모든 이웃에게 평생복지를 실천함으로써 하나님의 지경을 넓혀가기 위해 끊임없이 도전하고 성장하고자 합니다.

연구출판위원장이 만난 사람

제1화 CTS 라디오 "김도영의 나누기" 김도영 진행자

오단이(숭실대학교 사회복지대학원 초빙교수)

연구출판위원장(이하 위원장)
신앙의 시작은?

김도영　아버님은 기독교 집안이셨는데 바쁘신 사회생활 중에 교회를 안 다니셨고 어머님이 먼저 다니시다 제가 초등학교 3학년 때 저를 인도하셨어요. 중학교 2학년 때 (하나님을) 영접하고 지금까지 다니고 있습니다. 그런데 제가 고등학교 때 아버님이 다시 교회를 다니시면서 엄청 깊어지셔서 저의 신앙적 영향은 어머니로부터 시작했지만 아버지에게 더 받았습니다.

위원장　기독교 관련해서 많은 일들을 하고 계시는데?

김도영　먼저 제가 어떻게 쓰임을 받나 기도하고 묵상하던 중에 하나님께서 저의 사회적 커리어를 기업사회공헌을 주셔서 2004년부터 15년 동안 해오고 있습니다. 기업사회공헌이 하나님께 어떻게 쓰일까 고민했었습니다. 그러던 중 기업이 가지고 있는 재원들 즉, 돈과 인프라 등과 같은 다양한 것들이 우리 사회의 어려움에 처한 사람들에게 사회공헌이라는 이름으로 사용되는데 그 방식을 다른 영역 사회복지나 기독교와 연결하여 더 시너지가 나오게 하는 역할을 해야겠다는 소명을 가지고 활동하게 되었습니다. 기독교가 가지고 있는 교회의 근본적인 목적 사랑의 실천, 나눔, 섬김을 기업과 어떻게 연결할지 고민을 했습니다. 그런 일의 첫 번째가 2년 전부터 CTS 기독교 방송에서 "김도영의 나누기"를 진행하고 있고 나누기는 '나누고 누리는 기쁨'의 약자인데 사회의 각 영역에서 나눔을 실천하는 게스트를 모시고 대담하는 프로이고 두 번째로는 연세대 신학과와 기독교 청년들의 스타트업을 위한 아카데미를 개설해서 청년들이 하나님의 방식으로 기업을 운영하도록 크리스천 CEO를 육성하는 과정으로 창업자금, 마케팅 등 지원을 교회가 하도록 연결하도록 하는 것입니다.

위원장 제가 알기로는 서울역 근처에서 기도회를 한다고 하시는데?

김도영 CSR포럼을 운영하고 있는데 기업사회공헌 담당자들 모임입니다. 그 모임을 가지고 하나님께서 기업사회공헌을 선하게 사용하실 수 있는 통로가 되고자 그 모임에서 크리스천 몇 분이 모여서 CSR포럼과 기업사회공헌을 위해 기도모임을 해 왔습니다. 그런데 요즘에 조금 뜸했네요. 그래서 제가 뜨끔했네요~

위원장 기라성같은 분들이 참여하셨겠지만 CTS 김도영의 나누기를 진행하시면서 가장 기억에 남는 분 세 분만 말씀해 주시고 왜 그 분들이 기억에 남는지 이야기해 주시면 좋을 것 같습니다.

김도영 한 분은 슈퍼모델 박둘선씨. 그 분이 무척 화려하고 유명하신 분인데 그 전부터 친분은 있었지만 초대해서 이야기를 나누다 보니 신앙이 굉장히 좋고 깊으신 거예요. 세계적인 슈퍼모델이라 인간이 누릴 수 있는 최고의 것을 누렸다고 합니다. "돈과 명예와 권력을 경험하였는데 허무하더라" 그러면서 하나님께 다시 돌아오는 과정을 경험하여 세상의 미련보다는 하늘나라 소망이 깊어져서 그 후로는 하나님 먼저 그리고 매일 묵상하며 기도하면서 생활하시고 계시더라고요.

〈김도영의 나누기: 박둘선 출연자〉

또 한 분은 사랑의 자전거 정호성 목사님이신데 사회적기업을 운영하고 계십니다. 폐자전거를 취약계층과 함께 고쳐서 인도 등과 같은 나라에 보내시기도 하고 재판매하시는데. 목사님 손이 그냥 노동자 손이에요. 그 삶을 계속하시면서 기쁨 가운데 섬기고 계시더라고요.

〈김도영의 나누기: 정호성 출연자〉

마지막으로는 김진무 감독이 있습니다. 이 분은 어려서 문제 청소년(일진)이었는데 주님을 영접하고 청소년 영화를 만들면서 청소년 영화계에서 상을 타면서 영화감독이 되었대요. 그러다 탈북자의 간증을 듣고 이것을 영화로 만들어야겠다고 해서 사도(신이 보낸 사람)를 만들었는데 영화 만드는 과정에서 (하나님의) 기적이 많이 있었다고 합니다. 영화를 통해 하나님 말씀을 전하려는 모습에 감동받았던 것 같아요.

〈김도영의 나누기: 김진무 출연자〉

위원장 숭실대학교에서 사회복지학 박사과정 중이시잖아요. 기독교사회복지 방향에 대해 어떻게 생각하시는지?

김도영 기독교사회복지는 기본적인 관점이 모든 사람들이 하나님의 형상으로 지음을 받았기 때문에 똑같이 존귀하고 하나님이 창조하신 창조의 모습으로 회복하는 과정에서 일시적인 어려움에 처한 사람들에게 같은 크리스천으로 도움을 드리는 것은 성경에도 나와 있듯이 의무이자 책임인 것 같습니다. 십일조나 희년이나 여러 가지가 기독교 사회복지의 방향이라 생각합니다. 그래서 개인이 책임을 다하는 모습이 중요하고 허브가 교회로 주체는 목사님이 아니라 하나님이 되어야 하고 교회라는 공동체에서 먼저는 교회공동체 그리고 지역사회에 어려운 환경에 처해 있으신 분들을 솔선수범해서 빛이 나지 않더라도 지속적으로 도와드려야 합니다. 교회가 돈을 모아서 지역사회를 돕는 것은 중요한데 기독교인들의 봉사활동은 자원봉사를 넘어서서 교인들의 전문성이 발현되도록 하는 것이 중요합니다. 교회에서 프로젝트방식으로 활동하는 것도 좋지만 그보다 더 좋은 것은 교인들이 스스로 그런 복지를 할 수 있도록 교회가 장을 만들어 주는 것이 필요하다고 생각합니다.

위원장 교회에서 맡으신 직분은?

김도영 안수집사이며 성가대에서 봉사하고 있습니다. 다른 것도 하고 싶은데 교회에서 봉사하는데 있어 제 나름대로 한계 때문에 개인적으로는 교회에서의 사역도 중요하지만 일터에서의 사역이 저한테는 더 중요한 것 같아요.

위원장 교회사역 외적으로 일터에서 하나님의 형상을 통한 사역이 중요하다. 예컨대 청년들에게 크리스천으로서 가져야 하는 삶을 알려 주는 사역을 이야기 하시는 거죠?

김도영 네 그렇습니다.

위원장 마지막으로 한국기독교사회복지실천학회에 참여해 주시면 어떨까요?

김도영 참여할 길만 만들어 주시면 하겠습니다.

편집후기

우리들(연구출판위원)의 수다

이지택 위원

연구출판위원회에 신입위원으로서 함께 할 수 있는 기회가 주어짐을 큰 영광으로 생각한다. 그간 발간되던 형식에서 콘텐츠변화를 논의하여 새로운 틀로 발간되기까지 많은 분들의 노고가 함께 하였다. 작년 7월에 처음 운영위원회에 참석했을 때 기독교 사회복지계 기둥과도 같은 분들을 만날 수 있었고 평소 관심이 많았던 터라 앞으로의 활동이 기대가 된다.

또한 첫 만남에서 따뜻한 미소와 함께 반겨주시는 모습이 위원직을 감당할 수 있는 에너지가 된 것 같다. 항상 변화라는 시도는 어려움이 따르지만 그만큼 신선하고 역동성을 가져다주는 것 같다. 앞으로도 기독교 사회복지계에 귀감사례와 선배들의 발자취를 살펴보고 다양한 시각에서 사회문제를 해결할 수 있는 성숙한 기독교사회복지사가 되길 기대해 본다. 무엇보다도 존경하는 이준우 학회장님과 오단이 연구출판위원장님의 노고와 각 위원분들의 열정으로 Mook가 완성된 것 같다. 과거의 전통과 미래의 기대로 채워진 Mook가 앞으로도 기독교 사회복지계에 대표적인 출판물이 되길 소망하며 많은 독자들에게 읽혀지는 유익한 글로 채워지길 기도한다.

박지영 위원

무크지 창간호 발간에 일원으로 동참할 수 있음에 무척이나 영광스럽고 감사합니다.기독교 사회복지 실천에 작은 씨앗이 되어 빛나고 아름다운 결실들을 맺는 무크지가 되기를 소망합니다~!

성신형 위원

드디어 새로운 걸음이 시작되었네요. 회장님 그리고 연구출판위원장님, 수고 많이 하셨습니다. 그리고 다른 연구출판위원님들도 수고 많으셨습니다. 귀한 나무가 잘 자라서 좋은 열매를 맺을 수 있길 바랍니다.

오단이 연구출판위원장

진짜 끝났습니다. 한국기독교사회복지실천학회 회원분들 한 분 한 분께 찾아가서 감사 인사를 드려야 하지만 편집후기라는 코너를 통해 인사드려서 송구스럽게 생각합니다. 특히 연구출판위원이신 이지택, 박지영, 박정연, 하태선, 성신형 위원님들께 다시 한 번 고개숙여 감사인사 전합니다. 당신들이 없었으면 이 길을 걸어오지 못했을 겁니다.

학회 연혁

1) 한국기독교사회복지학회

1981. 7. 14.	초대 학회장 김덕준 교수 취임, 한국기독교사회복지학회 창립 및 총회
8. 18.	제1대 이사회
10. 27.	제1회 특별강연회(강연자: 시마다 교수, 김덕준 교수)
2. 23.	제1호 한국기독교사회복지학회보 발간
1982. 1. 11~12.	제1회 한국기독교사회복지학회 개최(기독교와 사회복지의 현대적 과제)
1. 18.	기독교방송국 [새롭게 하소서] 출연
6. 4~5.	제23차 일본기독교사회복지학회 참가
7. 1.	제2호한국기독교사회복지학회보 발간
8. 4.	조찬회 개최
10. 5.	창립 1주년 강연회 및 세미나(강연자: 박종삼 박사, 아베시로 교수)
1983. 6. 3~4.	제24회 일본기독교사회복지학회 참가
8. 22~23.	한일사회사업학생 세미나 개최(한국 25명, 일본 20명 참가)
8. 27.	신학교 사회사업교과과정 간담회
10. 13.	한국기독교사회복지학회를 위한 조찬 예배
10. 15.	학술지 [기독교사회복지] 창간호 발간
10. 17.	제2회 한국기독교사회복지학회 개최(교회와 지역복지 – 하늘나라를 바라보며)
1984. 4. 28.	이사회 개최
6. 16.	제2회 특별강연회(강연자: 이윤구 박사)
11. 16~17.	제3회 한국기독교사회복지학회 개최(주제: 사랑의 실천)
12. 30.	학술지 [기독교사회복지] 2호 발행
1985.	김덕준 저 [기독교 사회복지: 사상, 역사, 운동] 출판

1987. 6. 10~20	제4회 한국기독교사회복지학회 개최(주제: 교회와 부랑인 복지)
1991.	1월 제2대 이윤구 학회장 취임
1999.	7월 제3대 노상학 학회장 취임
2003.	3월 한국기독교사회복지학회 개최 (기독교대학의 사회복지 교육과제와 전망)
	4월 제4대 구종회 학회장 취임
2004. 6. 11.	한국기독교사회복지학회 개최 (주제: 한국교회의 케어복지실천)
	학술지 [기독교사회복지연구] 3, 4호 발행
2005. 4. 25.	춘계 한국기독교사회복지학회 개최(주제: 한국케어복지선교와 Christians Care First)
10. 26.	추계 한국기독교사회복지학회 개최(독일교회의 디아코니아 프로그램 워크샵)
2006. 4. 24.	춘계 한국기독교사회복지학회 개최(주제: 케어복지선교사의 시대적 과제)
10. 29.	추계 한국기독교사회복지학회 개최(주제: 교회와 지역사회케어복지 실천)
2007. 6. 23.	춘계 한국기독교사회복지학회 개최(주제: 벤처사회복지 상담 CEO)
11. 26.	추계 한국기독교사회복지학회 개최(주제: 종교와 사회복지 탄력성)
2008. 8. 22.	한국기독교사회복지학회 개최(주제: 기독교 요양보호사의 시대적 사명)
2009.	학술지 [기독교사회복지연구] 13, 14호 발행
2011. 4. 12.	한국기독교사회복지학회 개최(주제: 21C 기독교 중심의 사회복지 실천이념)
	5월 제5대 김준경 학회장 취임
	학술지 [기독교사회복지연구] 15호와 특집호 발행
2012. 10. 12.	한국기독교사회복지학회 개최(주제: 다문화사회복지와 디아코니아)
2013.	학술지 [기독교사회복지연구] 16호 발행
2014. 1.	제6대 이부덕 학회장 취임
3. 12.	제6회 회장단, 실행이사회 및 33주년 기념 국제학술대회 준비위원회

4. 11.	이사회 개최
5. 30.	춘계 한국기독교사회복지학회 개최 (주제: 한국기독교사회복지의 정체성과 지구촌시대의 사명)
6. 18~23.	제55회 일본기독교사회복지학회 참석
10. 17.	추계 한국기독교사회복지학회 개최 (주제: 상처의 회복과 치유에 있어서 기독교사회복지의 역할)
11. 13.	Dr. Frederic L. Ahearn 초청 특별강연 개최 (주제: The Role of Academic Journal in Advancing the Philosophical Foundation for Social Work)
2015. 2. 27.	학술진흥재단에 동일 명칭의 학회가 등록되어 있는 사유로 인하여 학회명을 "한국기독교사회복지학회"에서 "한국기독사회복지학회"로 개칭
5. 30.	김경동 교수 초청 특별 세미나 개최 (주제: 교회와 사회의 의미 있는 관계 – 기독교 공동체운동의 사회학)
11. 27.	추계 한국기독사회복지학회 개최 (주제: 기독교 사회복지의 과거, 현재, 미래 – 실천현장에서 답을 구하다)
2016. 1.	이부덕 학회장 연임
5. 20.	한국기독사회복지학회 & 한국교회사회사업학회 춘계 공동학술대회 개최 (주제: 한국교회 기독사회복지실천의 뉴패러다임을 말하다)

2) 한국교회사회사업학회

2002. 12. 7.	제1회 한국교회사회사업학회 총회 (장소: 침례신학대학교) 초대 학회장 유장춘 교수 취임
2003. 9. 20.	제1차 교회사회사업 실천 세미나 (장소: 사랑의교회)
2003. 10. 31.	〈교회사회사업편람〉 발간
2003. 10. 31.	제2회 학술대회 및 정기총회 (장소: 나사렛대학교) 주제: 교회사회사업의 영성적 접근

2003. 10. 31. 학회 학술지 〈교회사회사업〉 창간호 발간

2004. 9. 11. 제2차 교회사회사업 실천 세미나 (장소: 수원중앙침례교회)
주제: 장애인과 지역사회를 위한 교회사회사업

2004. 10. 29. 제3회 학술대회 및 총회 (장소: 숭실대학교)
주제: 한국교회의 노인교회사회사업의 현황과 실천방향
제2대 유장춘 학회장 연임

2004. 10. 29 학술지 〈교회사회사업〉 제2호 발간

2005. 6. 11. 제4차 교회사회사업 실천 세미나 (장소: 대덕한빛교회)
주제: 장애인과 지역사회를 위한 교회사회사업

2005. 10. 28. 제4회 학술대회 및 총회 (장소: 천안대학교)
주제: 교회사회사업의 윤리와 가치

2005. 8. 24. 학술지 〈교회사회사업〉 제3호 발간

2006. 10. 17. 학술지 〈교회사회사업〉 제4호 발간

2006. 10. 20~21. 제5회 학술대회 및 총회 (장소: 부산장신대학교)
주제: 장애인을 위한 교회사회사업
제3대 최무열 학회장 취임

2007. 10. 24. 학술지 〈교회사회사업〉 제5호 발간

2007. 10. 26. 제6회 학술대회 및 총회 (장소: 호남신학대학교)
주제: 지역사회 제 문제에 대한 교회의 기능과 역할

2008. 3. 25. 학술지 〈교회사회사업〉 제6호 발간

2008. 8. 25. 학술지 〈교회사회사업〉 제7호 발간

2008. 10. 25. 학술지 〈교회사회사업〉 제8호 발간

2008. 11. 14. 제7회 학술대회 및 총회 (장소: 강남대학교)
주제: 한국교회의 해외선교 현황과 건강한 대안
제4대 이준우 학회장 취임

2009. 3. 25. 학술지 〈교회사회사업〉 제9호 발간

2009. 8. 25. 학술지 〈교회사회사업〉 제10호 발간

2009. 10. 25. 학술지 〈교회사회사업〉 제11호 발간

2010. 3. 25. 학술지 〈교회사회사업〉 제12호 발간

2010. 6. 25~26.	제51차 日本基督教社會福祉學會 참석 및 논문발표
2010. 8. 25.	학술지 〈교회사회사업〉 제13호 발간
2010. 10. 22~23.	제8회 학술대회, 제39차 한국기독교공동학회 (장소: 온양호텔)
	주제: 한국교회, 그리스도인과 인간성 회복
	제5대 이준우 학회장 연임
2010. 10. 25.	학술지 〈교회사회사업〉 제14호 발간
2011. 3. 25.	학술지 〈교회사회사업〉 제15호 발간
2011. 8. 25.	학술지 〈교회사회사업〉 제16호 발간
2011. 10. 21~22.	제9회 학술대회, 제40차 한국기독교공동학회 (장소: 온양호텔)
	주제: 글로벌시대의 한국신학
2011. 10. 25.	학술지 〈교회사회사업〉 제17호 발간
2012. 3. 25.	학술지 〈교회사회사업〉 제18호 발간
2012. 3. 27.	학술지 〈교회사회사업〉 한국연구재단 등재후보지 선정
2012. 4. 28.	제1회 정책세미나 (장소: 배재대학교)
	주제: 한국교회사회사업학회의 발전방향
2012. 8. 25.	학술지 〈교회사회사업〉 제19호 발간
2012. 10. 19~20.	제10회 학술대회 및 총회, 제41차 한국기독교공동학회 (장소: 온양호텔)
	주제: 통일과 화해
	제6대 김 인 학회장 취임
2012. 10. 25.	학술지 〈교회사회사업〉 제20호 발간
2013. 3. 25.	학술지 〈교회사회사업〉 제21호 발간
2013. 7. 20.	제2회 정책세미나 (장소: 한동대학교)
	주제: 사회적 하나님 & 한국교회사회사업학회 활동의 현황과 활성화 방향
2013. 8. 25.	학술지 〈교회사회사업〉 제22호 발간
2013. 10. 18~19.	제11회 학술대회 및 총회, 제42차 한국기독교공동학회 (장소: 온양호텔)
	주제: 정의와 평화

2013. 10. 25. 학술지 〈교회사회사업〉 제23호 발간

2013. 12. 25. 학술지 〈교회사회사업〉 제24호 발간

2014. 3. 25. 학술지 〈교회사회사업〉 제25호 발간

2014. 6. 25. 학술지 〈교회사회사업〉 제26호 발간

2014. 7. 20. 제3회 정책세미나 (장소: 한국글로벌사회봉사연구소)
주제: 공공신학과 교회사회사업

2014. 9. 25. 학술지 〈교회사회사업〉 제27호 발간

2014. 10. 31~11. 01. 제12회 학술대회 및 총회, 제43차 한국기독교공동학회
(장소: 온양호텔)
주제: 평화
제7대 임원선 학회장 취임

2014. 12. 25. 학술지 〈교회사회사업〉 제28호 발간

2015. 5. 16. 제13회 학술대회 (장소: 배재대학교 아펜젤러기념관)
주제: 고령화시대와 교회의 노인사역

2015. 6. 간행물명 변경, 온라인 학술지 〈교회와 사회복지〉 제29호 발행

2015. 10. 23~24. 제14회 학술대회 및 총회, 제44차 한국기독교공동학회
(장소: 온양호텔)
주제: 정의

2016. 05. 20. 한국기독사회복지학회 & 한국교회사회사업학회 춘계 공동학술대회 개최 (장소: 숭실대학교 한경직기념관 김덕윤예배실)
주제: 한국교회 기독사회복지실천의 뉴패러다임을 말하다(부제: 변화하는 한국 사회에 대응하는 기독교사회복지실천)

2016. 10. 21~22. 제45차 한국기독교학회, 한국교회사회사업학회 공동학술대회
(장소: 소망수양관)
주제: 종교개혁과 후마니타스(Humanitas): 기독교는 "헬조선" 시대에 희망을 줄 수 있는가?

3) 한국기독교사회복지실천학회

2015. ~ 2016.	통합학회 태동 추진
2016. 10. 28.	한국기독교사회복지실천학회 창립총회 및 학술대회
	(장소: 지구촌교회 분당성전 그레이스채플)
	주제: 평화 통일을 이끄는 기독교 복지공동체
	주제성구: 내 손에서 하나가 되리라(겔 37:19)
	초대 학회장 이준우 교수 취임
	공동이사장 이부덕 교수, 박종삼 교수 위촉
2016. 12. 30.	제1차 운영위원회
	(장소: 서울역 프리미엄라운지 미팅룸)
2017. 1. 13.	제1차 정기 이사회
	(장소: 태화복지재단 대강당)
2017. 3. 10.	제2차 운영위원회
	(장소: 한국글로벌사회봉사연구소 회의실)
2017. 4. 7.	제2차 정기 이사회
	(장소: 강남대학교 교육관 103호)
	2017 한국기독교사회복지실천학회 춘계학술대회
	(장소: 강남대학교 교육관 소극장)
	주제: 한국기독교가 지향해야 할 정의로운 사회복지
	주제성구: 여호와께서 네게 구하시는 것은 오직 정의를 행하며 인자를 사랑하며 겸손하게 네 하나님과 함께 행하는 것이 아니냐(미 6:8)
	제2차 정기 총회
2017. 6. 3.	기독교사회복지와 평신도 연구분과 제1차 모임
	(장소: 한국글로벌사회봉사연구소 회의실)
2017. 6. 3.	제3차 운영위원회
	(장소: 한국글로벌사회봉사연구소 회의실)
2017. 8. 19.	제1차 실행이사회
	(장소: 한국글로벌사회봉사연구소 회의실)
2017. 10. 20~21.	종교개혁 500주년 기념 연합공동학술대회
	(장소: 소망수양관 2층 세미나실)

	주제: 종교개혁과 오늘의 한국교회
2017. 10. 21.	제3차 정기 이사회
	(장소: 소망수양관 7층 회의실)
	명예이사장 이부덕 교수, 이사장 박종삼 교수 위촉
2017. 12. 02.	제4차 운영위원회
	(장소: 숭실대학교 앞 가야성)
2018. 01. 06.	기독교사회복지와 평신도 연구분과 제2차 모임
	제2차 실행이사회
	(장소: 한국글로벌사회봉사연구소 회의실)
2018. 03. 16.	기독교사회복지학 원로와의 노변정담 1탄: 김동수, 백하나 교수
	(장소: 새문안교회 광화문빌딩 404호)
	주제: 미국 사회복지의 전문성과 한국 사회복지의 전망
2018. 04. 13.	제4차 정기 이사회
	(장소: 숭실대학교 형남공학관 102호)
	2018 한국기독교사회복지실천학회 춘계학술대회
	(장소: 숭실대학교 한경직기념관 김덕윤예배실)
	주제: 기독교사회복지, 마을로 어떻게 들어갈 것인가?
	주제성구: 아버지여, 아버지께서 내 안에, 내가 아버지 안에 있는 것 같이 그들도 다 하나가 되어 우리 안에 있게 하사 세상으로 아버지께서 나를 보내신 것을 믿게 하옵소서(요한복음 17장 21절)
	주최: 한국기독교사회복지실천학회, 한국기독교사회봉사회
	제3차 정기 총회
2018. 05. 04.	기독교사회복지학 원로와의 노변정담 2탄: 이부덕 교수, 김경자 사모
	(장소: 강남대학교 샬롬관 308호)
	주제: 크리스천 사회복지사이자 교육자로서 걸어온 길
2018. 07. 28.	제5차 운영위원회 (장소: 서울역 도심공항터미널 '명가의 뜰')
2018. 09. 22.	기독교사회복지와 평신도 연구분과 제3차 모임
	(장소: 한국글로벌사회봉사연구소 회의실)
2018. 10. 12~13.	제5차 정기 이사회 (장소: 소망수양관 2층 세미나실 2)

	2018 한국기독교사회복지실천학회 추계공동학술대회
	주제: 응답하라 1919: 3·1정신과 교회의 미래
2019. 1. 19.	제6차 운영위원회 (장소: 서울역 4층 KTX6 회의실)
2019. 04. 30.	mook『기독교사회복지』 창간호 발간
2019. 05. 10.	제6차 정기 이사회 (장소: 사회복지공동모금회 사랑의열매 회관 지하2층 세미나실 I) 2019 한국기독교사회복지실천학회 춘계학술대회 (장소: 사회복지공동모금회 사랑의열매 회관 지하1층 대강당) 주제: 한국과 독일의 디아코니아 동향과 실천전략 주제성구: 어느 때나 하나님을 본 사람이 없으되 만일 우리가 서로 사랑하면 하나님이 우리 안에 거하시고 그의 사랑이 우리 안에 온전히 이루어지느니라(요한1서 4장 12절) 주최: 한국기독교사회복지실천학회, 한국기독교사회봉사회, 독일 디아코니아 뷔르템베르크 제4차 정기 총회

논문 투고 안내

기독교사회복지
(Christian Social Welfare)

한국기독교사회복지실천학회 학술지는 잡지(magazine)의 형식과 서적(book)의 내용을 절충한 새로운 형태의 출판물 mook "기독교사회복지"를 발행하고 있습니다.

투고 자격은 본 학회 회원에 한합니다. 단, 연구출판위원회에서 인정하는 경우에는 예외를 인정합니다.

수록내용은 학술논문을 비롯해 실천사례, 서평, 그림, 수필 등을 포함합니다. 학술논문을 제외한 원고는 별도의 심사과정 없이 게재가 가능합니다. 단, 본 학회 논문작성 규정과 연구윤리 규정을 준수하여 투고되어야 합니다.

발간은 연 1회로 4월 30일입니다.
논문 투고는 본 학회 홈페이지(www.kacsw.kr)와 이메일(churchsw@hanmail.net) 투고를 원칙으로 하며 수시로 접수합니다.

각권 호수	원고 마감일	발간일
1호	2018년 12월 30일	2019년 4월 30일
2호	2019년 11월 30일	2020년 4월 30일

문의

· 주소 : (16979) 경기도 용인시 기흥구 강남로 40 강남대학교 샬롬관 1119호

· 전화 : 031-280-3825

· 이메일 : churchsw@hanmail.net

· 홈페이지 : http://kacsw.kr

논문 작성 규정

· 제정일 : 2003년 7월 15일

· 개정일 : 2016년 10월 28일

1. 논문의 본문은 한글을 원칙으로 하며, 외국어, 한자이름 등은 첫 번째에만 한글 옆 괄호 속에 기재한다.

2. 모든 논문은 다음과 같은 순서대로 집필되어야 한다.

1) 논문제목

2) 성명(소속을 성명 아래 괄호 속에 처리)

3) 국문초록과 주제어

4) 본문

5) 참고문헌

6) 영문초록과 주제어

7) 부록(필요한 경우)

3. 논문제목 및 저자의 작성법은 아래와 같다.

1) 논문제목: 휴먼명조 16, 진하게, 가운데 정렬

2) 저자명: 휴먼명조 12, 가운데 정렬

3) 소속: 휴먼명조 11, 가운데 정렬

4. 2인 이상이 논문의 저자인 경우, 주저자와 교신저자를 명시하여야 한다. 이에 대한 구분과 표시방법은 아래와 같다.

1) 주저자 인정기준: 공동저자들 내부에서의 자체적인 선정을 기준으로 한다.

2) 주저자 및 교신저자가 있는 경우 표시방법: 논문 첫 장에 각주로 주저자 및 교신저자임을 명시한다.

예) 김XX+ 장XX++

+주저자++교신저자

3) 주저자와 교신저자가 동일한 경우에는 교신저자를 밝히지 않고 주저자만 표기한다. 이 경우 주저자를 교신저자로 인정한다.

4) 공동저자들 간에 주저자가 없이 공동작업을 했다고 자체적으로 인정한 경우에는 공동연구로 인정하여 주저자를 표기하지 않는다.

5. 국문초록 및 영문초록의 작성법은 아래와 같다.

1) 국문초록: 사각박스 안에 초록을 작성, 굴림 11, 들여쓰기 없음, 줄간격 160, 600자 이내, 마지막에 주제어를 6단어 내로 기술

2) 영문초록: 논문제목, 성명, 소속, 본문, 영문 Key words의 순으로 1000 단어 이내 분량으로 작성, 휴먼명조 11, 들여쓰기 없음, 줄간격 160

6. 본문의 항목별 번호는 다음의 순에 의한다.

I II III, 1 2 3, 1) 2) 3), (1) (2) (3), ① ② ③, 가 나 다, ㄱ ㄴ ㄷ

7. 논문의 분량은 아래의 기준에 의거하여 작성한다.

1) 글자모양: 휴먼명조, 글자크기 11, 장평 100, 자간 0

(주석 글자모양: 함초롱바탕, 글자크기 9, 장평 100, 자간 0)

2) 문단모양: 들여쓰기 10, 줄간격 160, 양쪽 정렬

(주석 문단모양: 들여쓰기 10, 줄간격 130, 양쪽 정렬)

(참고문헌 문단모양: 내어쓰기 40, 줄간격 160, 양쪽 정렬)

3) 용지설정: B5용지(4×6배판, 182×257, 여백은 기본설정)

4) 분량: 참고문헌 포함 25매 내외

8. 주를 다는 방법은 다음과 같으며 꼭 지켜야 한다. 게재심사는 양식에 맞게 구성된 논문만을 대상으로 한다. 본문과 주에서는, 저자의 이름과 저서의 출판연도를 기재하는 것을 원칙으로 하되 필요한 경우 인용 페이지를 기재하도록 한다. 구체적인 것은 아래와

같다.

1) 저자의 이름이 본문에 언급된 경우에는 그 다음에 출판연도를 괄호 안에 제시하고 본문에 언급되지 않은 경우에는 이름과 출판연도를 모두 괄호 안에 제시한다.

예1, ...장인협(1989: 52),예2, ...(장인협, 1989: 52)

2) 저자의 이름이 외래어인 경우, 그대로 제시한다.

예, ...Beveridge(1942: 25-47)

3) 2인 공동저술인 경우 두 사람의 이름을 모두 제시한다.

예, ...(김상균·김성이, 1990: 42)

4) 3인 이상의 공동저술인 경우, 첫 번째 인용에서는 모든 저자의 이름을 제시하고 그 이후부터는 "외"를 사용한다.

예, ...(최경구·이성기·한홍수, 1994: 78)와 그 이후 (최경구 외, 1994: 78)

5) 두 개 이상의 서로 다른 저술을 인용할 때는 연도순으로 새미콜론을 사용하여 저술을 구분한다.

예, ...(장인협, 1978: 128; 김연옥, 1988: 232; 홍경준, 2003: 322)"

6) 영어의 '&' 는 사용하지 않으며, 'and' 로 통일한다.

9. 그림이나 표의 작성법은 아래와 같다.

1) 모든 그림(figure와 graph)이나 표(table)는 동판을 뜰 수 있거나, 쉽게 재작성할 수 있는 형태로(graph의 경우는 좌표 값을 명기할 것) 제시되어야 한다.
2) 그림의 제목은 그림 아래에, 표의 제목은 표의 위에 써넣는다.
3) 그림의 제목순서는 [그림 1], [그림 2] 등으로, 표의 제목순서는 〈표 1〉, 〈표 2〉 등으로 표시한다.
4) 표와 그림 제목은 중고딕 11, 진하게, 줄간격 160, 양쪽정렬로 작성한다.
5) 본문은 중고딕 10, 줄간격 130, 문단은 필요에 따라 양쪽정렬, 가운데정렬 등을 활용한

다.

10. 참고문헌을 적는 방법은 다음과 같으며 꼭 지켜야 한다. 게재심사는 양식에 맞게 구성된 논문만을 대상으로 한다. 참고문헌은 본문에 인용 또는 언급된 것으로 제한한다. 국내문헌은 저자 이름의 가나다순으로 먼저 제시하고 그 다음에 외래어 문헌을 알파벳순으로 제시한다. 단, 중국어 및 일본어 저자명은 괄호 속에 영문 또는 한글 표기를 한다. 참고문헌 작성의 구체적인 사항은 아래를 참조한다.

1) 같은 저자에 의한 저술을 두 편 이상 제시할 때는 출판연도가 이른 순서대로 나열한다.
2) 학위논문이나 미간행 저술은 발표된 장소와 날짜를 기재한다.
3) 같은 저자에 의한 저술로서 같은 연도에 출판된 것이 두 편 이상일 때는 본문에서 인용된 순서대로 출판년도에 영문자 a, b, c 등을 부기하여 구분하고 차례대로 나열한다.
4) 저자가 2인 이상일 때는 모든 저자의 이름을 기재해야 한다.
5) 영문으로 된 서적이나 논문의 경우, 모든 저자는 성(last name)을 먼저 적은 후 쉼표(,)를 하고, 이름(first name)을 나중에 적는다.
6) 영어의 '&' 는 사용하지 않으며, 'and' 로 통일한다.

※ 다음의 예는 위에 기술한 참고문헌 작성원칙을 따른 것이다.

1) 단행본: 저자명. (발행연도). 도서명. 소재지: 발행처.

(1) 단독 저서의 예

박종삼. (2000). 교회사회봉사 이해와 실천. 서울: 인간과복지.

Wilensky, H. (1975). The Welfare State and Equality. Berkeley: University of California Press.

(2) 2인 공저의 예

이준우·정지웅. (2017). 한국 장애인복지정책의 실제와 대안 2판. 서울: 신정.

Piven, F. F., and Cloward, R. (2012). Regulating the Poor: The functions of public welfare. New York: Vintage Books.

(3) 3인 이상 공저의 예

김동수·정무성·정진옥. (2013). 국제사회복지 : 더불어 지구촌에 잘 살기 위하여. 서울: 신정.

Glass, G. V., Smith, M. L., and McGaw, B. (1981). Meta-analysis in social research. Beverly Hills, Calif: Sage Publications, Incorporated.

(4) 편저의 book chapter 예

이인재. (1998). "사회복지정책의 평가와 과제". 한국사회과학연구소 사회복지연구실 편. 한국 사회복지의 현황과 쟁점. 서울: 인간과 복지.

Erskine, A. (1997). "The Withering of Social Insurance in Britain". pp. 130-150. in Social Insurance in Europe, edited by J. Clasen. London: The Policy Press.

2) 번역서: 원저자 성, 이름. (원서발행연도). 원서명. 번역자명. (번역서발행연도). 번역서명. 소재지: 발행처.

Polanyi, Karl. (1944). The Great Transformation : The Political and Economic Origins of Our Time. 박현수 역. (1996). 거대한 변환 : 우리 시대의 정치적·경제적 기원. 서울: 민음사.

3) 논문: 저자명. (발행연도). 논문제목. 학술지명, 권수(호수), 논문 페이지.

(1) 저자가 1인인 논문

이부덕. (2015). 통일의 선험적 과제. 선교와 신학, 35, 49-82.

Ungerson, C. (1995). Gender, cash and informal care: European perspectives and dilemmas. Journal of Social Policy, 24(1), 31-52.

(2) 저자가 2인인 논문

김동배·손의성. (2005). 한국노인의 우울 관련변인에 관한 메타분석. 한국노년학, 25, 167-187.

McManus, P. A., and DiPrete, T. A. (2000). Market, family, and state sources of income instability in Germany and the United States. Social Science Research,

29(3), 405-440.

(3) 저자가 3인 이상인 논문

배진형·김희수·안정선. (2014). 사회복지실습에서 경험하는 실습생의 어려움과 대처. 한국지역사회복지학, 48, 1-43.

Kiyak, H. A., Namazi, K. H., & Kahana, E. F. (1997). Job commitment and turnover among women working in facilities serving older persons. Research on Aging, 19(2), 223-246.

(4) 학위논문: 저자명. (발행연도). 논문제목. ○○대학교 ○○대학원 ○○학위논문.

정지웅. (2011). 환경친화적 복지체제의 탐색 : 복지체제별 환경의식을 중심으로. 강남대학교 사회복지전문대학원 박사학위논문.

(5) 학술대회 발표논문: 저자명. (발행연도). 논문제목. 발표자료집명, 논문 페이지.

송정부. (2016). 원주시사회복지협의회의 역사. 한국사회복지역사학회 학술대회 자료집, 75-101.

4) 신문기사: 언론사명. 발행년월일. 기사제목.

한국기독공보. (2017.04.12). 교회, 국가가 미처 못 돌본 분야 챙겨라.

크리스천투데이. (2017.11.27). 사회봉사 가장 적극적인 건 기독교, 잘 하는 건 천주교?

5) 인터넷 문서: 저자명 또는 사이트명. 자료명 또는 사이트 주소.

법제처 국가법령정보센터. http://law.go.kr

통계청 국가통계포털. http://kosis.kr

논문 심사 규정

· 제정일 : 2003년 7월 15일
· 개정일 : 2016년 10월 28일

1. 심사위원은 연구출판위원회의 회의를 거쳐 연구출판위원들이 복수로 추천한 위원 중 연구출판위원장이 결정, 위촉한다. 심사위원은 5~10명으로 하며, 연구출판위원의 심사 비중은 연간 전체 논문 심사위원의 30% 미만으로 한다.
2. 논문의 성격에 따라 외부인사를 심사위원으로 위촉할 수 있으며, 역시 연구출판위원회의를 거쳐 위원장이 결정, 위촉한다.
3. 한편의 논문에 대해 3명의 심사위원이 동시에 심사한다. 심사위원들의 신분은 서로에게 노출되지 않는다.
4. 제출된 논문은 심사양식에 따라 심사하며, 수정을 요구할 때는 별도의 양식인 〈논문수정의견서: 심사소견 및 수정요구방향〉을 작성한다.
5. 제출된 논문은 심사기준에 의하여 2명 이상의 게재적격 판정을 받은 것에 한하여 게재한다(〈표 1〉 심사논문 판정기준 참조). 심사결과 판정은 다음의 4개 차원에서 이루어진다.

(1) "게재불가" 판정이 내려진 논문에 대해서는 연구출판위원장의 명의로 그 사유를명기하여 저자에게 통보한다.

(2) "수정 후 재심" 판정이 내려진 논문에 대해서는 연구출판위원장의 명의로 수정해야 할 내용을 통보하고, 수정 후 해당 심사위원 등에게 다시 심사를 의뢰하며, 이때의 판정은 "게재" 또는 "게재불가"로만 한다.

(3) "수정게재" 판정이 내려진 논문에 대해서는 연구출판위원장의 명의로 수정해야 할 내용을 통보하며, 수정요청이 어느 만큼 받아들여졌는지를 연구출판위원장이 판단한 후 게재한다.

(4) "게재" 판정이 내려진 논문에 대해서는 연구출판위원장의 명의로 게재사실을 저자에게 통보한 후 게재한다. 이때 저자에게는 자구수정 등의 미미한 수정만이 허락된다.

6. "게재불가" 또는 "수정 후 재심"의 판정에 승복하지 않는 경우 저자는 1회에 한하여 심사결과 불승복에 따르는 재심사를 요청할 수 있으며, 이때 재심사는 이미 심사를 담당하였던 동일 심사위원 3인이 한다. 이때 재심사결과 "게재불가"의 판정이 내려진 논문은 수정 후 재투고할 수 있다. 이 경우 출간 기한 내에 재심사가 완료되지 않으면 다음 호로 이월된다.
7. 게재가 확정되면 저자는 최종본을 연구출판위원장에게 발송하며, 연구출판위원장이 최종본을 검토한 후 출판사에 넘긴 후에는 저자가 직접 출판사에 연락하여 논문을 수정할 수 없다. 단, 명백한 오류 및 오타 등이 발견되었을 때는 연구출판위원장에게 연락하도록 한다.
8. 심사를 통과하여 게재판정이 내려졌다 하더라도 후에 다른 학술지에 실렸거나 표절(자기표절 포함)이나 타인의 연구에 편승하는 등의 행위를 한 것으로 판명될 때는 게재판정을 취소한다. 동일한 또는 서로 밀접히 연관된 연구에 기초한 두개 또는 그 이상의 논문이 중복게재인지 여부는 연구출판위원회의 결정에 따른다. 저자는 같은 저널, 또는 상이한 저널에서 이미 출판된, 또는 게재확정된 원고가 있을 때에는 투고 시 이를 연구출판위원장에게 반드시 고지하여야 한다. 연구출판위원장은 이를 기초로 투고된 논문이 충분한 정도의 새로운 연구결과를 가지고 있다고 생각될 경우에만 심사과정을 진행한다.
9. 심사를 통과하여 이미 출간된 후 8항과 같은 경우가 발생하였을 때는 연구출판위원장의 명의로 게재취소 또는 내용 정정의 조치를 취한다.
10. 동일인(또는 공동연구에서 동일한 제 1 저자)이 2편 이상의 논문을 투고하여 모두 심사를 통과하였다 하더라도 통과된 논문은 투고 순에 따라 한 호당 1편씩만 게재된다.
11. 심사위원은 심사내용에 대해 필자 이외의 타인에게 누설할 수 없으며 투고자 역시 심사내용을 공공연하게 누설할 수 없다.
12. 선정된 논문의 게재순서는 투고 순을 원칙으로 하되, 연구출판위원회가 따로 정할 수 있다.
13. 심사료 및 게재료는 따로 정한다.
14. 상기 심사원칙은 연구출판위원회의 심의를 거쳐 수정할 수 있다.

〈표 1〉 심사결과 판정기준

<table>
<tr><th>심사위원1</th><th>심사위원2</th><th>심사위원3</th><th>심사결과 판정</th></tr>
<tr><td rowspan="4">게 재</td><td rowspan="4">게 재</td><td>게 재</td><td rowspan="4">수정 없이 게재</td></tr>
<tr><td>수정게재</td></tr>
<tr><td>수정 후 재심</td></tr>
<tr><td>게재불가</td></tr>
<tr><td rowspan="4">수정게재</td><td rowspan="4">수정게재</td><td>게 재</td><td rowspan="6">수정 후 게재</td></tr>
<tr><td>수정게재</td></tr>
<tr><td>수정 후 재심</td></tr>
<tr><td>게재불가</td></tr>
<tr><td rowspan="2">게 재</td><td rowspan="2">수정게재</td><td>수정 후 재심</td></tr>
<tr><td>게재불가</td></tr>
<tr><td rowspan="6">수정 후 재심</td><td rowspan="4">수정 후 재심</td><td>게 재</td><td rowspan="6">수정 후 재심</td></tr>
<tr><td>수정게재</td></tr>
<tr><td>수정 후 재심</td></tr>
<tr><td>게재불가</td></tr>
<tr><td>게 재</td><td>게재불가</td></tr>
<tr><td>수정게재</td><td>게재불가</td></tr>
<tr><td rowspan="4">게재불가</td><td rowspan="4">게재불가</td><td>게재불가</td><td rowspan="4">게재불가</td></tr>
<tr><td>수정 후 재심</td></tr>
<tr><td>수정게재</td></tr>
<tr><td>게 재</td></tr>
</table>

연구 윤리 규정

· 제정일 : 2008년 7월 20일
· 개정일 : 2016년 10월 28일

제1장 총칙

제1조(목적) 이 규정은 한국기독교사회복지실천학회 회원 및 〈기독교사회복지〉의 편집과 발행에 관한 연구윤리를 확보하기 위하여 부적절한 연구행위 및 연구윤리위반 사항을 규정하는 것을 목적으로 한다. 본 연구윤리 규정이 궁극적으로 지향하는 것은 한국기독교사회복지실천학회 회원 모두의 윤리적으로 올바르고 바람직한 연구 수행을 진작시키고 그 환경을 조성하는 것이다.

제2조(적용대상) 이 규정은 한국기독교사회복지실천학회 모든 회원에 적용된다.

제3조(연구윤리위반행위의 범위) "연구윤리위반행위"란 연구를 제안, 수행, 발표하는 과정에서 연구목적과 무관하게 고의 또는 중대한 과실로 내용을 위조, 변조, 표절, 부당한 논문 저자표시 행위, 중복게재 함을 말하며, 이는 다음 각 호와 같다.

1. "위조"는 존재하지 않는 연구 자료나 연구 결과 등을 허위로 만들어 보고하는 행위를 말한다.
2. "변조"는 연구자료, 연구과정, 연구결과 등을 인위적으로 조작하거나 자료를 임의로 변형, 삭제함으로써 연구내용 또는 결과를 왜곡하는 행위를 말한다.
3. "표절"은 타인의 아이디어, 연구과정, 연구결과 등을 적절한 출처 표시 없이 연구에 사용하는 행위를 말한다.
4. "부당한 논문 저자표시"는 연구내용 또는 결과에 대하여 학술적 공헌 또는 기여를 한 사람에게 정당한 이유 없이 논문저자 자격을 부여하지 않거나, 학술적 공헌 또는 기여

를 하지 않은 사람에게 감사의 표시 또는 예우 등을 이유로 논문저자 자격을 부여하는 행위를 말한다.

5. "중복게재"는 타 학술지에 게재되었던 논문 및 ISBN 번호를 부여받은 저서를 명기하지 않고 기고하거나, 단순 축약하여 투고하는 행위를 말한다.
6. 기타 연구진실성을 심각하게 해하는 행위를 포함한다.ㅈ

제2장 연구윤리 위반 검증

제4조(연구윤리위반행위 제보 및 접수) 제보자는 한국기독교사회복지실천학회 연구출판위원회에 직접 또는 전화, 서면, 전자우편 등으로 제보할 수 있으며, 구체적인 부정행위의 내용과 증거를 포함하여 제보하여야 한다.

제5조(연구윤리위반행위의 조사) 연구출판위원회는 부정행위 발생을 인지하거나 제보가 있을 경우 이에 대한 조사를 수행해야 하고, 연구출판위원장은 연구출판위원회 의견을 들어 해당 연구윤리위반행위 조사를 위한 조사위원회를 구성한다.

제6조(조사위원회의 구성과 권한) ① 조사위원회는 6인 이상의 위원으로 구성함을 원칙으로 하며, 조사위원회의 장은 위원들 간의 호선으로 선출한다.
② 조사위원회는 제보자, 피조사자, 증인, 참고인에 대하여 진술을 위한 출석을 요구할 수 있다.
③ 조사위원회는 피조사자에게 자료의 제출을 요구할 수 있으며, 증거자료의 보전을 위하여 학회장의 승인을 얻어 연구윤리위반행위 관련자에 대한 연구자료를 보관할 수 있다.
④ 조사위원회는 연구출판위원장에게 사실로 판정된 연구윤리위반행위 관련자에 대하여 적절한 후속조치를 건의할 수 있다.

제7조(제보자와 피조사자의 권리보호와 비밀엄수) ① 조사위원회는 제보자의 신원을 보호하도록 적극 노력하며, 연구윤리위반행위 여부에 대한 검증이 완료될 때 까지 피조사자의 명예나 권리가 침해되지 않도록 주의하여야 한다.

② 조사와 관련된 일체의 사항은 비밀로 하며, 조사에 직접, 간접적으로 참여한 자는 조사와 직무수행 과정에서 취득한 모든 정보를 부당하게 누설해서는 안 된다. 다만, 합당한 공개의 필요성이 있는 경우, 연구출판위원회의 의결을 거쳐 공개할 수 있다.

제8조(이의 제기 및 소명기회의 보장) 조사위원회는 연구윤리 위반으로 제보된 피조사자에게 이의 제기 및 충분한 소명기회를 제공하여야 한다.

제9조(판정) ① 조사위원회는 이의 제기 또는 소명의 내용을 토대로 조사내용과 절차를 확정한다.
② 연구윤리위반행위의 판정은 조사위원회 위원 중 3분의 2 이상의 동의로 결의한다.

제3장 후속 조치

제10조(후속 조치) ① 연구윤리위반행위 확인판정이 있는 경우, 다음 각 호의 제재를 가하거나 이를 병과할 수 있다.

1. 연구부정 논문의 게재 불허
2. 게재된 논문의 경우 이를 학술지 논문목록에서 삭제하고 게재취소 사실을 연구소 홈페이지와 학술지를 통하여 공지
3. 회원자격 박탈 또는 정지
4. 기타 적절한 조치

② 제①항 제2호의 공지는 저자명, 논문명, 논문수록 권(호), 취소일자, 취소이유 등이 포함되어야 한다.
③ 제①항 제3호의 박탈 또는 정지 기간은 연구윤리위반행위 과중에 따라 조사위원회에서 정한다.

제11조(결과의 통지) 조사위원장은 조사결과에 대한 위원회의 결정을 서면으로 작성하여 지체 없이 이를 피조사자 등 관련자에게 통지하여야 한다.

제12조(재조사) 제보자 또는 피조사자가 판정에 불복할 경우, 제10조의 통보를 받은 날로부터 30일 이내에 서면 및 전자우편으로 위원회에 재조사를 요청할 수 있다.

제13조(명예회복 등 후속조치) 조사결과 연구윤리위반행위가 없었던 것으로 확정될 경우, 조사위원회는 피조사자의 명예회복을 위해 노력해야하며 적절한 후속조치를 취하여야한다.

제14조(기록의 보관 및 공개) ① 조사와 관련된 기록은 조사 종료 시점을 기준으로 5년간 보관하여야 한다.

부칙

제1조(시행일) 본 규정은 2008년 7월 20일부터 시행한다.
제2조(학회명 변경) 본 규정은 2016년 10월 28일부터 한국교회사회사업학회에서 한국기독교사회복지실천학회로 변경하여 시행한다.

기독교사회복지

엮은이 · 한국기독교사회복지실천학회

발행인 · 이명묵
편　집 · 이현정

발행일 · 2019. 4. 30.
발행처 · 인간과복지
신　고 · 제 406-251002011000054 호
주　소 · 경기도 파주시 회동길 145
　　　　아시아출판문화정보센터 301호
전　화 · 02-383-0743
팩　스 · 02-382-3486
E-mail · hwbook22@daum.net
홈페이지 · www.hw-book.co.kr

값 · 12,000원

ISBN 978-89-8007-213-2 93330